westermann

Karl Wilhelm Henke, Claus-Dieter Kuhn

Kauffrau/-mann für Büromanagement Informationsverarbeitung

mit Word – PowerPoint – Excel – Outlook

3. Auflage, 2020

Bestellnummer 104316

Die in diesem Produkt gemachten Angaben zu Unternehmen (Namen, Internet- und E-Mail-Adressen, Handelsregistereintragungen, Bankverbindungen, Steuer-, Telefon- und Faxnummern und alle weiteren Angaben) sind i. d. R. fiktiv, d. h., sie stehen in keinem Zusammenhang mit einem real existierenden Unternehmen in der dargestellten oder einer ähnlichen Form. Dies gilt auch für alle Kunden, Lieferanten und sonstigen Geschäftspartner der Unternehmen wie z. B. Kreditinstitute, Versicherungsunternehmen und andere Dienstleistungsunternehmen. Ausschließlich zum Zwecke der Authentizität werden die Namen real existierender Unternehmen und z. B. im Fall von Kreditinstituten auch deren IBANs und BICs verwendet.

Die in diesem Werk aufgeführten Internetadressen sind auf dem Stand zum Zeitpunkt der Drucklegung. Die ständige Aktualität der Adressen kann vonseiten des Verlages nicht gewährleistet werden. Darüber hinaus übernimmt der Verlag keine Verantwortung für die Inhalte dieser Seiten.

service@westermann.de
www.westermann.de

Bildungshaus Schulbuchverlage Westermann Schroedel Diesterweg Schöningh Winklers GmbH,
Postfach 33 20, 38023 Braunschweig

ISBN 978-3-14-**104316**-7

westermann GRUPPE

Vorwort

Dieser Band orientiert sich am Rahmenlehrplan für den Ausbildungsberuf **„Kauffrau/Kaufmann für Büromanagement“** und vertieft die **Lernfelder 2** (Büroprozesse gestalten und Arbeitsvorgänge organisieren), **3** (Aufträge bearbeiten), **4** (Sachgüter und Dienstleistungen beschaffen und Verträge schließen), **5** (Kunden akquirieren und binden), **8** (Personalwirtschaftliche Aufgaben wahrnehmen), **11** (Geschäftsprozesse darstellen und optimieren) und **12** (Veranstaltungen und Geschäftsreisen organisieren).

Im zweiten Ausbildungsjahr legen Sie bereits eine **Prüfung im informationstechnischen Büromanagement** vor der Industrie- und Handelskammer ab. Der Band **Informationsverarbeitung** hilft Ihnen, das angestrebte Ziel sicher zu erreichen. Sie erwerben Handlungs-, Fach-, Medien- und Lernkompetenzen. Die Anwendungsprogramme **Word, PowerPoint, Excel und Outlook** aus dem Programmpaket **Office 2019** (Office 365) unterstützen dabei Ihre Lernprozesse.

Sie lernen und trainieren unter anderem das **Tastschreiben**. In einer Lektion erarbeiten Sie mehrere Tastwege gleichzeitig. Das hat den Vorteil, dass Sie in kurzer Zeit gute Leistungen im Tastschreiben erzielen und diese Fertigkeit zeitsparend bei Ihrer Computerarbeit einsetzen können. Alle Beispiele entsprechen den **Schreib- und Gestaltungsregeln für die Text- und Informationsverarbeitung** (DIN 5008) von März 2020.

Der Band gliedert sich in diese Hauptabschnitte:

- Hardware
- Software
- Textverarbeitung mit Word
- Präsentationen mit PowerPoint
- Tabellenkalkulation mit Excel
- E-Mail-Korrespondenz mit Outlook

Die Kapitel sind so aufgebaut, dass Sie alle Themen selbstständig erarbeiten können. Die **Lernsituationen** beziehen sich auf das Modellunternehmen **Blum Music4You KG**.

Zu dem Buch besteht die Möglichkeit unter BuchPlusWeb Dateien herunterzuladen. Geben Sie auf der Internetseite www.westermann.de die ISBN in das Suchfeld ein und klicken Sie auf den Schriftzug BuchPlusWeb. Geben Sie den Code BPWC-SKTY-TN38-NBY0 ein. Als digitales Zusatzprodukt erhalten Sie zudem die „BiBox Kaufmann/Kauffrau für Büromanagement: Informationsverarbeitung“. Weitere Informationen dazu finden Sie im Webshop.

Bei der Arbeit mit diesem Lehrbuch wünschen wir Ihnen viel Freude und gute Unterrichtserfolge.

Karl Wilhelm Henke und Claus-Dieter Kuhn

Inhalt

Die Blum Music4You KG stellt sich vor

Claus Blum entwickelte Ende der 1980er Jahre seine erste E-Gitarre für einen befreundeten Gitarristen einer kleinen Kölner Band, weitere Gitarren folgten. Der gute Klang und die musikalischen Eigenschaften haben sich in der Musikszene schnell herumgesprochen. Mittlerweile geben renommierte Künstler Spezialanfertigungen bei ihm in Auftrag.

Neben seiner Leidenschaft für die E-Gitarre ist Claus Blum begeistert von Konzerten, insbesondere den technischen Arrangements von Licht und Ton. So entstand die Idee, ein Unternehmen zu gründen, das sich neben der **Herstellung und Wartung von Gitarren** als zweiter tragender Säule mit der **Organisation von Musikveranstaltungen und Events** beschäftigt. Schnell entstand in diesem Zusammenhang die dritte Unternehmenssäule, der **Vertrieb von Fanartikeln, Musikalien und Zubehör**.

Claus Blum gründete gemeinsam mit den Kommanditisten Franziska Neuroth und Alan Cooper vor einigen Jahren die Kommanditgesellschaft **Blum Music4You KG**. Inzwischen sind 23 Beschäftigte und 5 Auszubildende in dem Unternehmen.

Firma	Blum Music4You KG	
Anschrift	Veilchenweg 19, 50677 Köln	
Kommunikation	Telefon: 0221 386760-0 Telefax: 0221 386760-10	E-Mail: info@music4youkg.de Internet: www.music4youkg.de
Rechtsform	Kommanditgesellschaft	
Komplementär **Kommanditisten**	Claus Blum Franziska Neuroth, Alan Cooper	
Geschäftsführung	Claus Blum	
Prokura	Egzone Zegon	
Registergericht	Köln HRA 47111	
Bankverbindung	Kölner Kreditanstalt AG	IBAN: DE98 3701 0099 2333 4442 00 BIC: KOEKDEKN280
Finanzamt, Steuerdaten	Finanzamt Köln Mitte (Blaubach 7, 50676 Köln), Steuernummer: 215/5870/0815, USt-IdNr: DE987654321	
Geschäftsjahr	1. Januar bis 31. Dezember	
Mitarbeiter/-innen	20 Angestellte; 5 Auszubildende (Kauffrau für Büromanagement, Einzelhandelskauffrau, Großhandelskaufmann, Veranstaltungskaufmann, Mediengestalterin Bild und Ton); diverse Aushilfen für Veranstaltungen	
Branche und Unternehmenstätigkeit	Organisation von Konzertveranstaltungen Verkauf von CDs, DVDs, Fanartikeln und Zubehör im Laden (Ladenlokal gemietet) und über einen Onlineshop Herstellung hochwertiger E-Gitarren in eigener Werkstatt	
Technische Anlagen und Maschinen	transportable Bühne, Studiomischpult, Prüfgeräte für gefertigte E-Gitarren; Ausstattung der Studio- und Livetechnik	
Fuhrpark	ein Transportfahrzeug (Lkw)	

Organigramm

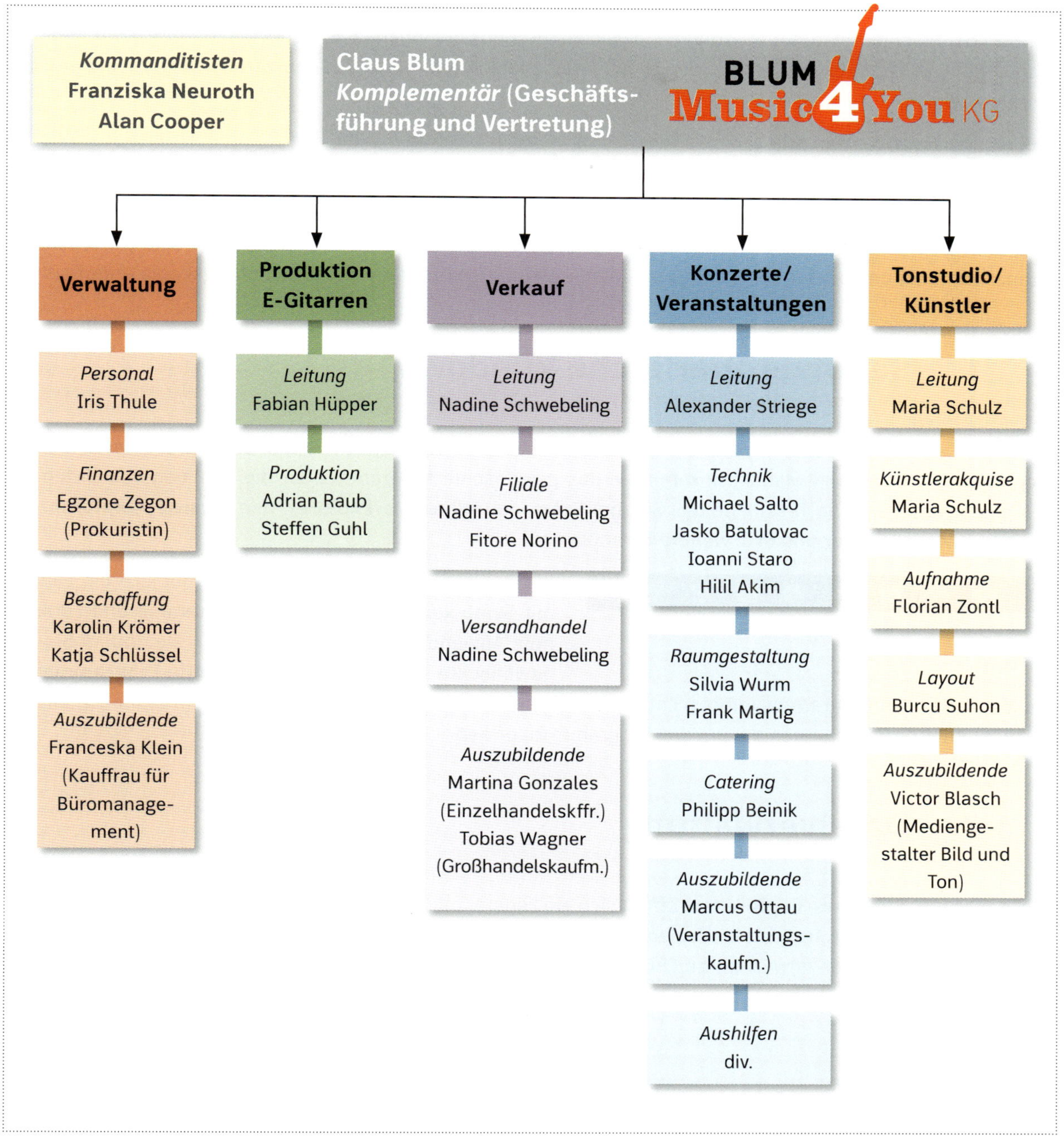

1 Software

Software ist die Sammelbezeichnung für alle Programme. Ein Programm ist eine logische Folge von Befehlen zur Lösung einer bestimmten Aufgabe. Zwischen Betriebssystemen (z. B. Windows) und Anwendungsprogrammen (z. B. Word, Excel oder Access) ist zu unterscheiden. Windows ist Benutzeroberfläche und Betriebssystem zugleich.

Das Betriebssystem, das aus verschiedenen Programmen besteht, macht den Computer funktionsfähig. Es stellt die Verbindung zwischen den einzelnen Baueinheiten des Computers her, steuert und überwacht die Abläufe innerhalb des Systems.

Programme sind urheberrechtlich geschützt. Wer Programme widerrechtlich kopiert, macht sich strafbar. Der Lizenznehmer kann aber für seine Arbeit von dem erworbenen Programm eine Sicherungskopie anfertigen.

1.1 Benutzeroberfläche Windows

Auf dem Windows-Bildschirm finden Sie Symbole für den Arbeitsplatz, den Papierkorb und die Anwendungsprogramme. Durch einen Mausklick rufen Sie das gewünschte Programm oder die Funktion auf. Unten auf dem Bildschirm zeigt die Taskleiste das Symbol **Start**, den **Windows-Explorer**, den **Internet-Explorer**, den **Windows Media Player** und evtl. weitere Symbole an.

Taskleiste

Klicken Sie auf das Symbol **Start**, öffnet sich ein Fenster mit Symbolen für Anwendungsprogramme und Funktionen. Anwendungsprogramme starten Sie, indem Sie das gewünschte Symbol anklicken oder **Alle Programme** anklicken. Wenn das Programmsymbol nicht auf dem Bildschirm oder in dem Startfenster enthalten ist, klicken Sie hier den Programmnamen an, um das Programm zu öffnen.

1.2 Dateiverwaltung

Klicken Sie den **Windows-Explorer** an, öffnet sich ein Fenster mit Favoriten, Bibliotheken, Computer und Netzwerk. Die Ordner für die Textdateien finden Sie in den **Bibliotheken** unter **Dokumente**. Zum Öffnen einer Datei klicken Sie zunächst den gewünschten Ordner an und danach den Dateinamen.

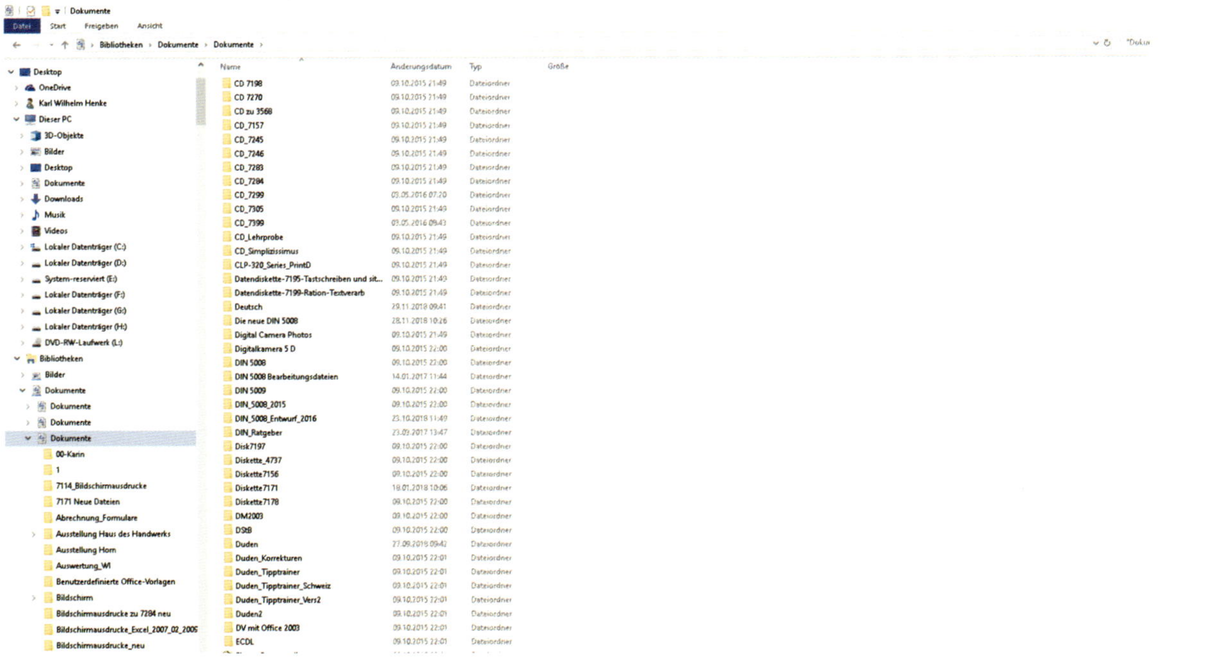

Windows-Explorer

Kopieren einer Datei

Zum Kopieren einer Datei klicken Sie im **Windows-Explorer** ebenfalls den gewünschten Ordner und den Dateinamen an. Zum Kopieren mehrerer Dateien halten Sie die **Strg**-Taste fest, und klicken die gewünschten Dateinamen an. Sie geben nun **Strg + C** ein. Danach klicken Sie das Ziellaufwerk oder den Ordner an. Mit dem Kurzbefehl **Strg + V** fügen Sie die Datei ein. – Zum Verschieben einer Datei markieren Sie den Dateinamen und bedienen die Tastenkombination **Strg + X**. An der Einfügestelle bedienen Sie **Strg + V**.

Löschen einer Datei

Für das Löschen einer Datei markieren Sie im **Windows-Explorer** den Dateinamen. Wollen Sie mehrere Dateien löschen, halten Sie die **Strg**-Taste fest und klicken zusätzlich die Namen der zu löschenden Dateien an. Danach bedienen Sie die Taste **Entf**. Das Löschen der Datei bestätigen Sie. Die Datei wird nun in den Zwischenspeicher **Papierkorb** übertragen. Zum dauerhaften Löschen müssen Sie den Papierkorb leeren. Dazu bedienen Sie die Taste **Entf**.

Anlegen von Ordnern

Zum Anlegen eines Ordners befinden Sie sich im **Windows-Explorer**. Sie führen den Mauszeiger auf **Neuer Ordner**. Rechts neben dieser Anzeige erscheint **Neuer Ordner**. Geben Sie an dieser Stelle den Namen des Ordners ein.

Arbeiten mit mehreren Programmen

Sie können gleichzeitig mit mehreren Programmen arbeiten. Die Programme müssen zu diesem Zweck einzeln geladen werden. Zwischen den Programmen wechseln Sie mit **Alt + Tab** oder durch Anklicken des Programmnamens in der Taskleiste.

1.3 Systemsteuerung

Die Einstellungen für Ihren Computer nehmen Sie in der **Systemsteuerung** vor. Hier gibt es diese Kategorien: System und Sicherheit – Netzwerk und Internet – Hardware und Sound – Programme – Benutzerkonten und Jugendschutz – Darstellung und Anpassung – Zeit, Sprache und Region – Erleichterte Bedienung. Wollen Sie neue Geräte hinzufügen, wählen Sie „Hardware und Sound“. Für das Design Ihres Bildschirms klicken Sie „Darstellung und Anpassung“ an.

Systemsteuerung

Datum und Uhrzeit

In der Kategorie **Zeit, Sprache und Region** stellen Sie auch das Kalenderdatum und die Uhrzeit ein.

Datum und Uhrzeit

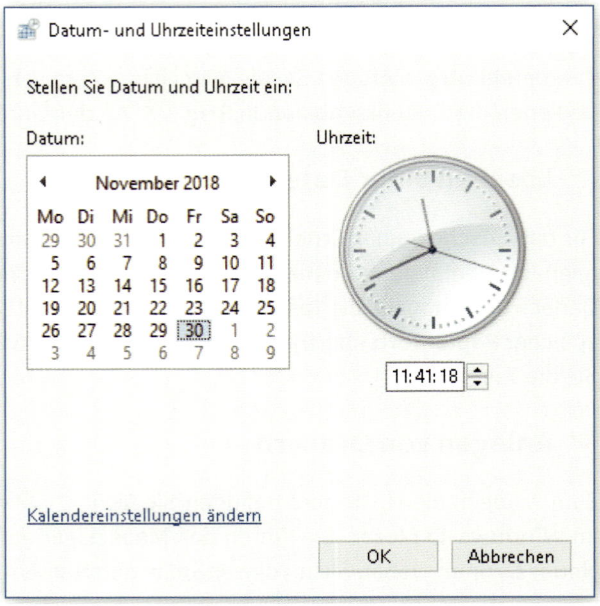

Datum

1.4 Antivirenprogramme

Viren beeinträchtigen die Funktionsfähigkeit des Computers. Es handelt sich dabei um Programme, die darauf ausgerichtet sind, die Arbeitsweise des Computers zu manipulieren. Ein Computervirus kopiert sich selbsttätig in andere Programme.

Antivirenprogramme sind Programme, die Computerviren, Computerwürmer und Trojanische Pferde aufspüren, blockieren und beseitigen. Um sich vor Viren – insbesondere aus dem Internet – zu schützen, sollte ein Antivirenprogramm installiert und regelmäßig eingesetzt werden, um die infizierten Dateien und Programme erkennen und den Virenbefall beseitigen zu können. Das Antivirenprogramm sollten Sie von Zeit zu Zeit auch aktualisieren.

2 Textverarbeitung mit Word

2.1 Tastschreiben und Textformatierung

2.1.1 Programmstart – Voreinstellungen

Starten des Programms

Nachdem Sie den Computer eingeschaltet haben, befinden Sie sich im Betriebssystem Windows. Klicken Sie zunächst **Start** an.

Führen Sie den Mauszeiger auf „Word" und klicken Sie die linke Maustaste an.

Word-Bildschirm 2019 (Word 365)

- Auf dem Word-Bildschirm finden Sie oben links die Schaltfläche **Datei** und rechts daneben in einer Zeile die Register aufgeführt. Zu jedem Register gibt es eine Gruppe, aus der Sie verschiedene Funktionen auswählen können.
- Die Befehlseingabe können Sie in den Registern vornehmen oder die Schaltfläche der Symbole in den Gruppen anklicken. Kurzbefehle erleichtern Ihnen die Befehlseingabe.
- Wenn Sie die Taste **Alt** bedienen, erscheinen unter den Registern Buchstaben. Sie können diese Buchstaben auch zur Befehlseingabe verwenden.

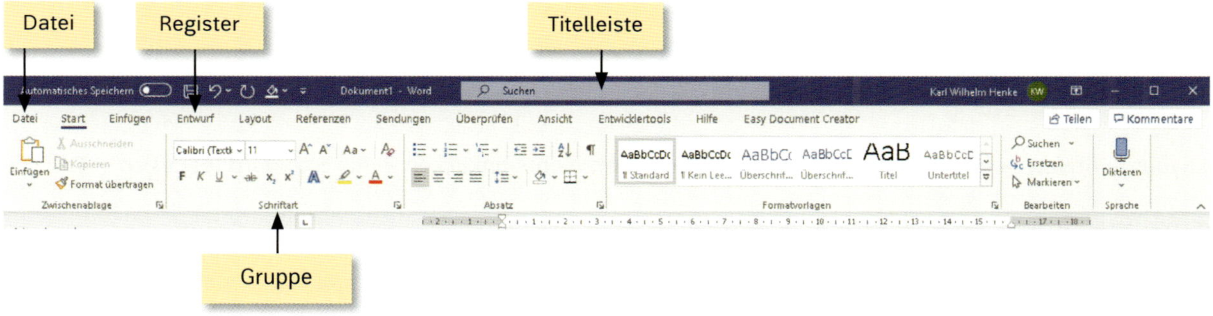

Ansichten

Für Ihre Arbeit mit Word 365 können Sie unterschiedliche Ansichten einstellen. Wenn Sie sich für das Seitenlayout entscheiden, haben Sie auf der linken Seite cm-Angaben, um die Seitenhöhe zu erkennen. Zusätzlich sollten Sie das Lineal aktivieren, damit Sie auch die Zeilenbreite erkennen können. Sie haben aber auch die Möglichkeit, den Lesemodus, das Drucklayout, das Weblayout, die Gliederungs- oder Entwurfsansicht einzustellen.

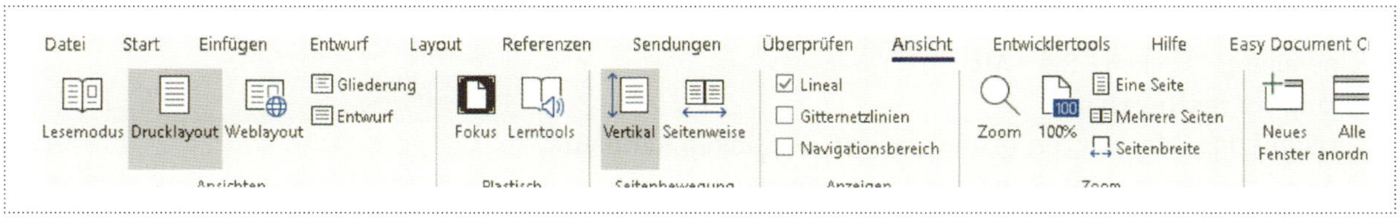

Word-Optionen

- Klicken Sie die Schaltfläche **Datei** an, so können Sie weitere **Optionen** wählen.

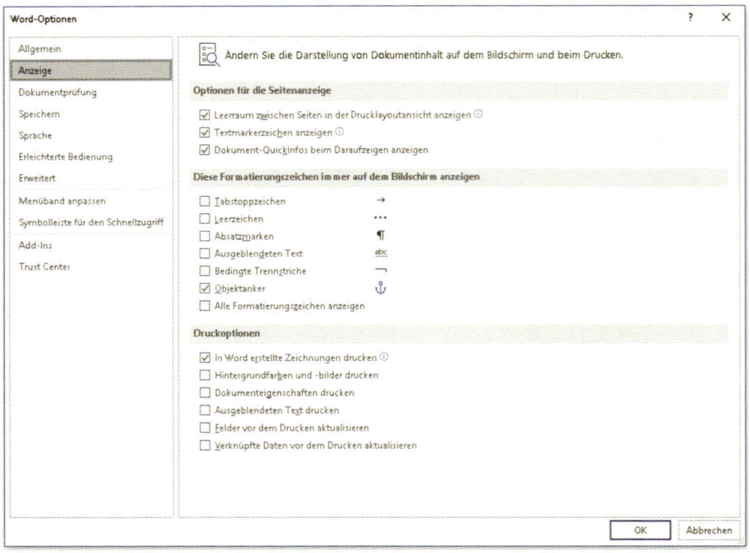

- In der Option **Anzeige** können Sie für Ihre Arbeit bestimmte Formatierungszeichen anzeigen lassen. Um die Zeilenumbrüche besser erkennen zu können, stellen Sie die **Absatzmarken** ein. Es ist auch möglich, Tabstoppzeichen, Leerzeichen, ausgeblendeten Text oder alle Formatierungszeichen anzuzeigen. Unter **Anzeige** wählen Sie auch die **Druckoptionen** aus.

Arbeitsablauf

Datei – Optionen – Anzeige – Absatzmarken oder andere Optionen – OK

Layout

Abstand

Damit Sie mit normgerechten Zeilenabständen arbeiten können, sollten Sie im Register **Layout** in der Gruppe **Absatz** die Standardeinstellungen **Vor** und **Nach** verändern. Stellen Sie hier **0 Pt.** ein. Klicken Sie den rechtsschrägen Pfeil unter den Maßen an, öffnet sich das Fenster **Absatz**. Hier können Sie Ihre Einstellung **Als Standard festlegen**.

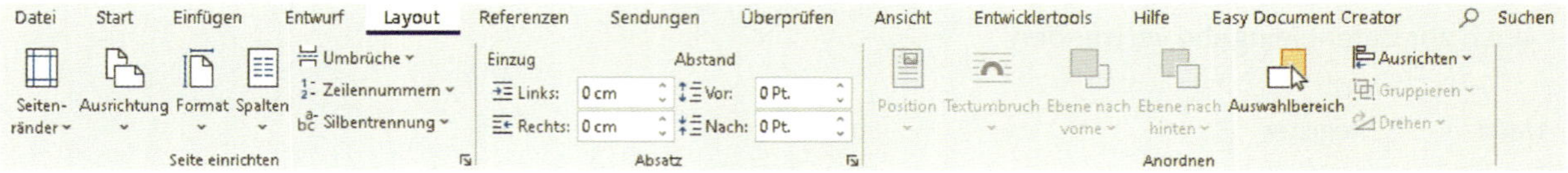

Arbeitsablauf

Layout – Absatz – Vor: 0 Pt. – Nach: 0 Pt. – Pfeil unten rechts anklicken – Als Standard festlegen – OK

Seitenränder

- Für die Randeinstellung wählen Sie ebenfalls das Register **Layout**. Klicken Sie in der Gruppe **Seite einrichten** den Pfeil unter **Seitenränder** an, öffnet sich ein Fenster. Wenn Sie **Benutzerdefinierte Seitenränder** anklicken, gelangen Sie in das Dialogfeld **Seite einrichten**. Hier geben Sie die Maße hinter **Links** und **Rechts** ein. Für eine dauerhafte Randeinstellung klicken Sie **Als Standard festlegen** an.

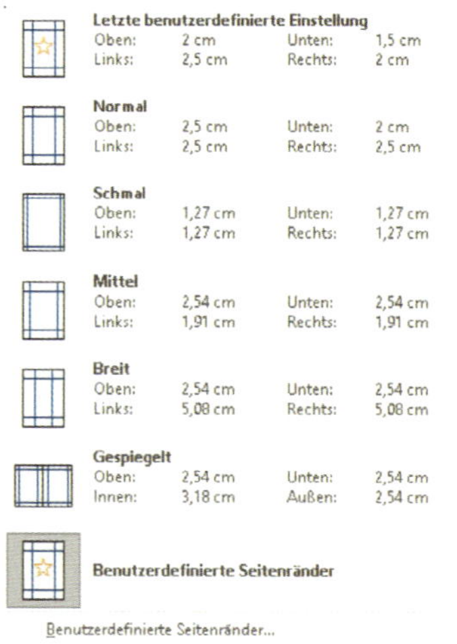

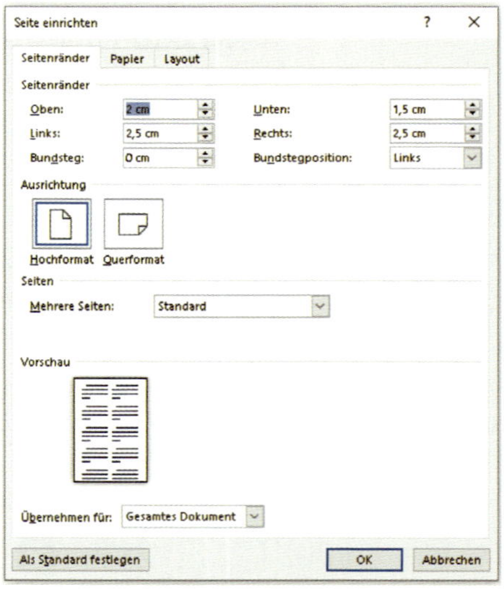

- Es ist für das Erfassen von Texten sinnvoll, den **linken Rand auf 2,4 cm** und den **rechten Rand auf 3,0** cm einzustellen.

Arbeitsablauf

Layout – Seitenränder – Benutzerdefinierte Seitenränder – Links: 2,4 cm – Rechts: 3 cm – Als Standard festlegen – OK

2.1.2 Informationen zum Tastschreiben

Normtastatur

Die Tastatur mit der Tastenbelegung nach DIN 2137.

Einnehmen der Ausgangsposition (Grundeinstellung)

Die Ausgangsposition (Grundstellung) nehmen Sie in der mittleren Buchstabentastenreihe ein.

linker Zeigefinger	f	linker Mittelfinger	d	rechter Zeigefinger	j	rechter Mittelfinger	k
linker Ringfinger	s	linker kleiner Finger	a	rechter Ringfinger	l	rechter kleiner Finger	ö

Optimale Schreibhaltung

- Sie sollten aufrecht sitzen.
- Legen Sie die Ellenbogen locker an.
- Der Unterarm sollte mit dem Handrücken eine gerade Linie bilden.
- Die ersten Fingerglieder sind leicht gekrümmt.

Nehmen Sie die Grundstellung und die Schreibhaltung ein.

Wichtige Tasten und Einstellungen

Die Leertaste

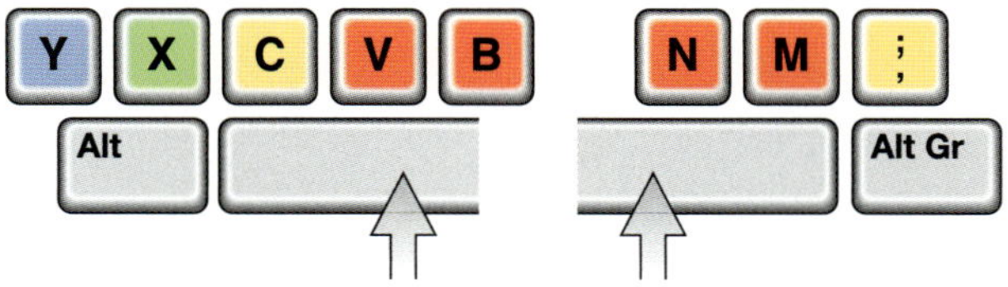

Die Daumen sollten über der Leertaste schweben.

Der Daumen bedient die Leertaste.

Bedienen Sie einige Male die Leertaste.

Eingabetaste (Returntaste)

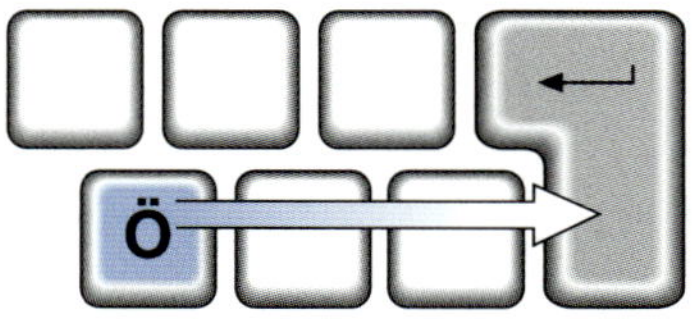

Tasten Sie mit dem rechten kleinen Finger weit nach rechts zur Eingabetaste.

Bedienen Sie diese Taste.

Texteingabe

Alle Texte sind fortlaufend als Endloszeile einzugeben. Am Zeilenende entsteht ein automatischer Zeilenumbruch, wenn Sie ein Leerzeichen eingeben und weiterschreiben. Für einen Absatz bedienen Sie die Returntaste zweimal.

Eingabeposition

Auf dem Bildschirm bewegt sich der Cursor (Einfügemarke) mit jedem Tastenanschlag nach rechts. Er steht immer rechts hinter dem zuletzt geschriebenen Zeichen. Im Lineal und in der Statusleiste kann die Cursorposition abgelesen werden. Sind die Spalten- oder Zeilenangaben in der Statuszeile nicht eingestellt, führen Sie den Mauszeiger in die Statusleiste, klicken die rechte Maustaste an und wählen im Kontextmenü die gewünschten Einstellungen aus.

Randeinstellung – Schriftart

Stellen Sie den **linken Rand auf 2,4 cm** und den **rechten Rand auf 3 cm**. Wählen Sie die Schriftart Courier New, Schriftgröße 12. Dann stimmen die Übungen auf dem Bildschirm mit den Übungen dieses Lernbuches überein.

2.1.3 Buchstaben f, j, d, k, s, l, a, ö, g und h

Buchstaben f, j, d, k, s, l, a und ö

Die Tasten der Grundstellung schlagen Sie mit diesen Fingern an:

linker Zeigefinger	f	rechter Zeigefinger	j
linker Mittelfinger	d	rechter Mittelfinger	k
linker Ringfinger	s	rechter Ringfinger	l
linker kleiner Finger	a	rechter kleiner Finger	ö

Buchstaben g und h

Der linke Zeigefinger tastet waagerecht nach rechts zum **g**.

Der rechte Zeigefinger tastet waagerecht nach links zum **h**.

Von der Ausgangsposition (Grundstellung) tasten Sie zu den Buchstaben g und h. Kehren Sie nach dem Tastenanschlag sofort in die Grundstellung zurück. Richten Sie Ihre Augen nur auf die Vorlage.

Tasten Sie die folgenden Zeilen vor:

f f d d s s a a j j k k l l ö ö f j d k s l a ö d l f ö a j
fgf fgf fgf fgf jhj jhj jhj jhj fgf fgf jhj jhj fgf fgf jhj

Motorische Umsetzung – Erfassen Sie jede Zeile zweimal:

Zeile

1 fdsa fdsa fdsa fdsa fdsa fdsa jklö jklö jklö jklö jklö jklö
2 asdf asdf asdf asdf asdf asdf ölkj ölkj ölkj ölkj ölkj ölkj

3 fdsa jklö asdf ölkj fdsa jklö asdf ölkj fdsa jklö asdf ölkj
4 das das das das das lös lös lös lös lös das lös das lös das

5 fgf fgf fgf jhj jhj jhj fga fga fga jhö jhö jhö fgh fgh fgh
6 lag lag lag lag sah sah sah sah lag sah lag sah lag sah lag

7 sag sag sag half half half kahl kahl kahl sag half kahl sag
8 lag sah sag half kahl lag sah sag half kahl lag sag kahl ja

Speichern

Um Ihren Text dauerhaft zu sichern, speichern Sie auf der Festplatte, einem USB-Stick oder auf einem anderen Datenträger. Zu diesem Zweck klicken Sie **Datei, Speichern unter, Durchsuchen** an. Für das Speichern auf der Festplatte wählen Sie den Ordner aus und geben den Dateinamen ein. Die Datei wird im Format Word 2019 als Word-Dokument gespeichert. Wünschen Sie ein anderes Dateiformat, klicken Sie den Pfeil hinter **Dateityp** und das gewünschte Format an. Den Speichervorgang schließen Sie mit **Speichern** ab.

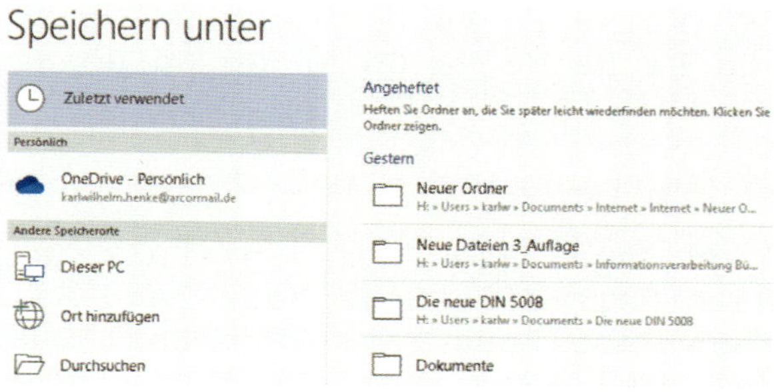

Eine Speichermöglichkeit wird Ihnen unter **OneDrive Persönlich** angeboten. Sie speichern Ihre Datei in einem entfernten Rechenzentrum und nicht auf Ihrem lokalen Computer. Ihre Datei wird in der Cloud (Wolke) gespeichert.

Arbeitsablauf

Datei – Speichern unter – Durchsuchen – Ordner wählen – Dateinamen eingeben – Speichern

Drucken

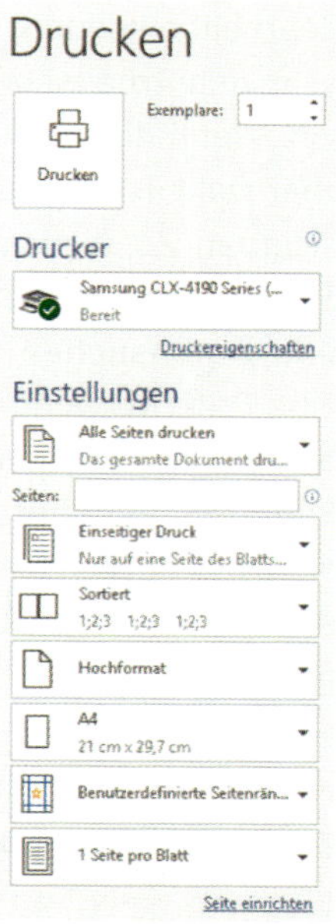

- Zum Drucken von Texten klicken Sie nacheinander die Schaltflächen **Datei** und **Drucken** an. Unter **Einstellungen** können Sie das gesamte Dokument, die aktuelle Seite, markierte Textteile oder benutzerdefinierte Seiten drucken. Die Anzahl der Drucke geben Sie unter Anzahl der Exemplare ein.

- Wollen Sie bestimmte **Druckoptionen** einstellen, klicken Sie in der Schaltfläche **Datei** die **Optionen** an.

Arbeitsablauf

Datei – Drucken – Einstellungen – Alle Seiten drucken oder Druckoptionen eingeben – Anzahl der Exemplare eingeben – Drucken

2.1.4 Großschreibung

Linker und rechter Umschalter

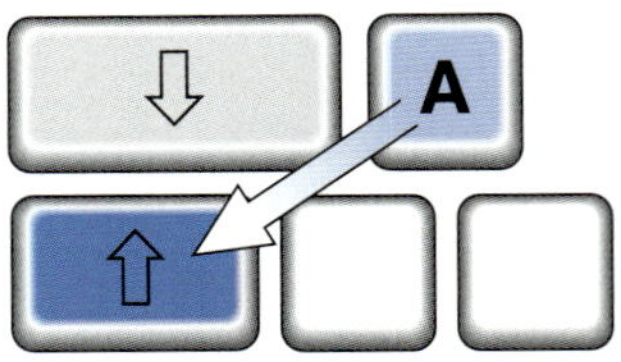

Der linke kleine Finger spreizt weit nach links unten zum Umschalter und drückt ihn herunter. Während des Anschlags wird der Umschalter festgehalten. Wollen Sie einen Buchstaben der rechten Hand großschreiben, benutzen Sie den linken Umschalter.

Der rechte kleine Finger spreizt weit nach rechts unten zum Umschalter und drückt ihn herunter. Während des Anschlags wird die Taste festgehalten. Wollen Sie einen Buchstaben der linken Hand großschreiben, benutzen Sie den rechten Umschalter.

Tasten Sie die folgenden Zeilen vor:

```
Ja Ja Ja Ja Ja Ka Ka Ka Ka Ka La La La La La Öa Öa Öa Öa Öa
Fö Fö Fö Fö Fö Dö Dö Dö Dö Dö Sö Sö Sö Sö Sö Aö Aö Aö Aö Aö
Ha Ha Ha Ha Ha Gö Gö Gö Gö Gö Ha Gö Ha Gö Ha Gö Ha Gö Ha Gö
```

Motorische Umsetzung – Erfassen Sie jede Zeile zweimal:

Zeile

```
1 Jagd Jagd Jagd Jagd Jagd Kalk Kalk Kalk Kalk Kalk Jagd Kalk
2 Hals Hals Hals Hals Hals Jagd Kalk Hals Jagd Kalk Hals Hals
3 Fass Fass Fass Fass Fass Saal Saal Saal Saal Saal Fass Saal
4 Fall Fall Fall Fall Fall Glas Glas Glas Glas Glas Fall Glas

5 Jagd Jagd Kalk Kalk Hals Hals Fass Fass Saal Saal Glas Glas
6 Kalk Hals Saal Fass Glas Jagd Kalk Glas Fass Kalk Hals Fall
7 Kajak Kajak Kajak Kajak Kajak Skala Skala Skala Skala Skala
8 Kajak Kajak Skala Skala Kajak Skala Kajak Skala Kajak Skala
```

Öffnen einer Datei

Damit Sie eine gespeicherte Datei bearbeiten können, müssen Sie diese in den Arbeitsspeicher zurückholen. Wenn die Datei im Arbeitsspeicher steht, ist sie auf dem Bildschirm sichtbar. Zu diesem Zweck klicken Sie die Schaltflächen **Datei, Öffnen und Durchsuchen** an. Möchten Sie eine Datei verwenden, die Sie zuvor bearbeitet haben, wählen Sie **Dokumente angeheftet**. Zum Öffnen der Datei klicken Sie den Ordner und den gewünschten Dateinamen und öffnen an.

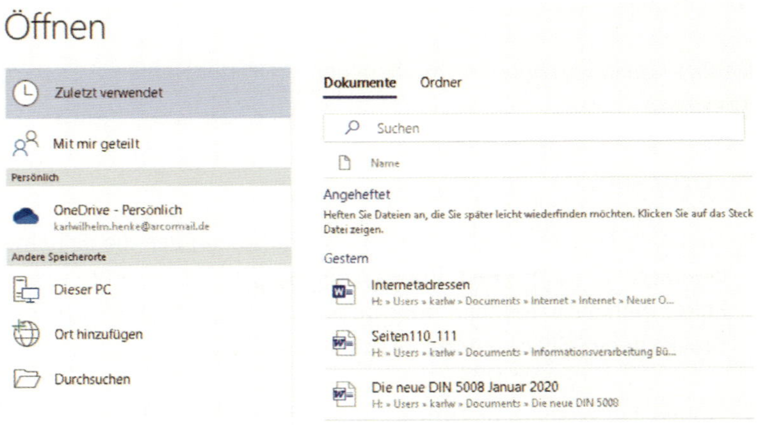

Arbeitsablauf

Datei – Öffnen – Durchsuchen oder Dokumente angeheftet wählen – Ordner wählen – Dateinamen anklicken – Öffnen

Anlegen einer neuen Datei

Wollen Sie ein neues Dokument anlegen, klicken Sie die Schaltfläche **Datei** und **Neu** an. Sie können nun ein **Leeres Dokument** anklicken oder sich für eine **Dokumentvorlage** entscheiden.

Arbeitsablauf

Datei – Neu – Leeres Dokument

Wiederholung – Schreiben Sie die folgenden Zeilen je dreimal:

```
Jagd Jagd Kalk Kalk Hals Hals Fass Fass Saal Fall Glas Kalk
Kajak Kajak Skala Skala Kajak Skala Kajak Skala Kajak Skala
```

2.1.5 Buchstaben e, i, r, u, t, z, Komma und Punkt

Buchstaben e und i

Der linke Mittelfinger tastet links hoch zum **e**.

Der rechte Mittelfinger tastet links hoch zum **i**.

Tasten Sie die folgende Zeile vor:

```
ded ded ded ded kik kik kik kik ded ded kik kik ded ded kik
```

Buchstaben r und u

Der linke Zeigefinger tastet links hoch zum **r**.

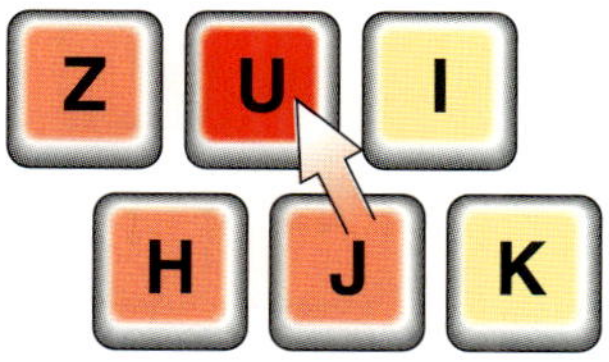

Der rechte Zeigefinger tastet links hoch zum **u**.

Tasten Sie die folgenden Zeilen vor:

```
frf frf frf frf juj juj juj juj frf frf juj juj frf frf juj
ded ded kik kik frf frf juj juj ded ded kik kik frf frf juj
```

Buchstaben t und z

Der linke Zeigefinger tastet rechts hoch zum **t**.

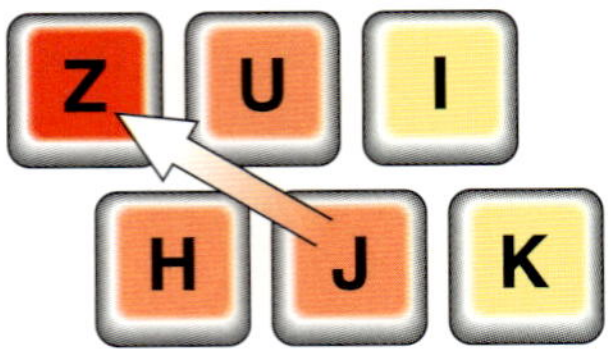

Der rechte Zeigefinger tastet gespreizt links hoch zum **z**.

Die Tastwege zu den Tasten r und t sowie u und z müssen Sie unterscheiden. Nach dem Tastenanschlag kehren die Finger sofort in die Ausgangsposition zurück.

Tasten Sie die folgenden Zeilen vor:

```
ftf ftf ftf ftf jzj jzj jzj jzj ftf ftf jzj jzj ftf ftf jzj
ded kik frf juj ftf ftf jzj jzj ded kik frf juj ftf jzj ftf
ftf jzj ded frf ftf jzj juj kik kik juj jzj ftf frf ded frf
```

Komma und Punkt

Der rechte Mittelfinger tastet tief rechts zum **Komma**.

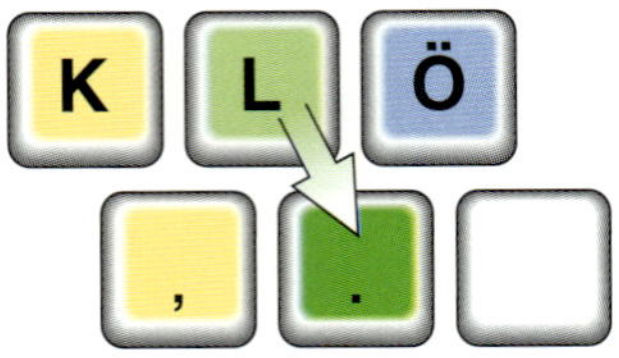

Der rechte Ringfinger tastet tief rechts zum **Punkt**.

Tasten Sie die folgenden Zeilen vor:

```
k,k k,k k,k k,k l.l l.l l.l l.l k,k k,k l.l l.l k,k k,k l.l
frf kik l.l ftf k,k ded jzj juj k,k frf l.l ded jzj k,k juj
```

Korrekturtaste und Cursorführung

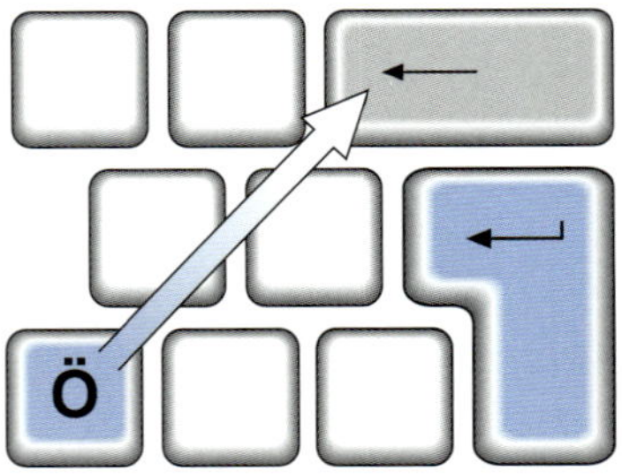

Mit der Korrekturtaste (Rückschritttaste) löschen Sie das Zeichen links vom Cursor. Dazu tasten Sie mit dem rechten kleinen Finger weit nach rechts oben in die Zifferntastenreihe.

Um nachträglich Korrekturen vornehmen zu können, muss der Cursor in die richtige Position gebracht werden. Dazu nehmen Sie mit der rechten Schreibhand die unten stehende Position ein.

Hierbei kann der Cursor zeichen- oder sprungweise bewegt werden. Diese Möglichkeiten bieten sich an (siehe nächste Seite):

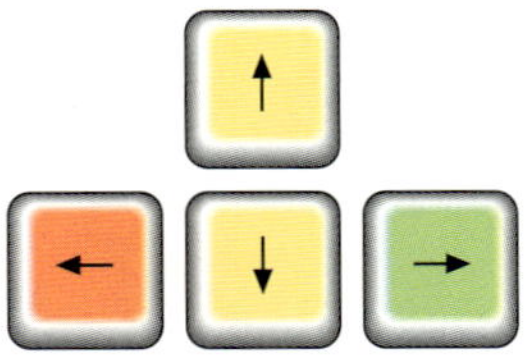

Zeigefinger Mittelfinger Ringfinger

←	zeichenweise nach links	→	zeichenweise nach rechts
Strg + ←	wortweise nach links	Strg + →	wortweise nach rechts
Pos 1	Zeilenanfang	Ende	Zeilenende
↑	zeilenweise nach oben	↓	zeilenweise nach unten

Mit dem Mauszeiger bringen Sie den Cursor ebenfalls in die gewünschte Position. Klicken Sie dazu die linke Maustaste an.

Zeile

Motorische Umsetzung – Erfassen Sie jede Zeile zweimal:

```
 1 des des des des des des des des öde öde öde öde öde öde öde
 2 dir dir dir dir dir dir dir dir der der der der der der der
 3 des öde dir der des öde dir der des öde dir der des öde der
 4 auf auf auf auf auf auf auf auf aus aus aus aus aus aus aus

 5 des des öde öde dir dir der der auf auf aus aus dir der auf
 6 alt alt alt alt alt alt alt alt hat hat hat hat hat hat hat
 7 zart zart zart zart zart zart kurz kurz kurz kurz kurz kurz
 8 alt alt hat hat zart zart kurz kurz alt hat zart kurz altes

 9 des öde dir der auf aus alt hat zart kurz alt hat zart kurz
10 öde dir des auf der alt kurz aus zart hat des kurz auf zart
11 lege lege lege lege lief lief lief lief rufe rufe rufe rufe
12 tief tief tief tief tief tief zahlt zahlt zahlt zahlt zahlt

13 lege lege lief lief rufe rufe tief tief zahlte zahlte legte
14 lief lege tief rufe zart lief tief rufe lege lief zart tief
15 auf die des lege zur tief rufe lief zahlt tief dir öde lege
16 die aus alt lief dir zart lege rufe tief alt auf zahlt tief
```

Gymnastische Übungen

Legen Sie die Finger auf eine Tischplatte und ziehen Sie alle Finger einzeln hoch, um die Beweglichkeit der Finger zu erhöhen.

Funktionstasten

Esc	Die **Esc**-Taste bewirkt den Abbruch einer Funktion und die Rückkehr zur vorhergehenden Menüebene. Sie erreichen die Taste, indem Sie mit dem linken kleinen Finger weit nach links oben tasten.	Strg	Die **Strg**-Taste muss zur Befehlseingabe mit einer anderen Taste heruntergedrückt werden. Kurzbefehle können auf diese Weise eingegeben werden. Diese Taste bedienen Sie mit dem linken oder rechten kleinen Finger, indem Sie weit nach unten tasten.
Alt	Mit der **Alt**-Taste werden die Register des Menübandes markiert. Zur Auswahl von Register und Funktion ist der hervorgehobene Buchstabe einzugeben.	Alt Gr	Wenn Schriftzeichen benötigt werden, die auf einer Schreibtaste unten rechts aufgeführt sind, ist die Taste **AltGr** zu bedienen. Dazu gehören z. B. die Tasten €, @, {, ~ usw.

Löschen und Ersetzen von Zeichen

- Für das Löschen von Zeichen gibt es zwei Möglichkeiten: Mit der *Korrekturtaste* (Rückschritttaste) wird das Zeichen links vom Cursor gelöscht, wenn der Einfügemodus eingestellt ist. Die Taste **Entf** löscht das Zeichen rechts neben dem Cursor.

- Um den gewünschten Korrekturmodus einstellen zu können, klicken Sie für die Standardeinstellung die Schaltflächen **Datei**, **Optionen, Erweitert** an. Haben Sie die Option **Einfg-Taste zum Steuern des Überschreibmodus** in dem Register **Erweitert** aktiviert, können Sie den Einfügemodus oder Überschreibmodus durch Bedienen der Taste **Einfg** einstellen. Bevorzugen Sie den Überschreibmodus, können Sie ihn unter– **Datei Optionen – Erweitert** aktivieren.

```
17 ja, ja, ja, ja, ja, da, da, da, da, da, es, es, es, es, es,
18 die, die, die, die, auf, auf, auf, auf, alt, alt, alt, alt,
19 fiel. fiel. fiel. fiel. fiel. teil. teil. teil. teil. teil.
20 hell. hell. hell. hell. fiel. teil. hell. fiel. teil. hell.

21 lasse dies, lasse dies, lasse dies, lasse dies, lasse dies,
22 gehe leise, gehe leise, gehe leise, gehe leise, gehe leise,
23 sehr teuer, sehr teuer, sehr teuer, sehr teuer, sehr teuer,
24 erst jetzt gezahlt, erst jetzt gezahlt, erst jetzt gezahlt,

25 der Esel, der Esel, die Idee, die Idee, der Reis, der Reis,
26 das Ufer, das Ufer, das Tief, das Tief, die Zeit, die Zeit.
27 Er zahlt. Er zahlt. Er zahlt. Er zahlt. Er zahlt. Er zahlt.
28 Sie zielt. Sie zielt. Sie zielt. Sie zielt. Sie zielte gut.

29 Er ist fertig. Er ist fertig. Er ist fertig. Er ist fertig.
30 Sie steht auf. Sie steht auf. Sie steht auf. Sie steht auf.
31 Dieter zielte gut. Ruth stellte es auf. Die Frist ist kurz.
32 Der Tee ist teuer. Der Zug hielt heute. Der Zeuge sagt aus.
```

Befehle zurücknehmen

Um zu erreichen, dass ein bereits eingegebener Befehl zurückgenommen wird, ist **Strg + Z** einzugeben. Dadurch lassen sich Befehle rückgängig machen. Das gilt nicht nur für den letzten Befehl, sondern auch für frühere Befehle.

Wiederherstellen

Wollen Sie einen Befehl, den Sie zurückgenommen haben, wiederherstellen, bedienen Sie die Tastenkombination **Strg + Y.**

Markieren

Für das Markieren von Textteilen bieten sich über die Tastatur diese Möglichkeiten an:

Zeichen	Umschalter + →
Wort	Strg + Umschalter + →
Satz	F8 (dreimal)
Textblock	Strg + Umschalter + ↓
Text	Strg + A

Es ist auch möglich, zum Markieren die Maus zu verwenden.

Zeichen	Anklicken und Maus ziehen.
Wort	Mauszeiger auf das Wort und die linke Maustaste doppelt anklicken.
Satz	An einer beliebigen Stelle im Satz die **Strg-**Taste herunterdrücken und die linke Maustaste anklicken.
Textblock	Mauszeiger in die Markierungsleiste links neben den Textblock und die Maustaste doppelt anklicken.
Text	Mauszeiger in die Markierungsleiste, die **Strg-**Taste drücken und die linke Maustaste anklicken.

Wiederholung – Schreiben Sie die folgenden Zeilen je dreimal:

```
Sie hielt es fest. Sie teilt es aus. Sie zerlegte es jetzt.
Er stellte es her. Er kaufte es ihr. Er sagt es sehr ruhig.
```

2.1.6 Buchstaben c, v, m, b und n

Buchstabe c

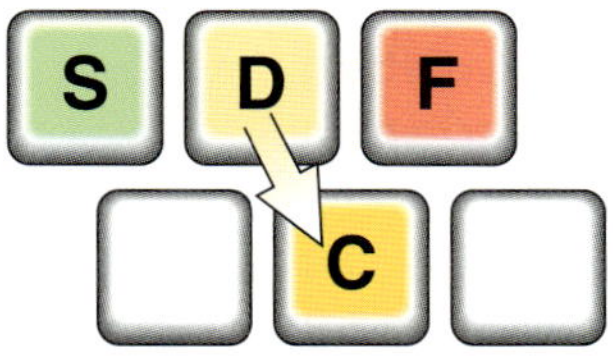

Der linke Mittelfinger tastet rechts tief zum **c**.

Tasten Sie die folgende Zeile vor:

```
dcd dcd dcd dcd k,k k,k k,k k,k dcd dcd k,k k,k dcd k,k dcd
```

Buchstaben v und m

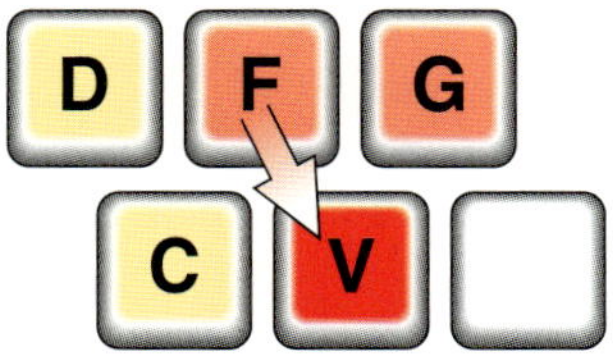

Der linke Zeigefinger tastet rechts tief zum **v**.

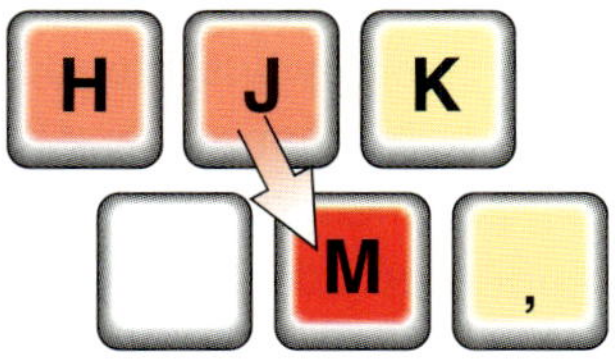

Der rechte Zeigefinger tastet rechts tief zum **m**.

Tasten Sie die folgenden Zeilen vor:

```
fvf fvf fvf fvf jmj jmj jmj jmj fvf fvf jmj jmj fvf fvf jmj
dcd dcd fvf fvf jmj jmj dcd fvf jmj dcd fvf jmj dcd fvf jmj
```

Buchstaben b und n

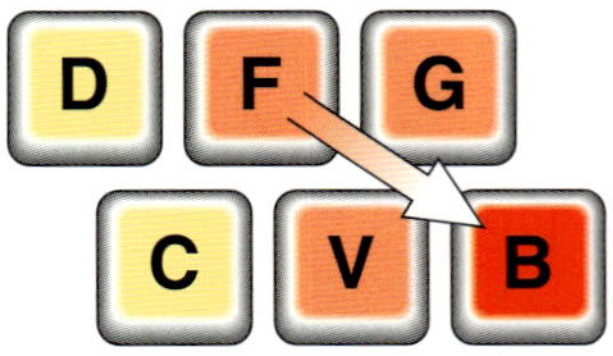

Der linke Zeigefinger tastet gespreizt rechts tief zum **b**.

Der rechte Zeigefinger tastet tief links zum **n**.

Die Tastwege zum b und v dürfen Sie nicht verwechseln. Beachten Sie darum die Griffrichtung und -entfernung genau. Kehren Sie nach dem Tastenanschlag sofort in die Grundstellung zurück.

Tasten Sie die folgenden Zeilen vor:

fbf fbf fbf fbf jnj jnj jnj jnj fvf fbf fvf fbf jmj jnj jnj
dcd fvf jmj fbf jnj dcd fvf jmj fbf jnj fbf fvf jnj jmj fbf

Zeile

Motorische Umsetzung – Erfassen Sie jede Zeile zweimal:

1 dick dick dick dick dick dick auch auch auch auch auch auch
2 dick dick auch auch dick dick auch auch dick auch dick auch
3 viel viel viel viel vier vier vier vier viel vier viel vier
4 mehr mehr mehr mehr mehr mehr kaum kaum kaum kaum kaum kaum

5 dick dick auch auch viel vier mehr mehr kaum kaum dick vier
6 bald bald bald bald bald bald bilde bilde bilde bilde bilde
7 bald bald bilde bilde bald bilde bald bilde bald bilde bald
8 nach nach nach nach nach nach fand fand fand fand fand fand

9 auch vier mehr kaum bald nach fand dick viel nach fand auch
10 dies versichern, nichts versichern, dies versichern können,
11 jetzt berichten, schnell berichten, sehr schnell berichten,
12 nicht vermeiden, schnell vermeiden, alles vermeiden können,

13 der Chef, der Chef, in Chile, in Chile, in Celle, in Celle,
14 die Vase, die Vase, die Visa, die Visa, die Vase, die Visa,
15 das Meer, das Meer, die Mark, die Mark, das Meer, die Mark,
16 das Bild, das Bild, das Buch, das Buch, das Bild, das Buch,

Rechtschreibprüfung

Um Texte auf Rechtschreib- und Eingabefehler prüfen zu können, klicken Sie im Register **Überprüfen** in der Gruppe **Rechtschreibung** die Funktion **Dokument überprüfen** an. Es erscheint auf der rechten Seite des Bildschirms ein Editor für das Einstellen von Korrekturen und Empfehlungen für den Sprachgebrauch. Sie klicken danach die gewünschte Option (Rechtschreibung – Grammatik – Formelle Sprache – Prägnanz – Verständlichkeit oder Wortwahl) an. Wird der Fehler angezeigt, können Sie den Korrekturvorschlag anklicken, **Einmal ignorieren, Alle ignorieren** oder **Zum Wörterbuch hinzufügen** anklicken.

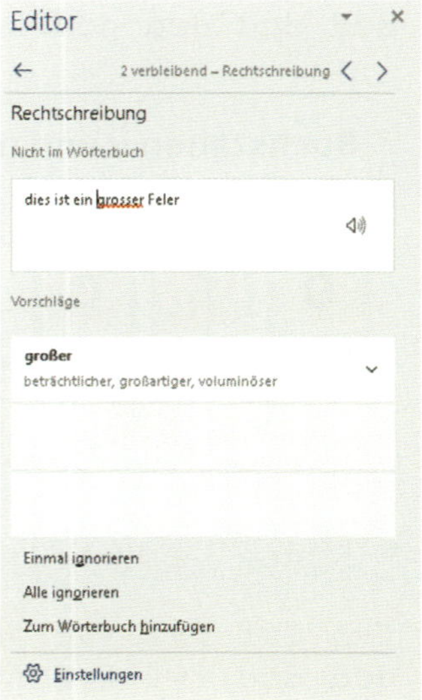

Arbeitsablauf

Überprüfen – Dokument überprüfen – Rechtschreibung – Korrekturvorschlag anklicken oder Einmal ignorieren, Alle ignorieren oder Zum Wörterbuch hinzufügen

17 nach Chile fliegen, nach Chile fliegen, den Vater besuchen,
18 den Vater besuchen, die schönen Bilder, die schönen Bilder,
19 auf dem Markt, auf dem Markt, das neue Netz, das neue Netz,
20 sein Vater, schöne Bilder, auf dem Markt, dieses neue Netz.

21 Beate besuchte uns. Beate besuchte uns. Beate besuchte uns.
22 Sandra bezahlte es. Sandra bezahlte es. Sandra bezahlte es.
23 Jan fand sein Buch. Jan fand sein Buch. Jan fand sein Buch.
24 Beate besuchte uns. Sandra bezahlte es. Jan fand sein Buch.

25 Hans nahm das Bild. Hans nahm das Bild. Hans nahm das Bild.
26 Stefan rief uns an. Stefan rief uns an. Stefan rief uns an.
27 Vera gibt uns diesen Bericht. Vera gibt uns diesen Bericht.
28 Eva fuhr gestern nach Berlin. Vera gibt uns diesen Bericht.

29 Der Mitarbeiter hat diesen Brief erst am Dienstag erhalten.
30 Alle bestellten Schreibtische sind zurzeit nicht lieferbar.
31 Erst Mitte Februar aber ist mit einer Lieferung zu rechnen.
32 Der Mitarbeiter erinnert sich, den Kunden gemahnt zu haben.

Autokorrektur

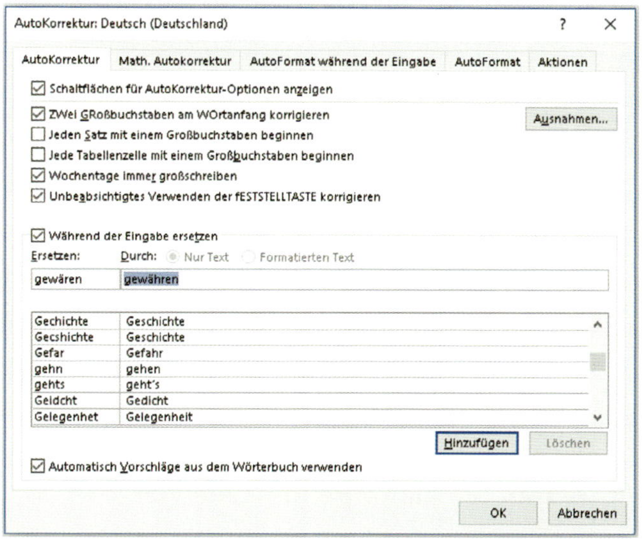

- Unterlaufen Ihnen während der Texteingabe häufig dieselben Fehler, können Sie diese fehlerhaften Schreibungen in die Autokorrektur aufnehmen.
- Geben Sie das Wort fehlerhaft ein, korrigiert das Programm diesen Fehler automatisch. Auf diese Weise können Sie Fehler vermeiden.
- Um fehlerhafte Wörter in die Autokorrektur aufzunehmen, rufen Sie unter **Datei** in den **Optionen** die Dokumentprüfung auf. In dem Dialogfeld **Autokorrektur-Optionen** geben Sie unter „Ersetzen" das fehlerhafte Wort und unter „Durch" die korrekte Schreibung ein. Danach klicken Sie **Hinzufügen** an. Es besteht auch die Möglichkeit, anstelle eines fehlerhaften Wortes eine Abkürzung einzugeben. Wenn Sie zuvor einen längeren Textabschnitt markiert haben, können Sie ihn durch eine Abkürzung abrufen. Auf diese Weise können Sie auch Textbausteine in die Autokorrektur aufnehmen.
- Sie haben die Möglichkeit, noch weitere Einstellungen vorzunehmen. Haben Sie beim Erfassen des Textes den Umschaltfeststeller zu lange festgehalten, erscheint nach dem ersten Buchstaben auch der zweite Buchstabe eines Wortes als Großbuchstabe. Um diesen Fehler automatisch berichtigen zu können, wählen Sie „Zwei Großbuchstaben am Wortanfang korrigieren".
- Ist die Option „Jeden Satz mit einem Großbuchstaben beginnen" eingestellt, wandelt das Programm nach einem Punkt oder nach Bedienen der Return-Taste den ersten Buchstaben eines Wortes in einen Großbuchstaben um.
- In Tabellen sollten die Spaltenbezeichnungen immer großgeschrieben werden. Dies erreichen Sie, wenn Sie die Einstellung „Jede Tabellenzelle mit einem Großbuchstaben beginnen" vornehmen. Darüber hinaus können Sie auch aktivieren, dass Wochentage immer großgeschrieben werden. Wenn Sie versehentlich den Umschaltfeststeller betätigen, hebt das Programm die Dauergroßschreibung auf, wenn Sie zuvor „Unbeabsichtigtes verwenden der Feststelltaste korrigieren" eingestellt haben.

Arbeitsablauf

Datei – Optionen – Dokumentprüfung – Autokorrektur-Optionen – Ersetzen: fehlerhaftes Wort eingeben – Durch: richtige Schreibung eingeben – Hinzufügen – OK

Wiederholung – Schreiben Sie die folgenden Zeilen je dreimal:

```
Das Unternehmen bittet darum, den Restbetrag zu begleichen.
Der Kunde beanstandet, die Sendung nicht erhalten zu haben.
```

2.1.7 Buchstaben w, o, x und Doppelpunkt

Buchstaben w und o

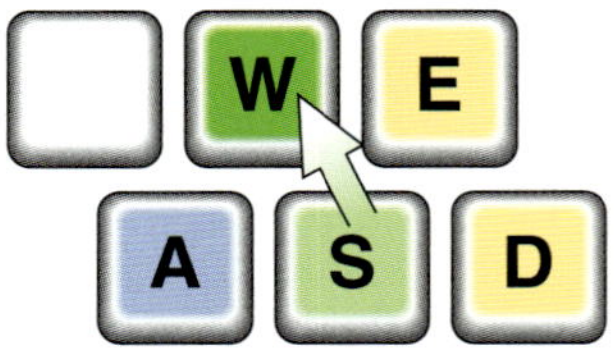

Der linke Ringfinger tastet links hoch zum **w**.

Der rechte Ringfinger tastet links hoch zum **o**.

Tasten Sie die folgende Zeile vor:

```
sws sws sws sws lol lol lol lol sws sws lol lol sws lol sws
```

Buchstabe x und Doppelpunkt

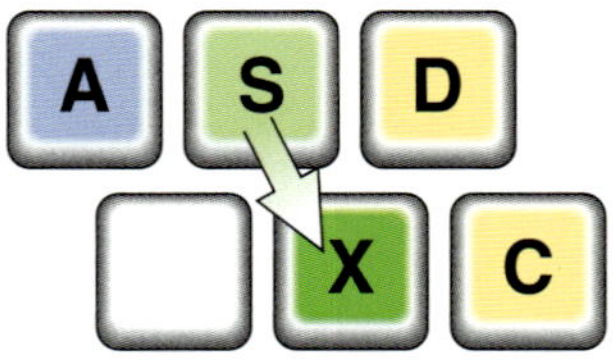

Der linke Ringfinger tastet rechts tief zum **x**.

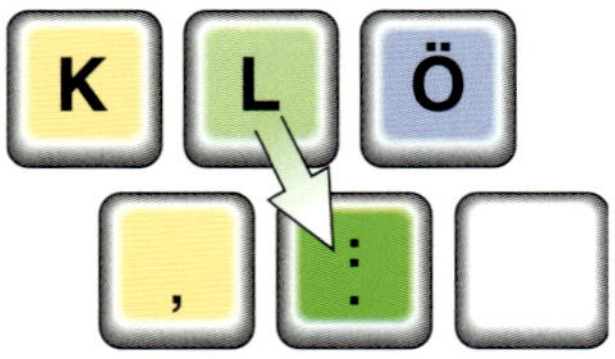

Der linke kleine Finger bedient den Umschalter, während der rechte Ringfinger tief rechts zum **Doppelpunkt** tastet.

Tasten Sie die folgenden Zeilen vor:

```
sxs sxs sxs sxs l:l l:l l:l l:l sxs sxs l:l l:l sxs l:l sxs
sws lol sxs l:l sws lol sxs l:l sxs lol sws l:l lol sxs sws
```

Zeile

Motorische Umsetzung – Erfassen Sie jede Zeile zweimal:

```
 1 wie wie wie wie wie wie wie wie was was was was was was was
 2 wie wie was was wie was wie wie wie was wie was wie was wie
 3 lose lose lose lose lose lose soll soll soll soll soll soll
 4 lose lose soll soll lose soll lose soll lose soll lose soll

 5 fixe fixe fixe fixe fixe fixe mixt mixt mixt mixt mixt mixt
 6 fixe fixe mixt mixt fixe mixt fixe mixt fixe mixt fixe mixt
 7 wie wie was was lose lose soll soll fixe fixe mixt mixt wie
 8 wie was lose soll fixe mixt wie fixe lose was soll mixt wie

 9 weil weil weil weil weil wieder wieder wieder wieder wieder
10 weil weil wieder wieder weil wieder weil wieder weil wieder
11 boxe boxe boxe boxe boxe boxe exakt exakt exakt exakt exakt
12 boxe boxe exakt exakt boxe exakt boxe exakt boxe exakt boxe

13 weil wieder boxe exakt weil wieder boxe exakt wieder exakte
14 wie was lose soll fixe mixt weil wieder boxe exakt weil los
15 boxe lose weil was exakt wieder soll wie weil exakte wieder
16 wieder fixe was weil mixt soll lose exakt wieder soll boxte
```

Gymnastische Übungen

a) Drehen Sie den linken und rechten Arm abwechselnd und wechseln Sie dabei die Richtung.
b) Schütteln Sie die Hände und Arme danach kräftig aus.

Suchen von Textteilen

Längere Texte können nach bestimmten Wörtern durchsucht werden. Geben Sie den Suchbefehl ein, springt der Cursor hinter das Suchwort. Um den Vorgang einzuleiten, klicken Sie im Register **Start** in der Gruppe **Bearbeiten** die Funktion **Suchen** an.

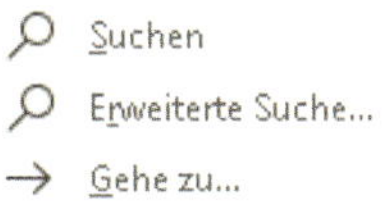

Arbeitsablauf

Start – Suchen – Suchwort unter Navigation eingeben

Ersetzen von Textteilen

Wollen Sie mehrere gleiche Wörter durch ein anderes Wort ersetzen, bietet sich die Ersatzfunktion an. Im Register **Start** klicken Sie in der Gruppe **Bearbeiten** die Funktion **Ersetzen** an. Sie geben das Suchwort und das Ersatzwort ein.

Arbeitsablauf

Start – Ersetzen – Suchwort eingeben – Ersatzwort eingeben – Alle Ersetzen – Schließen

mit dem Wagen, mit dem Wagen, mit dem Wagen, mit dem Wagen,
in dem Werk, in den Werken, in diesem Werk, in diesem Werk,
einige Wörter, einige Wörter, einige Wörter, einige Wörter,
mit dem Wagen, in den Werken, einige Wörter, mit dem Wagen,

in diesem Ort, in diesem Ort, in diesem Ort, in diesem Ort,
an den Folgen, an den Folgen, an den Folgen, an den Folgen,
in guter Form, in guter Form, in guter Form, in guter Form,
in diesem Ort, an den Folgen, in guter Form, in diesem Ort,

die exakte Schrift, die exakte Schrift, die exakte Schrift,
verschiedene Texte, verschiedene Texte, verschiedene Texte,
nach Mexiko reisen, nach Mexiko reisen, nach Mexiko reisen,
die exakte Schrift, verschiedene Texte, nach Mexiko reisen.

Die Wohnung in Xanten soll noch im November bezogen werden.
Die Texte sollten schon am Mittwoch in Dortmund eintreffen.
Die modernen Textilwaren sollen nach Mexiko gesandt werden.
An der Konferenz nehmen teil: Beatrix und Alexandra Winter.

Verschieben von Textblöcken

Textblöcke (Textabschnitte) lassen sich innerhalb des Textes an einer anderen Stelle einfügen. Dazu ist der Textblock zu markieren. Der markierte Text wird nun durch die Tasten **Strg + X** in die Zwischenablage kopiert. Befindet sich der Cursor an der Einfügestelle, sind die Tasten **Strg + V** zu bedienen.

Arbeitsablauf

Markieren – Strg + X – Cursor an Einfügestelle – Strg + V

Kopieren von Textblöcken

Markierte Textblöcke können auch kopiert werden. Sie werden dann zusätzlich in den Text eingefügt. Dazu sind die Tasten **Strg + C** zu bedienen. Der Textblock wird dadurch in die Zwischenablage kopiert. Befindet sich der Cursor an der Einfügestelle, sind die Tasten **Strg + V** zu bedienen.

Arbeitsablauf

Markieren – Strg + C – Cursor an Einfügestelle – Strg + V

Aufgaben

a) Tauschen Sie den 1. und 4. Textblock der vorstehenden Übungen aus. Kopieren Sie den 2. Textblock an das Ende des Textes.
b) Nehmen Sie die Rechtschreibprüfung vor.
c) Speichern Sie unter dem Dateinamen **wox.**

Wiederholung – Schreiben Sie die folgenden Zeilen je dreimal:

```
Vor zwei Wochen wurde uns das Sonderangebot noch zugesandt.
Diese Texte sollten schon am Mittwoch in Xanten eintreffen.
```

2.1.8 Buchstaben q, p, y sowie Kurz- und Langstrich

Buchstaben q und p

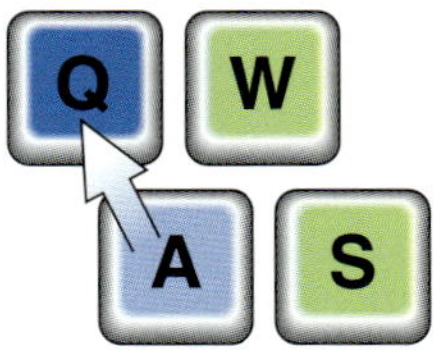

Der linke kleine Finger tastet links hoch zum **q**.

Der rechte kleine Finger tastet links hoch zum **p**.

Tasten Sie die folgende Zeile vor:

```
aqa aqa aqa aqa öpö öpö öpö öpö aqa aqa öpö öpö aqa öpö qaq
```

Buchstabe y sowie Kurz- und Langstrich

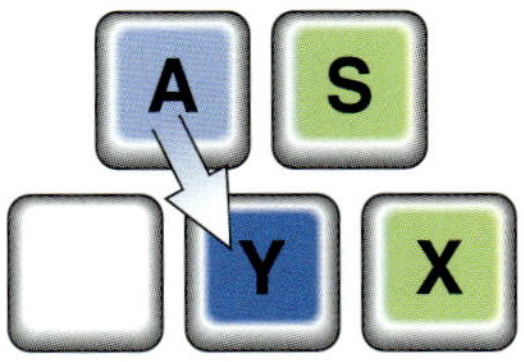

Der linke kleine Finger tastet rechts tief zum **y**.

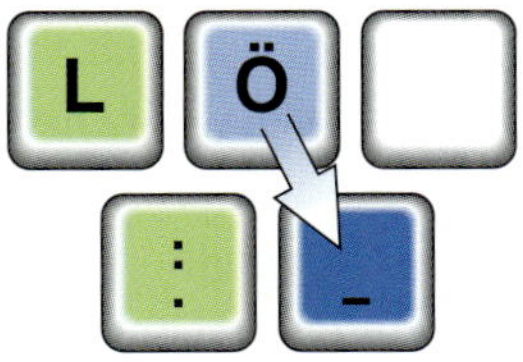

Der rechte kleine Finger tastet rechts tief zum **Kurzstrich**.

Tasten Sie die folgenden Zeilen vor:

```
aya aya aya aya ö-ö ö-ö ö-ö ö-ö aya aya ö-ö ö-ö aya ö-ö aya
aqa öpö aya ö-ö aqa öpö aya ö-ö aya öpö aqa ö-ö öpö aya aqa
```

Motorische Umsetzung – Erfassen Sie jede Zeile zweimal:

Zeile

1 quer quer quer quer quer quer quakt quakt quakt quakt quakt
2 quer quer quakt quakt quer quakt quer quakt quer quakt quer
3 parkt parkt parkt parkt parkt packe packe packe packe packe
4 parkt parkt packe packe parkt packe parkt packe parkt packe

5 lyrisch lyrisch lyrisch lyrische lyrische lyrische lyrische
6 typisch typisch typisch typische typische typische typische
7 lyrisch typisch lyrisch typische lyrische typische lyrische
8 quer quer quakt quakt parkt parkt packe packe lyrisch packe

9 lyrisch typisch quer quakt parkte packte lyrische typisches
10 quitt quitt quitt plant plant plant loyal loyal loyal quitt
11 quitt plant loyal quitt plant loyal quitt plant loyal plant
12 quer quakt parkte packte lyrische typisch quitt plant loyal

13 an der Quelle, an der Quelle, an der Quelle, an der Quelle,
14 starker Qualm, starker Qualm, starker Qualm, starker Qualm,
15 eine Quittung, eine Quittung, eine Quittung, eine Quittung,
16 an der Quelle, starker Qualm, eine Quittung, an der Quelle,

Gymnastische Übungen

Stehen Sie auf und drehen Sie den Kopf einige Male zur Seite. Lockern Sie die Schultern, indem Sie sie hochziehen und wieder herunterfallen lassen.

Worttrennung (Silbentrennung)

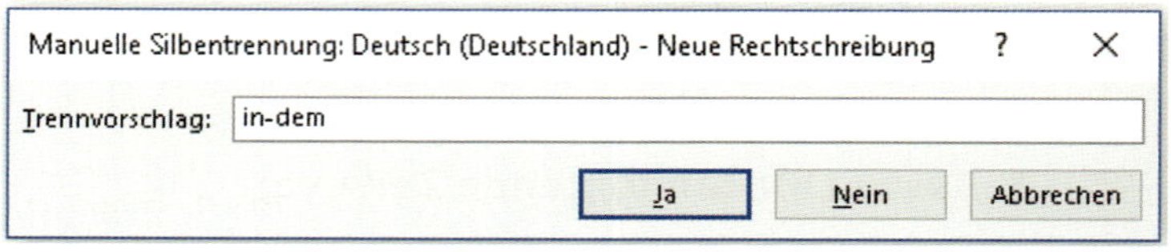

Nachdem Sie einen Text erfasst haben, sollten Sie die Worttrennung vornehmen, um einen gleichmäßigen rechten Rand zu bekommen. Sie aktivieren dazu im Register **Layout** in der Gruppe **Seite einrichten** die Funktion **Silbentrennung**. Eine automatische Worttrennung sollten Sie nicht wählen, weil die Worttrennungsvorschläge nicht immer mit den Rechtschreibregeln übereinstimmen. Das ist besonders häufig in Wortzusammensetzungen bei der Trennung von „st" der Fall. Sie entscheiden sich stattdessen für **Manuell** und prüfen, ob die Worttrennungsvorschläge mit den Rechtschreibregeln übereinstimmen und verändern sie, wenn die Vorschläge nicht korrekt sind. Unter **Silbentrennungsoptionen** stellen Sie ein, ob Sie Wörter, die in Großbuchstaben hervorgehoben sind, auch trennen wollen. Abweichend von der Standardeinstellung von 0,75 cm können Sie die Silbentrennzone neu festlegen.

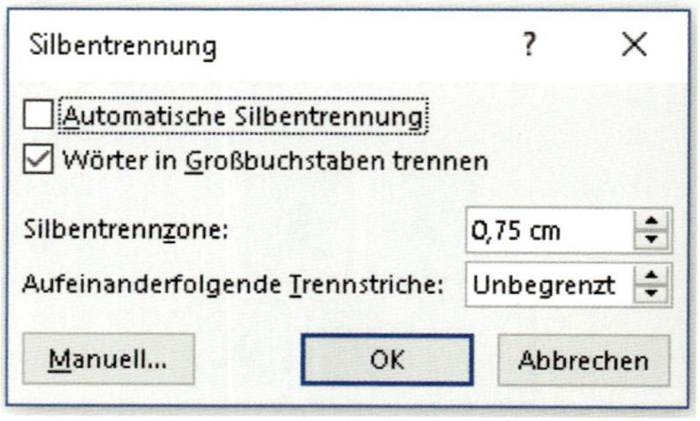

Arbeitsablauf

Layout – Silbentrennung – Manuell – Trennvorschläge prüfen – ja oder nein oder verändern – OK

Aufgabe

Löschen Sie aus den Zeilen 13 bis 16 einige Wörter und nehmen Sie nachträglich die Worttrennung (Silbentrennung) vor.

```
17 auf dem Platz, auf dem Platz, auf dem Platz, auf dem Platz,
18 in der Partei, in der Partei, in der Partei, in der Partei,
19 neue Proteste, neue Proteste, neue Proteste, neue Proteste,
20 auf dem Platz, in der Partei, neue Proteste, auf dem Platz,

21 diese Analyse, diese Analyse, diese Analyse, diese Analyse,
22 diese Symbole, diese Symbole, diese Symbole, diese Symbole,
23 das Gymnasium, das Gymnasium, das Gymnasium, das Gymnasium,
24 diese Analyse, diese Symbole, das Gymnasium, diese Symbole,

25 auf- und abgeladen, auf- und abgeladen, auf- und abgeladen,
26 Nah- und Fernziele, Nah- und Fernziele, Nah- und Fernziele,
27 in Berlin-Steglitz, in Berlin-Steglitz, in Berlin-Steglitz,
28 auf- und abgeladen, Nah- und Fernziele, in Berlin-Steglitz.

29 Mehrere Sportler haben sich bei dem Wettkampf qualifiziert.
30 Eva-Maria trainiert systematisch, um sich zu qualifizieren.
31 Das Ludwig-Erhard-Gymnasium bekam jetzt auch neue Computer.
32 Der Mitarbeiter quittiert den Empfang der Personalcomputer.
```

Gymnastische Übungen

a) Drehen Sie den linken und rechten Arm abwechselnd und wechseln Sie dabei die Richtung.
b) Schütteln Sie die Hände und Arme danach kräftig aus.

Fettschrift, Kursivschrift

- Um eine Hervorhebung durch Fettschrift oder Kursivschrift vorzunehmen, verwenden Sie zweckmäßigerweise diese Kurzbefehle:

Fett	Strg + Umschalter + F
Kursiv	Strg + Umschalter + K

- Es ist auch möglich, mit dem Mauszeiger im Register **Start** in Gruppe **Schriftart** den gewünschten Buchstaben für Fettschrift **(F)** oder Kursiv **(K)** anzuklicken. Zum nachträglichen Hervorheben müssen die Textteile vorher markiert sein. Wenn Sie den jeweiligen Befehl wiederholen, löschen Sie die Hervorhebung wieder.

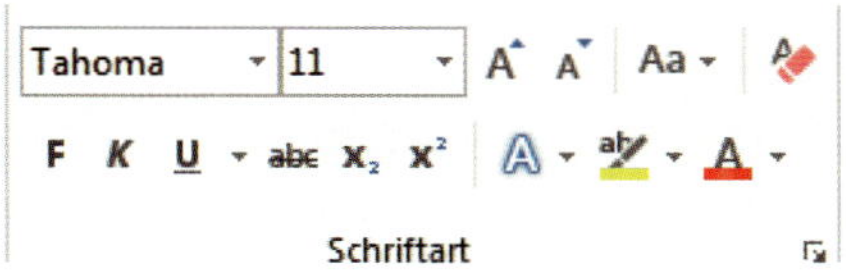

- Die Formatierung der Zeichen, z. B. durch Fettschrift, beginnt unter dem ersten und endet unter dem letzten Zeichen des hervorzuhebenden Teils. Satzzeichen nach einem Wort werden nicht unterstrichen.
- Das Unterstreichen ist nach DIN 5008 nicht mehr als Hervorhebungsart vorgesehen.

Aufgabe

Heben Sie in den Zeilen 17 bis 24 die Substantive (Hauptwörter) abwechselnd durch Fettschrift und Kursivschrift hervor.

Wiederholung – Schreiben Sie die folgenden Zeilen je dreimal:

```
Eva Dreyer hat den Warenein- und -ausgang zu kontrollieren.
Der Postzusteller quittierte uns den Empfang des Bargeldes.
```

2.1.9 Buchstaben ä, ü und ß

Buchstaben ä und ü

Der rechte kleine Finger spreizt waagerecht zum **ä**.

Der rechte kleine Finger tastet rechts hoch zum **ü**.

Tasten Sie die folgende Zeile vor:

öäö öäö öää öäö öüö öüö öüö öüö öäö öäö öüö öüö öäö öüö öüö

Buchstabe ß

Der rechte kleine Finger tastet fast senkrecht nach oben zum **ß**.

Tasten Sie die folgende Zeile vor:

ößö ößö ößö ößö üöß üöß üöß öäö öäö öüö öüö ößö ößö öüö ößö

Zeile

Motorische Umsetzung – Erfassen Sie jede Zeile zweimal:

1 läge läge läge läge läge läge käme käme käme käme käme käme
2 läge läge käme käme läge käme läge käme läge käme läge käme
3 über über über über über über füge füge füge füge füge füge
4 über über füge füge über füge über füge über füge über füge

5 stößt stößt stößt stößt stößt weißt weißt weißt weißt weißt
6 stößt stößt weißt weißt stößt weißt stößt weißt stößt weißt
7 läge läge käme käme übe übe füge füge stößt stößt weiß weiß
8 füge stößt käme über läge weißt füge stößt über stößt weißt

9 hätte hätte hätte hätte fängt fängt fängt fängt hätte fängt
10 würde würde würde würde müsst müsst müsst müsst würde müsst
11 gießen gießen gießen fleißig fleißig fleißig gießen fleißig
12 hätte fängt würde müsst fleißig gießen würde fleißig müsste

13 kein Ärger, kein Ärger, kein Ärger, kein Ärger, kein Ärger,
14 eine Übung, eine Übung, eine Übung, eine Übung, eine Übung,
15 viel Glück, viel Glück, viel Glück, viel Glück, viel Glück,
16 kein Ärger, eine Übung, viel Glück, kein Ärger, eine Übung,

17 diese Bände, gute Qualität, an den Ständen, in den Ländern,
18 alle Käufer, die Gespräche, in den Häusern, die Vorschläge,
19 diese Güter, einige Bürger, auf dem Rücken, mit viel Glück,
20 besten Gruß, eine Äußerung, große Maßstäbe, größere Fässer.

Geschütztes Leerzeichen

Um zu erreichen, dass zusammengehörige Textteile (z. B. Abkürzungen oder gegliederte Zahlen) in der Randzone nicht auseinandergerissen werden, ist durch **Strg + Umschalter + Leertaste** ein geschütztes Leerzeichen einzugeben.

Abkürzungen

Zeile		Anschläge
1	Die Veranstaltung findet evtl. im Okt. d. J. in Bonn statt.	65
2	Der Parteitag soll im Nov. n. J. in Oberhausen stattfinden.	65
3	Diese Arbeitsabläufe sind rationell, d. h., man spart Zeit.	62
4	Am Computer können Sie z. B. durch Fettschrift hervorheben.	63
5	Das Unternehmen bietet Schreibmaschinen, Büromöbel usw. an.	63
6	Im HGB sind gesetzliche Bestimmungen über die KG zu finden.	67
7	Die AG und die GmbH zählt man zu den Kapitalgesellschaften.	66
8	Das Verfahren bei Zivilprozessen ist in der ZPO festgelegt.	66
9	Das ZDF berichtet über das Spiel Hamburger SV - VfL Bochum.	71
10	Die Gewichtseinheiten kg und g fehlten auf dem Preisschild.	63

Schreibregeln

- Ausgesprochene Abkürzungen (z. B. evtl., d. J. usw.) erhalten einen Punkt. Folgen zwei oder mehrere Abkürzungen aufeinander, werden sie mit Leerzeichen geschrieben.
- Hinter buchstäblich gesprochenen Abkürzungen (z. B. HGB, GmbH) oder amtlichen Abkürzungen (z. B. EUR, m, kg) steht kein Punkt.

2.1.10 Ziffern und Sonderzeichen

Linker kleiner Finger: 1 und 2. Linker Ringfinger: 3. Linker Mittelfinger: 4. Linker Zeigefinger: 5 und 6. Rechter Zeigefinger: 7 und 8. Rechter Mittelfinger: 9. Rechter Ringfinger: 0.

Tasten Sie die folgenden Zeilen vor:

```
a1a a2a s3s d4d f5f f6f j7j j8j k9k l0l k9k j8j j7j f6f f5f
j8j a1a l0l d4d j8j s3s j7j a2a k9k f6f a2a l0l f5f j8j a1a
```

Zeile

Motorische Umsetzung – Erfassen Sie jede Zeile zweimal:

```
1  1 Aktie, 1 Aktie, 1 Aktie, 2 Anträge, 2 Anträge, 2 Anträge,
2  3 Sätze, 3 Sätze, 3 Sätze, 30 Länder, 30 Länder, 30 Länder,
3  4 Damen, 4 Damen, 4 Damen, 9 Käufer, 90 Läufer, 900 Läufer,

4  5 Falten, 5 Falten, 5 Falten, 8 Jacken, 8 Jacken, 8 Jacken,
5  6 Fahrer, 6 Fahrer, 6 Fahrer, 7 Jungen, 7 Jungen, 7 Jungen,
6  1 Anlage, 2 Anlagen, 3 Seile, 30 Länder, 4 Deckel, 9 Teile,

7  5 Finger, 8 Kunden, 6 Fehler, 7 Kästen, 12 Arten, 10 Jahre,
8  der 1. Platz, der 2. Fall, die 3. Folge, auf der 30. Seite,
9  die 5. Serie, der 6. Rang, der 7. Punkt, der 189. Besucher.

10 In 12 Disziplinen ermitteln die Sportler heute die Meister.
11 Zu dem Handballspiel kamen am Sonntag sogar 3867 Zuschauer.
12 52 596 Zuschauer sahen dieses interessante Bundesligaspiel.

13 Ihre Bestellung über 90 m Stoff haben wir gestern erhalten.
14 Die Anzahl der Abonnenten stieg im Mai auf 13 450 Bezieher.
15 In der benachbarten Großstadt wohnen nun 648 500 Einwohner.
```

Schreibregeln

- Vor und nach einer Zahl steht ein Leerzeichen.
- In Ordnungszahlen folgt das Leerzeichen hinter dem Punkt.
- Zahlen mit mehr als vier Stellen sollten Sie in Fließtexten durch je ein Leerzeichen von rechts nach links in dreistellige Gruppen gliedern.
- Währungsbeträge sollten Sie aus Sicherheitsgründen nach jeder dritten Stelle von rechts nach links durch einen Punkt gliedern.
- Zwischen Zahlen und den dazugehörigen Einheiten, z. B. Maß-, Gewichts- und Währungseinheiten, sollten Sie ein geschütztes Leerzeichen eingeben, um zu verhindern, dass sie am Zeilenende getrennt werden.

Ausrufezeichen, Anführungszeichen, Paragraf, Dollar, Prozent, „und“

Ausrufezeichen !
Der rechte kleine Finger bedient den Umschalter, während der linke kleine Finger nach links oben zum Ausrufezeichen tastet.

Anführungszeichen “
Der rechte kleine Finger bedient den Umschalter, während der linke kleine Finger senkrecht nach oben zum Anführungszeichen tastet.

Paragrafzeichen §
Der rechte kleine Finger bedient den Umschalter, während der linke Ringfinger senkrecht nach oben zum Paragrafzeichen tastet.

Dollarzeichen $
Der rechte kleine Finger bedient den Umschalter, während der linke Mittelfinger senkrecht nach oben zum Dollarzeichen tastet.

Prozentzeichen %
Der rechte kleine Finger bedient den Umschalter, während der linke Zeigefinger senkrecht nach oben zum Prozentzeichen tastet.

Und-Zeichen &
Der rechte kleine Finger bedient den Umschalter, während der linke Zeigefinger nach rechts oben zum Und-Zeichen tastet.

Tasten Sie vor:

```
a!a a!a a!a a!a a"a a"a a"a a"a s§s s§s s§s s§s d$d d$d d$d
d$d f%f f%f f%f f%f f&f f&f f&f f&f a!a a"a s§s d$d f%f f&f
```

Schrägstrich, Vorklammer, Nachklammer, Gleichheitszeichen, Fragezeichen

Schrägstrich /
Der linke kleine Finger bedient den Umschalter, während der rechte Zeigefinger nach links oben zum Schrägstrich tastet.

Vorklammer (– Klammer auf
Der linke kleine Finger bedient den Umschalter, während der rechte Zeigefinger senkrecht nach oben zur Vorklammer tastet.

Nachklammer) – Klammer zu
Der linke kleine Finger bedient den Umschalter, während der rechte Mittelfinger senkrecht nach oben zur Nachklammer tastet.

Gleichheitszeichen =

Der linke kleine Finger bedient den Umschalter, während der rechte Ringfinger senkrecht nach oben zum Gleichheitszeichen tastet.

Fragezeichen ?
Der linke kleine Finger bedient den Umschalter, während der rechte kleine Finger senkrecht nach oben zum Fragezeichen tastet.

Tasten Sie vor:

```
j/j j/j j/j j/j j(j j(j j(j j(j k)k k)k k)k k)k l=l l=l l=l
l=l ö?ö ö?ö ö?ö ö?ö j/j j(j k)k l=l ö?ö k)k j/j ö?k j(j l=l
```

Schreibregeln

- Nach Zeichen, die anstelle von Wörtern verwendet werden (z. B. §, $, %, &), bleibt davor und dahinter ein Leerzeichen.
- Zeichen, z. B. §, %, & usw., und Zahlen dürfen Sie als zusammengehörige Teile bei einem Zeilenumbruch nicht trennen. Sie geben zwischen der Zahl und der dazugehörigen Einheit ein geschütztes Leerzeichen ein.
- Anführungszeichen und Klammern werden ohne Leerzeichen vor und nach den Textteilen, die von ihnen eingeschlossen sind, geschrieben.
- Das Zeichen ./. (gegen) wird nur in Rechtsstreitigkeiten verwendet.
- Vor und nach dem Schrägstrich entfallen die Leerzeichen.

Motorische Umsetzung – Erfassen Sie jede Zeile zweimal:

Zeile		Anschläge
1	Guten Tag! Guten Abend! Alles Gute! Sehr schön! Gute Reise!	74
2	Marken „Antik“ und „Anker“, Modell „Nizza“, Hotel „Am Zoo“.	76
3	Unser wichtigster Grundsatz lautet: „Alles für den Kunden!“	68
4	Nach § 1 BGB ist Kaufmann, wer ein Handelsgewerbe betreibt.	67
5	Der Mitangeklagte war nach den §§ 37 und 242 StGB schuldig.	67
6	Der Betrag von 44 $ ist noch in diesem Monat zu überweisen.	64
7	Unser Unternehmen konnte die Umsätze sogar um 5 % steigern.	64
8	Auf bestimmte Artikel gewährt das Unternehmen 9 % Nachlass.	65
9	Natürlich sind wir mit dem 10%igen Gewinn wieder zufrieden.	59
10	Die Firma Walter & Co. KG hat den Insolvenzantrag gestellt.	68
11	Bei Firma Roth & Sohn OHG wurde eine Bestellung aufgegeben.	69
12	Den Auftrag 677/9 können wir erst im Juli/August ausführen.	66
13	Hering & Söhne OHG können erst im August/September liefern.	69
14	In dem Rechtsstreit Mai ./. Neu wurde die Klage zugestellt.	66
15	Senden Sie noch: a) Lebenslauf, b) Schulzeugnisse, c) Foto.	69

Wechsel der Schriftart und -größe

- In dem Register **Start** der Gruppe **Schriftart** stellen Sie die Schriftart und die Schriftgröße (Schriftgrad) ein. Zu dem Zweck klicken Sie den Pfeil hinter Schriftart oder hinter Schriftgröße an und wählen die gewünschte Schriftart und -größe aus. Wollen Sie weitere Zeichenformatierungen vornehmen, klicken Sie hinter **Schriftart** den rechtsschrägen Pfeil an. Es öffnet sich das Dialogfeld **Schriftart**. Hier können Sie beispielsweise Effekte oder die Schriftfarbe gleichzeitig einstellen. In dem Dialogfeld **Erweitert** vergrößern oder verkleinern Sie den Zeichenabstand.
- Wegen der guten Lesbarkeit sind die Schriftarten Courier New, Times New Roman oder Arial zu bevorzugen. Eine besondere Wirkung erzielen Sie, wenn Sie zusätzlich Schattiert, Relief oder Gravur einstellen.

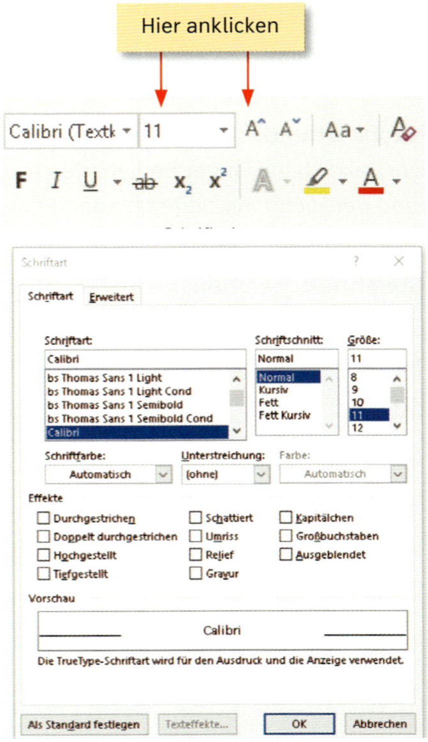

Arbeitsablauf

Start – Pfeil hinter Schriftart anklicken – Schriftart auswählen – Pfeil hinter der Schriftgröße anklicken und Schriftgröße eingeben – rechtsschrägen Pfeil anklicken – Einstellungen in dem Dialogfeld Schriftart vornehmen – OK

Semikolon, Plus und Stern

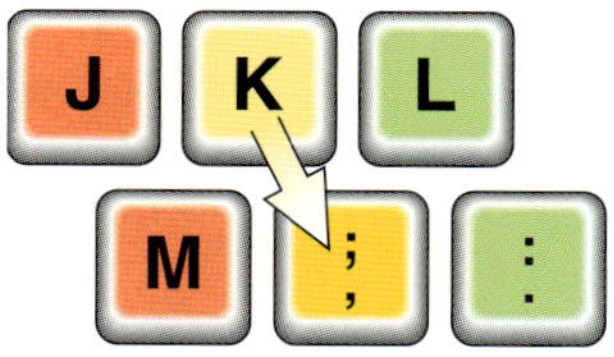

Der linke kleine Finger tastet zum Umschalter, während der rechte Mittelfinger rechts tief zum Semikolon tastet.

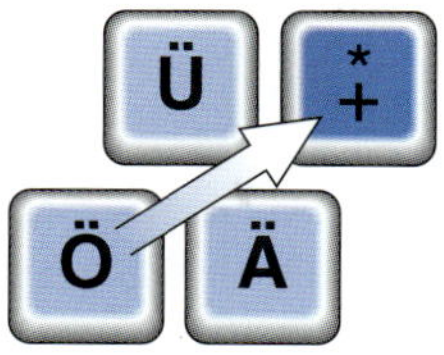

Der rechte kleine Finger spreizt weit rechts hoch zum Pluszeichen. Für den Stern ist zusätzlich der linke Umschalter zu bedienen.

Tasten Sie die folgende Zeile vor:

```
k;k k;k k;k k;k ö+ö ö+ö ö+ö ö+ö ö*ö ö*ö ö*ö ö*ö k;k ö+ö ö*k
```

Akzentzeichen

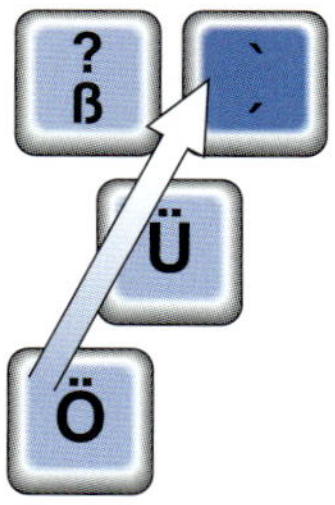

Zur Taste „accent aigu“ gelangen Sie, wenn Sie den rechten kleinen Finger nach rechts oben über das „ü“ hinweg zur Akzenttaste bewegen. Wollen Sie die Taste „accent grave“ verwenden, bedienen Sie zusätzlich den linken Umschalter. Wenn Sie mit dem linken kleinen Finger weit nach links oben in die Zifferntastenreihe greifen, erreichen Sie die Taste „accent circonflexe“.

Die Akzente erscheinen nur auf dem Bildschirm, wenn Sie zuerst die Akzenttaste bedienen und danach den darunterstehenden Buchstaben eingeben.

Zeile

Motorische Umsetzung – Erfassen Sie die Übung:

```
 1 aus; aus; bei; bei; mit; mit; war; war; aus; bei; mit; war;
 2 5 + 3 = 8, 10 + 9 = 19, 25 + 5 = 30, Eva Jung, * 19..-04-25
 3 alt und neu; kühl und nass; früh und spät; hell und dunkel;
 4 über kurz oder lang; bei Jung und Alt; den Kürzeren ziehen.

 5 Die Auskünfte sind erschöpfend; sie werden nun ausgewertet.
 6 Die Beratung ist am Donnerstag; dazu werden Sie eingeladen.
 7 Der Großhändler informiert uns; wir erhalten dann die Ware.

 8 Café Café Café Café Café Café Coupé Coupé Coupé Coupé Coupé
 9 Café Coupé Glacé Doublé Café Coupé Glacé Doublé Glacé Coupé
10 Ampère Ampère Ampère Ampère Molière Molière Molière Molière

11 Mâcon Mâcon Mâcon Mâcon Mâcon Rhône Rhône Rhône Rhône Rhône
12 Café Coupé Glacé Doublé Ampère Molière Mâcon Rhône Molière.
13 Watt und Ampère, an der Rhône, die Stadt Mâcon, mit Hélène.
```

Werden Schriftzeichen der dritten Schriftzeichenebene benötigt, halten Sie die Taste **AltGr** fest und bedienen die gewünschte Schreibtaste.

```
14 Wir bedauern es, dass der Artikel # 25 nicht lieferbar ist.
15 Als Ersatz können wir Ihnen den Artikel # 6 sofort liefern.
16 Mit der Funktionstaste <Entf> können Sie Textteile löschen.
```

2.1.11 Schreibregeln

Zeile	Uhrzeit	Anschläge
1	Die Ausstellungshalle 30 ist bereits ab 09:30 Uhr geöffnet.	59
2	Der Intercity fährt heute Morgen um 07:30 Uhr in Berlin ab.	59
3	Der Zug aus Stuttgart läuft um 00:05 Uhr auf Gleis 3 b ein.	66

Schreibregel

Uhrzeiten kennzeichnet man mit dem Doppelpunkt. In der Uhrzeit sind Stunden, Minuten und Sekunden zweistellig zu schreiben.

Aufgabe

Schreiben Sie die folgenden Beispiele normgerecht:
5 Minuten nach 9 Uhr – 10 Minuten vor 9 Uhr – 8 Minuten nach 24 Uhr

	Zeitdauer	Anschläge
4	Für den Triathlon in Hamburg benötigte er 11:07:08 Stunden.	66
5	Sie siegte im 5000-m-Lauf in der Zeit von 13:08,45 Minuten.	65
6	Bei der Meisterschaft betrug die Siegerzeit 21,43 Sekunden.	63

Schreibregel

Die Zeitdauer in Stunden und Minuten gliedern Sie durch einen Doppelpunkt. Hundertstel Sekunden trennen Sie als Dezimaleinheit durch ein Komma ab.

	Kalenderdaten	Anschläge
7	Der Jubilar ist seit dem 1. April 19.. bei uns beschäftigt.	63
8	In der Bezugszeichenzeile steht das neue Datum: 20..-04-01.	64
9	Warum fehlte das Datum 16.04.20.. auf dem Antwortschreiben?	64

Schreibregeln

- Im alphanumerischen Datum wird die Jahreszahl vierstellig geschrieben. Der Monatsname sollte im Fließtext ausgeschrieben werden.
- Das numerische Datum wird in der Reihenfolge Jahr, Monat, Tag durch Mittestriche gegliedert. Die Jahreszahl wird vierstellig, Monat und Tag jedoch zweistellig geschrieben. Sofern keine Missverständnisse entstehen, darf das Datum auch in der Reihenfolge Tag – Monat – Jahr durch Punkte getrennt und ohne Leerzeichen geschrieben werden.

Aufgabe

Schreiben Sie die folgenden Beispiele normgerecht:
7. Mai 20.. – 3. Februar 20.. – 10. September 20.. – 3. Januar 20..

Zahlengliederung

	Anschläge
Für die Reparatur hat die Kundin noch 2.453,00 € zu zahlen.	64
Der Handwerksbetrieb steigerte den Umsatz auf 243.453,70 €.	64
Für den Umbau des Stadions sind nur 15 Mio. € veranschlagt.	65
Unsere Telefonzentrale 5567-1 vermittelt die Ferngespräche.	63
Möchten Sie Herrn Hartmann sprechen, wählen Sie 354879-245.	64
Die Mitarbeiterin erreichen Sie jetzt unter 02921 3587-236.	63
Für das Fernkopieren müssen Sie aber Fax 5544-899 anwählen.	63
Übermitteln Sie dem Anwalt die Kopie unter Fax 0228 345-10.	65
Geben Sie bitte in der Anschrift unser Postfach 4 56 89 an.	64
Unsere neue E-Mail-Adresse lautet: schulze-wvd@t-online.de.	63
Frau Neumann erreichen Sie unter neumann@westfalia-wvd.com.	63
Die IBAN DE62 8505 0300 0000 7626 43 fehlt in der Fußzeile.	63

Schreibregeln

- Währungsbeträge sollten Sie aus Sicherheitsgründen nach jeder dritten Stelle von rechts nach links durch einen Punkt gliedern.
- In vollen Währungsbeträgen stehen hinter dem Komma zwei Nullen. Für „Euro“ verwenden Sie die Abkürzung EUR oder das €-Zeichen.
- Bei runden Zahlen oder ungefähren Werten brauchen Sie die Dezimalstellen nicht aufzuführen. In größeren runden Beträgen dürfen Sie anstelle der Nullen auch Abkürzungen, z. B. Mio., Mrd. usw., verwenden.
- Die Funktionsbereiche einer Telefon- oder Telefaxnummer (Anbieter, Landesvorwahl, Ortsnetzkennzahl, Einzelanschluss) werden durch je ein Leerzeichen getrennt. Vor der Durchwahlnummer steht ein Bindestrich. Funktionsbezogene Teile dieser Nummern dürfen durch Fettschrift oder Farbe hervorgehoben werden.
- Postfachnummern werden von rechts nach links in zweistellige Gruppen gegliedert.
- E-Mail-Adressen bestehen aus der Empfängerbezeichnung, dem Anbieter des Internetzuganges und der Kennung. Zwischen den Bestandteilen werden nur Punkte oder Bindestriche gesetzt. Die E-Mail-Adresse wird automatisch unterstrichen.
- Internationale Bankleitzahlen (IBAN) gliedern Sie durch Leerzeichen von links nach rechts in Vierergruppen. Davor steht IBAN.

Aufgabe

Schreiben Sie die folgenden Beispiele normgerecht:
Telefonnummer: Vorwahl 0231 – Teilnehmerrufnummer 2345 – Durchwahl 523
Telefaxnummer: Vorwahl 02921 – Teilnehmerrufnummer 34564 – Durchwahl 80
Internationale Bankleitzahlen: IBAN DE29367900050005278619 – DE46625670002000633985

2.1.12 Numerische Tastatur

Wenn überwiegend Zahlen einzugeben sind, ist eine Eingabe über die numerische Tastatur möglich. Dazu bedienen Sie die Taste **Num.** Eine Leuchtdiode über der numerischen Tastatur zeigt den Tastaturstatus an.

Tasten für diese Rechenzeichen sind vorhanden:

Division Multiplikation Subtraktion Addition

Mit der rechten Hand nehmen Sie im numerischen Tastaturbereich diese Grundstellung ein:

- Der rechte Zeigefinger liegt auf der **4** und schlägt sie an.
- Der rechte Mittelfinger liegt auf der **5** und schlägt sie an.
- Der rechte Ringfinger liegt auf der **6** und schlägt sie an.
- Der rechte Zeigefinger tastet senkrecht hoch zur **7**.
- Der rechte Mittelfinger tastet senkrecht hoch zur **8**.
- Der rechte Ringfinger tastet senkrecht hoch zur **9**.
- Der rechte Zeigefinger tastet senkrecht tief zur **1**.
- Der rechte Mittelfinger tastet senkrecht tief zur **2**.
- Der rechte Ringfinger tastet senkrecht tief zur **3**.
- Die **0** wird mit dem rechten Daumen angeschlagen.
- Der rechte kleine Finger bedient die +-Taste und tastet rechts tief zur **Enter-Taste**.
- Der rechte Mittelfinger tastet weit senkrecht hoch zum **Divisionszeichen**.
- Der rechte Ringfinger tastet weit senkrecht hoch zum **Multiplikationszeichen**.
- Der rechte kleine Finger tastet weit senkrecht hoch zum **Subtraktionszeichen**.

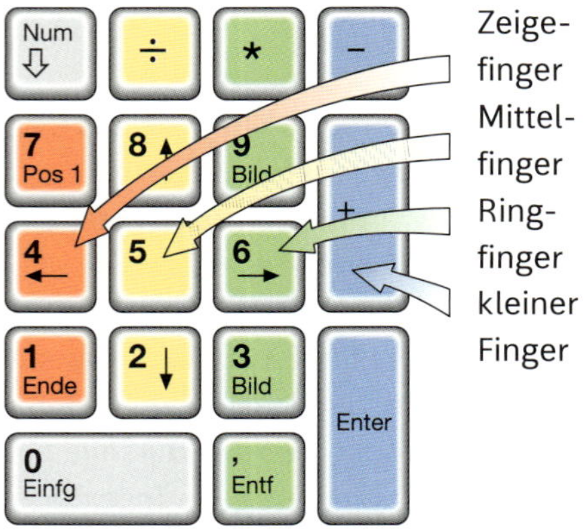

Aufgabe

Erfassen Sie diese Übungen:

Grundstellung	Addition	Subtraktion/ Multiplikation	Division/ Nullen	Dezimalzahlen
474	4+4	456-78	55/5	66,66
474	5+5	789-123	555/55	456,66
585	6+6	654-321	525/52	786,66
585	7+7	987-654	745/56	986,65
585	8+8	123-65	2145/58	1236,64
696	9+9	6*6	4785/52	4563,36
696	1+1	66*6	4400	6543,63
474585696	2+2	666*6	5500	8963,36
4140000	3+3	456*4	6600	2563,63
414	4+7+5+8	786*66	7700	6,00
525	6+9+4+1	55*4	8800	5,00
414525636	456789+123	843*3	3300	500,00

2.2 Weitere Formatierungen

2.2.1 Farbiges Hervorheben – Textausrichtung

Farbiges Hervorheben

Mit Farben heben Sie Textteile besonders hervor. Die Zeichen können Sie farbig darstellen oder farbig markieren.

Farbige Zeichen: Um Zeichen farbig darzustellen, klicken Sie im Register **Start** in der Gruppe **Schriftart** den Pfeil hinter dem Großbuchstaben A an und danach die gewünschte Schriftfarbe.

Farbiges Markieren: Zum farbigen Markieren klicken Sie ebenfalls im Register **Start** in der Gruppe **Schriftart** den Textmarker an. Es öffnet sich ein Fenster mit einer Farbpalette, in der Sie die gewünschte Markierungsfarbe auswählen. Führen Sie nun den Mauszeiger mit dem Farbstift an die gewünschte Stelle und markieren Sie die Textteile.

Textausrichtung

Texte werden im Allgemeinen linksbündig erfasst. Dadurch entsteht rechts ein Flatterrand. Durch Blocksatz erhält man ein ausgeglichenes Zeilenende, indem zwischen den Wörtern automatisch größere Abstände eingefügt werden.

Um Textteile hervorzuheben, können sie eingemittet werden. Diese Art der Hervorhebung heißt „Zentrieren“. In Briefköpfen oder neben Bildern können Texte auch rechtsbündig ausgerichtet werden. Sie haben dann auf der linken Seite einen Flatterrand.

Linksbündig	Strg + L	**Zentriert**	Strg + E
Blocksatz	Strg + B	**Rechtsbündig**	Strg + R

Linksbündig	Textverarbeitungsprogramme bieten uns die Möglichkeit, Texte optisch ansprechend zu gestalten. Dieser Textblock ist linksbündig ausgerichtet. Er beginnt immer in Spalte 1. Rechts ist ein ungleichmäßiger Flatterrand.
Blocksatz	Textverarbeitungsprogramme bieten uns die Möglichkeit, Texte optisch ansprechend zu gestalten. Dieser Text ist im Blocksatz ausgerichtet. Links und rechts ist ein gleichmäßiger Rand.
Zentriert	Textverarbeitungsprogramme bieten uns die Möglichkeit, Texte optisch ansprechend zu gestalten. Dieser Textblock ist zentriert. Er steht zwischen den beiden Rändern.
Rechtsbündig	Textverarbeitungsprogramme bieten uns die Möglichkeit, Texte optisch ansprechend zu gestalten. Dieser Textblock ist rechtsbündig. Links ist ein ungleichmäßiger Flatterrand.

Aufgabe

Erfassen Sie den Text und formatieren Sie ihn wie unten abgebildet.

Der Bildschirm

Auf dem Monitor werden die Bilder durch Bildpunkte, die als Pixel bezeichnet werden, dargestellt. Je mehr Pixel vorhanden sind, desto besser ist die Qualität der Bildwiedergabe.

Für eine gute Bildschirmqualität ist aber auch die **Bildwiederholungsrate** entscheidend. Sie sollte mehr als 100 Hertz betragen. Diese Angabe bezieht sich auf die Anzahl der in einer Sekunde wiedergegebenen Bilder. Die Bildwiederholungsfrequenz hängt von der Grafikkarte ab. Die Grafikkarte und der Monitor müssen bei der Installation aufeinander abgestimmt werden.

2.2.2 Einzüge – Zeilenabstände

Einzüge

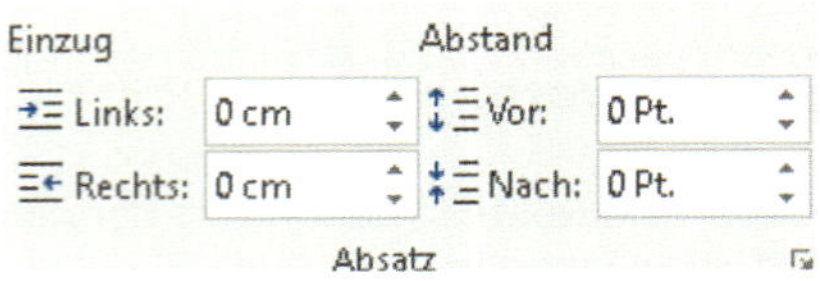

- Innerhalb eines Dokumentes können Sie den Rand für einen bestimmten Bereich verändern. Das geschieht in dem Register **Layout** der Gruppe **Absatz**. Hinter **Einzug Links:** oder **Einzug Rechts:** geben Sie die gewünschten Maße ein.
- Um den Rand überschreiten zu können, sind Negativeinzüge erforderlich. Das bedeutet, dass Sie vor die cm-Angabe jeweils das Minuszeichen setzen (z. B. -2 cm).
- Zum Hervorheben können Sie längere Textteile einrücken. Dazu verändern Sie den linken Einzug auf 2,5 cm. Dieses Maß entspricht den Schreib- und Gestaltungsregeln für die Text- und Informationsverarbeitung (DIN 5008).
- Für das Verändern der Einzüge können Sie auch die Symbole im Startmenü anklicken.

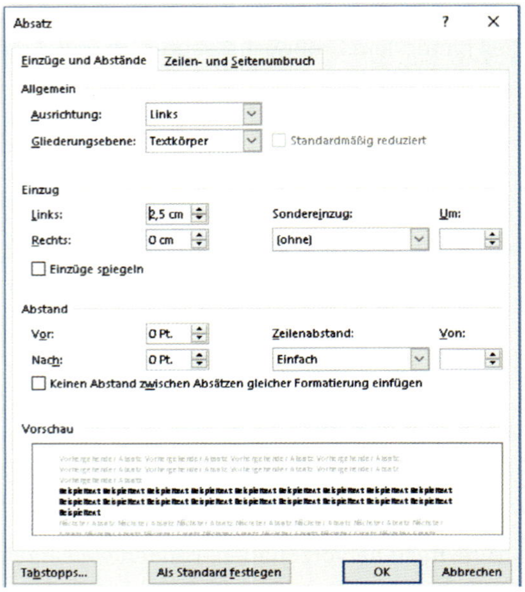

Arbeitsablauf

Layout – Einzug Links: 2,5 cm – OK – oder Symbol anklicken

Zeilenabstände

Zeilenabstände verändern Sie im Register **Start** in der Gruppe **Absatz**. Dazu klicken Sie dieses Symbol an:

- Sie stellen nun den gewünschten Zeilenabstand ein. Unter Zeilenabstandsoptionen können Sie unter **Zeilenabstand** beispielsweise auch den Mindestabstand oder das genaue Maß festlegen.
- Für die Zeilenabstände können Sie auch diese Kurzbefehle eingeben:

Zeilenabstand 1:	Strg + 1
Zeilenabstand 2:	Strg + 2
Zeilenabstand 1,5:	Strg + 5

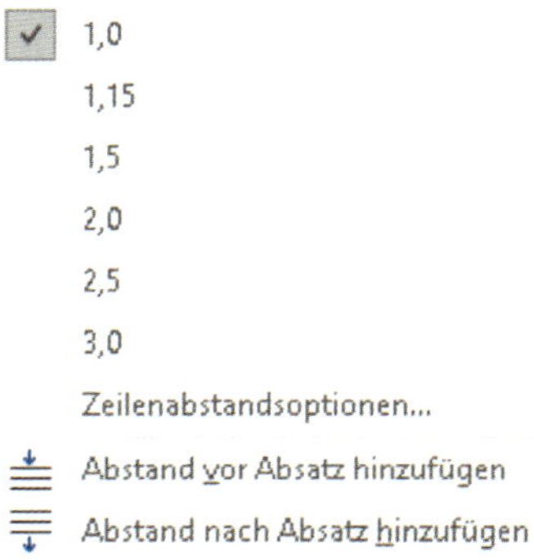

Aufgabe

Erfassen Sie den Text und rücken Sie die Textteile ein.

Das Produkt MEGAPLUS 2020 bietet Ihnen neue Möglichkeiten für eine effiziente Kommunikation und Zusammenarbeit. Greifen Sie auf Daten zu, die Sie für fundierte Entscheidungen und bessere Geschäftsabläufe benötigen. Arbeiten Sie dabei mit vertrauten Anwendungen!

Nutzen Sie die erweiterten Funktionen der aktuellen Versionen für die Textverarbeitung, Tabellenkalkulation und Präsentationen.

Bestimmen Sie selbst, wer Zugriff zu Ihren Informationen und Dokumenten hat und wie diese weiterverwendet werden.

Auf diese Weise können Sie Ihre Entscheidungen fundierter treffen und für bessere Geschäftsabläufe sorgen.

2.2.3 Aufzählungszeichen und Nummerierung

Aufzählungszeichen

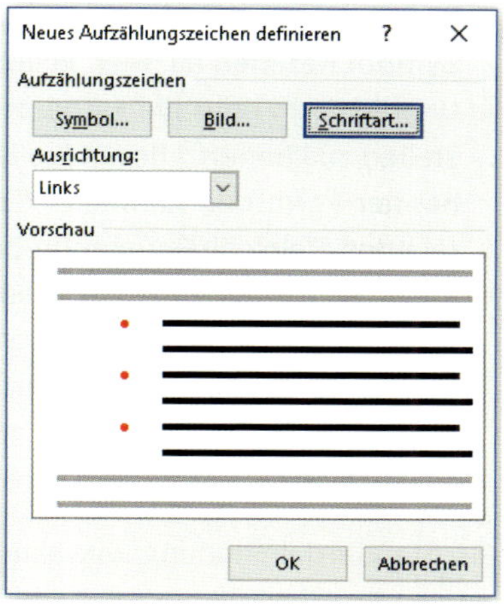

In einen bereits erfassten Text können Sie nachträglich Aufzählungszeichen oder Nummerierungen einfügen. In dem Register **Start** klicken Sie in der Gruppe **Absatz** das Symbol **Aufzählungszeichen** an. Es erscheint nun das zuletzt eingestellte Zeichen in Ihrem Text. Wollen Sie andere Aufzählungszeichen verwenden, klicken Sie den Pfeil hinter dem Symbol an. Hier können Sie nun verschiedene Aufzählungszeichen auswählen. Unter **Neues Aufzählungszeichen** definieren ist es möglich, andere Aufzählungszeichen, Bilder, Schriftart und -größe zu verändern.

Nummerierung

- Zum Einstellen von Nummerierungen klicken Sie ebenfalls in dem Register **Start** in der Gruppe **Absatz** das Symbol **Nummerierung** an. In der Nummerierungsbibliothek entsprechen nur die Ordnungszahlen und die Kleinbuchstaben mit einer Nachklammer der Norm DIN 5008.
- Der Abstand zwischen dem Aufzählungszeichen und dem Text sollte mindestens ein Leerzeichen betragen. Den Abstand verändern Sie, indem Sie die Einzugsmarken im Lineal verschieben. Der Text steht in einer Fluchtlinie untereinander.

Arbeitsablauf

Start – Symbol Aufzählungszeichen oder Nummerierung anklicken – Aufzählungszeichen oder Nummerierungsart wählen – Abstand zwischen Aufzählungszeichen oder Nummerierung im Lineal anpassen

Aufgabe

Erfassen Sie den Text und gestalten Sie ihn wie unten abgebildet.

Die Hardware des Computers

- Die *Tastatur* ist an Computern die wichtigste Eingabeeinrichtung. Daneben dient die *Maus* zur Befehlseingabe. Über einen *Scanner* lassen sich Bilder in die Zentraleinheit einlesen. Spracherfassungssysteme sind keine ernsthafte Konkurrenz zur Tastatureingabe. Ihre Fehlerquote ist sehr hoch und das Korrigieren sehr umständlich.
- Als externer Speicher hat die Festplatte die größte Speicherkapazität. Die *CD* und die *DVD* sind als Speichermedien sehr beliebt. Für kleinere Daten können Sie den *USB-Stick* verwenden.
- Für qualitativ anspruchsvolle Drucke empfehlen sich *Laser- und Tintenstrahldrucker*. Mit beiden Druckertypen ist auch Farbdruck möglich.

2.2.4 Textrahmen

Form des Rahmens

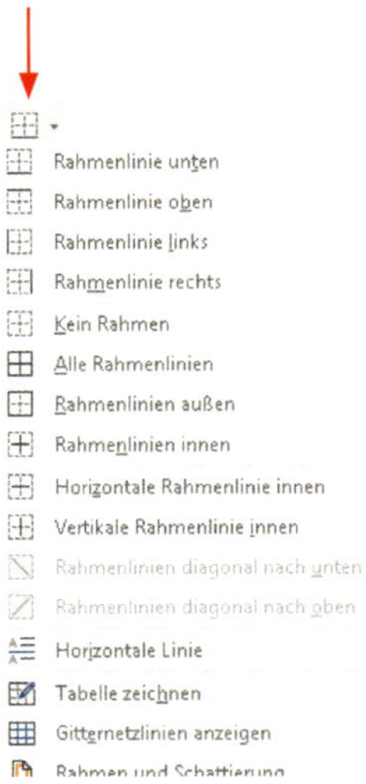

- Um einen Text zu umranden, klicken Sie in dem Register **Start** der Gruppe **Absatz** das **Symbol Rahmen** an. Hier stellen Sie die gewünschte Rahmen- oder Linienart ein.
- Um die Form oder die Farbe des Rahmens, die Form oder die Breite der Linie einstellen zu können, klicken Sie **Rahmen und Schattierung** an. Entscheiden Sie sich bei der Form des Rahmens für **Kontur**, haben alle Linien oben, unten links und rechts die gleiche Rahmenbreite.
- Stellen Sie **Schattiert** ein, sind die rechte und die untere Linie stärker als die anderen beiden Linien. Sie haben zudem einen schwarzen Schatten. Neben diesen Rahmenformen können Sie auch noch einen **Drei-D-Rahmen** einstellen.

Linienart

Als Standardeinstellung wird eine durchgehende Linie als Linienart (Formatvorlage) verwendet. Sie haben auch die Möglichkeit, gepunktete, gestrichelte, gewellte, schattierte oder doppelte Linien einzustellen.

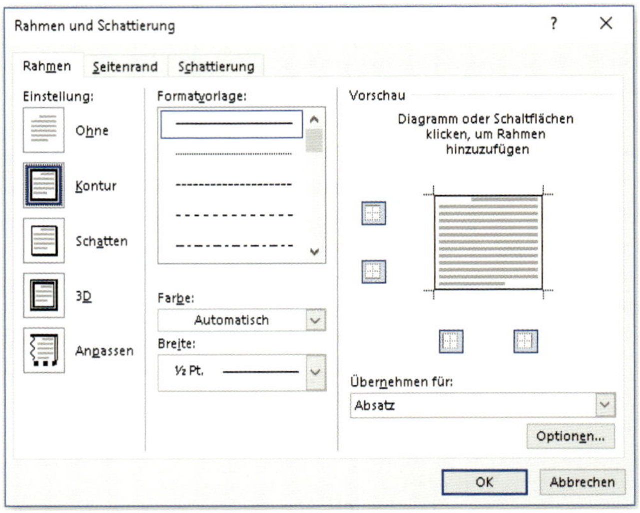

Breite der Linie

- Bei der Breite können Sie zwischen ½ Pt. und 6 Pt. wählen. Durch eine breite Linie erzielt ein schattierter Rahmen eine besondere Wirkung. Den Rahmen können Sie farblich hervorheben.
- In der Vorschau betrachten Sie die Form des Rahmens. Es ist auch möglich, in der Vorschau Linien einzustellen. Zu diesem Zweck klicken Sie die gewünschte Seitenlinie an.

Arbeitsablauf

Markieren – Start – Symbol für den Rahmen anklicken – Rahmen und Schattierung – Rahmenform auswählen – Linienform (Formatvorlage) auswählen – Farbe der Linie anklicken – Breite der Linie festlegen – OK

Aufgabe

Erfassen Sie den Text und formatieren Sie ihn wie hier abgebildet.

Welche Suchmaschine eignet sich für Ihren Zweck?

Allgemeine Suchmaschinen sind leistungsfähige Computer, die das Internet ständig nach neuen Informationen durchsuchen und diese in Datennetzen abspeichern. Gibt man in das Eingabefenster einer Suchmaschine einen Begriff ein, werden die passenden Ergebnisse aus verschiedenen Datenbanken generiert.

Bei allgemeinen Suchmaschinen sind Computer für die Ergebnisse zuständig. Web-Kataloge hingegen werden von Menschen erstellt. Eine Redaktion begutachtet die Seiten im Internet und sortiert sie in einen Schlagwortkatalog ein. Web-Kataloge eignen sich gut zur Suche nach einem bestimmten Thema oder Sachgebiet.

Spezialsuchmaschinen widmen sich nur einem bestimmten Bereich. Es gibt Suchmaschinen für die verschiedensten Themen.

2.2.5 Hintergrundschattierung und Seitenhintergrund

Hintergrundschattierung

Wenn Sie den Text mit einer Schattierung hinterlegen wollen, klicken Sie in dem Register **Start** der Gruppe **Absatz** das Symbol **Schattierung** an. Hier stellen Sie unter **Füllung** die gewünschte Hintergrundfarbe ein.

Arbeitsablauf

Markieren – Start – Symbol Schattierung – Füllung – Farbe auswählen – OK

Seitenfarbe

- Wollen Sie eine ganze Seite farblich hinterlegen, klicken in dem Register **Entwurf** in der Gruppe **Seitenhintergrund** die **Seitenfarbe** an.
- Möchten Sie den Hintergrund grafisch noch ansprechender gestalten, wählen Sie **Fülleffekte** aus. In verschiedenen Dialogfeldern können Sie unterschiedliche Formen und mehrere Farben einstellen.

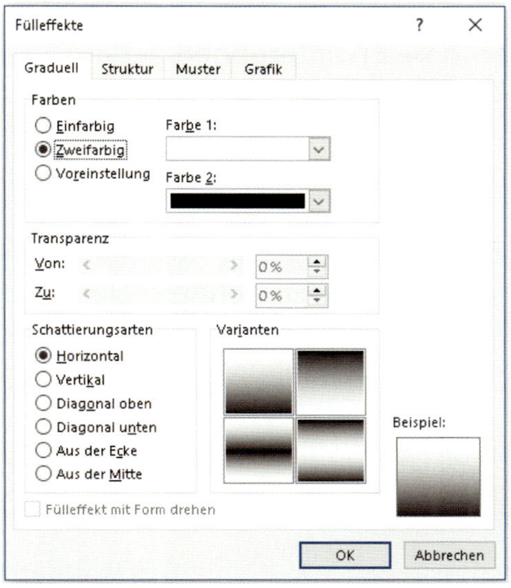

Arbeitsablauf

Entwurf – Seitenfarbe – Farbe auswählen – evtl. Fülleffekte auswählen – OK

Wasserzeichen

Sie haben auch die Möglichkeit, die Seiten Ihres Dokumentes mit einem Wasserzeichen zu hinterlegen. Zu diesem Zweck klicken Sie im Register **Entwurf** der Gruppe **Seitenhintergrund** den Pfeil unter **Wasserzeichen** an. Sie können auch ein Digitalfoto als Wasserzeichen einfügen. Dazu klicken Sie **Benutzerdefiniertes Wasserzeichen** und **Bildwasserzeichen** an. Nun wählen Sie Ihre Datei aus. Nachdem Sie **Übernehmen** eingestellt haben, erscheint Ihr Wasserzeichen auf Ihrer Dokumentseite.

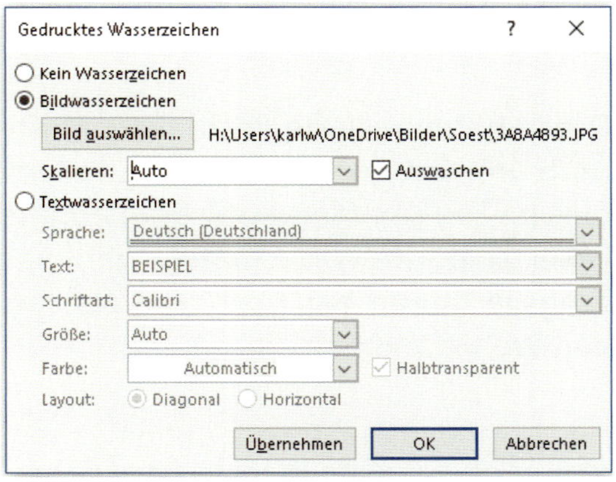

Arbeitsablauf

Entwurf – Wasserzeichen – Benutzerdefiniertes Wasserzeichen – Bildwasserzeichen – Datei auswählen – Übernehmen – Schließen

Seitenränder

Wollen Sie Ihr Dokument mit einem Seitenrand versehen, klicken Sie in dem Register **Entwurf** der Gruppe **Seitenhintergrund** die **Seitenränder** an. Sie gelangen dann in das Dialogfeld **Rahmen und Schattierung** und können nun in dem Dialogfeld **Seitenrand** unter **Effekte** einen ansprechenden Seitenrand auswählen.

Arbeitsablauf

Entwurf – Seitenränder – Dialogfeld Seitenrand – Effekte – Effekte auswählen – OK

Aufgaben

a) Erfassen Sie den Text.
b) Stellen Sie für den Text (einschließlich der Überschrift) Schriftart Verdana ein. Für den Text wählen Sie Schriftgröße 11 Pt.
c) Für die Überschrift nehmen Sie diese Formatierungen vor: Schriftgröße 16 Pt., Fettschrift, dunkle Hintergrundschattierung, helle Schrift
d) Fügen Sie ein Bildwasserzeichen aus dem Internet ein.
e) Nehmen Sie die weiteren Formatierungen wie unten abgebildet vor.
f) Stellen Sie für den Text Blocksatz ein.
g) Nehmen Sie die Worttrennung (Silbentrennung) nachträglich vor.

Europa – ein Wirtschaftsriese

Frühere Erweiterungen der Europäischen Union vollzogen sich in einem geteilten Europa. Der Zusammenschluss der Staaten Europas bietet die Chance, den Kontinent wieder zu vereinigen. Die EU hat Länder mit unterschiedlichen Ausgangsvoraussetzungen aufgenommen. Darunter sind sogar ehemalige Sowjetrepubliken.

Ein geteiltes Europa wird für die Werte eintreten, auf denen die Europäische Union errichtet wurde. Dazu gehören *Demokratie, Rechtsstaatlichkeit, Achtung der Menschenrechte und Minderheitenschutz*. Nur so kann Europa seine Rolle auf der politischen und wirtschaftlichen Bühne auch wahrnehmen.

In der Europäischen Union leben 512,5 Millionen Menschen auf 4 Millionen Quadratmetern. Europa ist ein Wirtschaftsriese. Mit einem

Bruttoinlandsprodukt von 15,9 Billionen €

erreichen die Europäische Union und die Eurozone fast die Wirtschaftskraft der Vereinigten Staaten von Amerika.

Durch harmonisierte Rechtsvorschriften in einem erweiterten Binnenmarkt erhalten Exporteure und Importeure aus Ländern außerhalb der EU neue Chancen. Sie können mit diesem großen Markt auf der Grundlage einheitlicher Handelsvorschriften und einheitlicher Zolltarife Wirtschaftsbeziehungen pflegen. Dazu tragen auch einheitliche Verwaltungsverfahren bei. Das wird zunehmend bessere Handelsbeziehungen schaffen und den Wohlstand fördern.

> Die Bürger in den neuen EU-Ländern haben in freien Wahlen ihre Mündigkeit bewiesen. Sie achten die Menschenrechte und verbessern den Schutz von Minderheiten. Es ist selbstverständlich, dass die neuen Mitgliedsländer mit ihren Nachbarstaaten friedlich zusammenleben werden.

Der marktwirtschaftliche Umbauprozess hat auch schon begonnen. Die Wirtschaft dieser Länder wächst doppelt so schnell wie in den alten Ländern. Dadurch wird die Konjunktur gestützt. Die Länder Mittel- und Osteuropas werden mit ihrem Wachstumspotenzial zu einem wichtigen Wachstumsmotor für die Wirtschaft Europas werden.

2.2.6 Text in Spalten – Initial

Text in Spalten

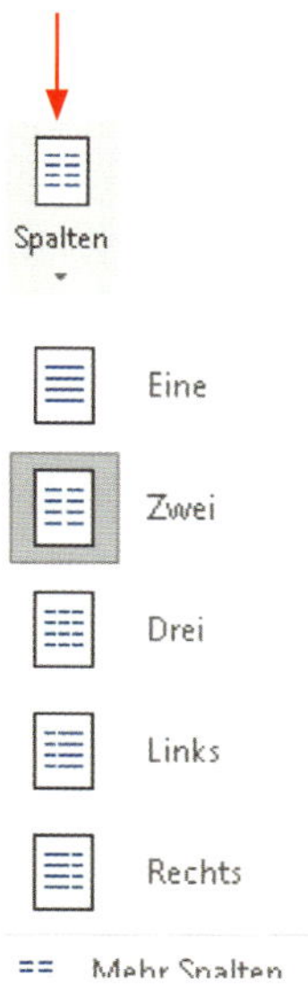

- Texte können Sie in Spalten nebeneinander anordnen. Dazu klicken Sie in dem Register **Layout** in der Gruppe **Seite einrichten** die Funktion **Spalten** an. Hier geben Sie die Spaltenanzahl ein. Den Text sollten Sie vorher markieren.
- Bei einer zwei- oder dreispaltigen Anordnung haben die Spalten die gleiche Länge. Klicken Sie **Links** oder **Rechts** an, ist die Spalte an der jeweiligen Seite schmaler. Zwischen den Spalten ist ein Abstand von 1,25 cm, den Sie aber vergrößern oder verkleinern können.

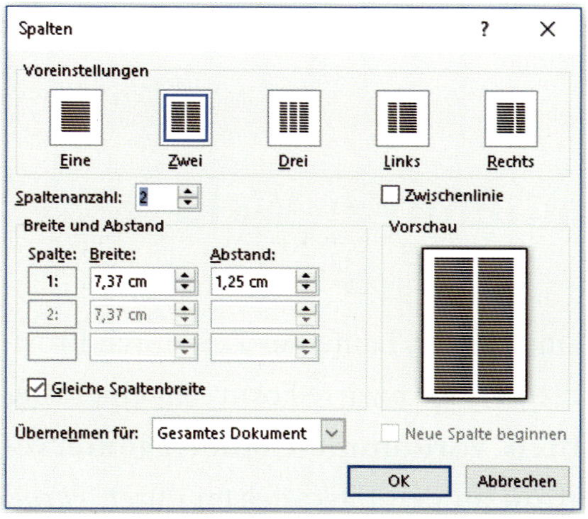

- Es ist auch möglich, für die Spalten eine unterschiedliche Breite einzustellen. Zu diesem Zweck klicken Sie das Symbol **Spalten** und danach **Mehr Spalten** an.
- Wenn Sie es wünschen, fügen Sie zwischen beiden Spalten eine Zwischenlinie ein.
- Um einen Spaltenumbruch an der gewünschten Stelle herbeizuführen, geben Sie **Strg + Umschalter + Return** ein.

Arbeitsablauf

Markieren – Layout – Spalten – Spaltenanzahl anklicken – evtl. Mehr Spalten anklicken – Maße eingeben – OK

Initial

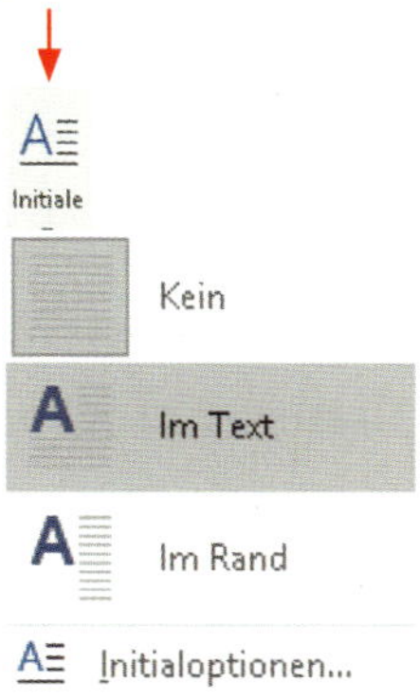

Den ersten Buchstaben eines Absatzes können Sie optisch hervorheben. Ein solch vergrößerter Buchstabe wird als Initial bezeichnet. Sie rufen **Initiale** in dem Register **Einfügen** der Gruppe **Text** auf. Hier bestimmen Sie die Position des Initials und wählen die Initialoptionen, um die Größe des Buchstabens festzulegen.

Arbeitsablauf

Einfügen – Initiale – Position wählen – Initialoptionen – Maße eingeben – OK

Aufgabe

Erfassen Sie den Text und formatieren Sie ihn wie nachstehend abgebildet.

Der Handlungsbevollmächtigte

Kaum ein Unternehmer kann alle Arbeiten in seinem Betrieb allein verrichten. Er ist auf die Hilfe von Mitarbeiterinnen und Mitarbeitern angewiesen, die ihn unterstützen. Sie haben bestimmte Aufgaben zu übernehmen.

Aus betriebswirtschaftlichen Gründen ist eine Gliederung in spezielle Funktionsbereiche erforderlich. Eine Verantwortung kann der Unternehmer seinen besonders befähigten Mitarbeitern übertragen. Die häufigste Form, Verantwortung zu übertragen, ist die Handlungsvollmacht. Sie ist an keine Form gebunden.

Handlungsvollmachten können sowohl von Vollkaufleuten und Prokuristen als auch von Minderkaufleuten erteilt werden. Es ist auch möglich, die Handlungsvollmacht stillschweigend zu erteilen, wenn beispielsweise bestimmte Handlungen der Mitarbeiter vom Inhaber des Unternehmens geduldet werden.

Aufgaben

1. Stellen Sie den linken und rechten Rand auf 2,5 cm.
2. Wählen Sie die Überschrift diese Formatierungen: Schriftgröße: 18 Pt. – Schriftfarbe: Grau – Fettschrift – zentriert – doppelter Textrahmen – Farbe des Textrahmens: Grau – Hintergrundschattierung: Hellgrün
3. Verkürzen Sie den Textrahmen links und rechts um 0,2 cm.
4. Heben Sie wichtige Textteile hervor.
5. Stellen Sie den Zeilenabstand auf 17,5 Pt.
6. Ordnen Sie den Text in zwei Spalten an. Beide Spalten sollen die gleiche Breite haben. Fügen Sie zwischen den Spalten eine Zwischenlinie ein.
7. Nehmen Sie die Silbentrennung (Worttrennung) nachträglich manuell vor.
8. Richten Sie den Text im Blocksatz aus.

Die Externsteine im Teutoburger Wald

Die *Externsteine* im Teutoburger Wald gehören zu den eindrucksvollsten Natur- und Kulturdenkmälern Mitteleuropas. Die ca. **80 Millionen Jahre alte Sandsteingruppe**, die von einer parkartigen Anlage umgeben ist, steht unter Natur- und Kulturdenkmalschutz. Vor den Felsen befindet sich der *Wiembecketeich.*

Die Felsen sind **47,7 Meter hoch** und mehrere hundert Meter lang. Die Größe des Naturschutzgebietes beträgt 127 Hektar. Die Externsteine gehören zur Stadt *Horn-Bad Meinberg* im Kreis *Lippe* (Nordrhein-Westfalen). Um die Felsen ranken sich zahlreiche Geschichten und Mythen. Die geschichtlichen Forschungen sind bis heute noch nicht abgeschlossen.

Vor etwa 70 Millionen Jahren wurden durch Verschiebungen der Erdplatten die waagerecht liegenden Gesteinsschichten der heutigen Externsteine senkrecht gestellt. Durch das feuchtwarme, tropische Klima, wodurch die Felsen verwitterten, bekamen sie im Laufe der Zeit durch Erosion ihre heutige bizarre Form. Mit einem der **größten Vorkommen einer Pioniervegetation** an den Silikatfelsen durch *Farne, Moose, Flechten* und *Bergheide* ist das Gebiet auch für den Naturschutz bedeutsam. Dort wachsen *Wacholder, Moor- und Sandbirken, Blaubeeren, Seggen, Binsen, Borstgras, Pfeifengras, Besenheide, Torfmoose* und bestimmte *Orchideenarten*.

Um *10 000 vor Christi Geburt* entdeckten Archäologen Gegenstände in der Nähe der Felsen, insbesondere *Feuersteinspitzen und -abschläge*. In der Zeit vom 10. bis 19. Jahrhundert wurden Keramik und Metallgüter gefunden. Alle Funde belegen, dass an der Felsengruppe zeitweise Menschen lebten. Nach einer Urkunde wurden die Externsteine 1093 vom Paderborner Kloster gekauft.

Die geologische Bedeutung der Externsteine wurde 2006 mit der Auszeichnung als **Nationales Geotop** durch die Akademie der Geowissenschaften gewürdigt.

Aufgaben

1. Erfassen Sie den Text oder laden Sie ihn aus dem Internet herunter.

Schottland ist kein selbstständiges Land. Es gehört zum Vereinigten Königreich Großbritannien und Nordirland. In Schottland leben rund 5 Mio. Einwohner auf einer Fläche von 78 772 km². Im Jahr 1707 wurden beide Staaten zum Königreich Großbritannien vereinigt. Edinburgh ist seit 1437 die Hauptstadt Schottlands. Seit 1999 ist die Stadt auch Sitz des schottischen Parlaments. Die zweitgrößte schottische Stadt hat rund 493 000 Einwohner. Sie liegt an der Ostküste auf der Südseite des Firth (Fjord) of Forth. Glasgow ist mit rund 600 000 Einwohnern die größte Stadt Schottlands und zugleich drittgrößte Stadt Großbritanniens. Das Bruttoinlandsprodukt pro Kopf liegt in Schottland bei etwa 23.300 Pfund (29.340 €). Damit liegt Schottland nur knapp hinter Deutschland mit einem Bruttoinlandsprodukt von 33.343 €. Das schottische BIP enthält auch die Gewinne aus dem Öl- und Gasgeschäft. Aberdeen ist das Zentrum der Erdölindustrie. Der Wert der Ölreserven in der Nordsee vor Schottland wird auf mehr als 4 Billionen Pfund geschätzt. Seit einigen Jahren gibt es Bestrebungen, Schottland vom Vereinigten Königreich abzuspalten. Schottland liegt im Norden der Insel Großbritannien und umfasst verschiedene Inselgruppen. Es ist in drei geografische Regionen aufgeteilt: Highlands, die Central Lowlands und die Southern Uplands. Der südlichste Teil des Festlandes liegt auf derselben geografischen Breite wie die deutsche Hallig Langeneß, der nördlichste Teil hat die Höhe von Südnorwegen. In der zerklüfteten Landschaft der Highlands entstanden viele Seen, Meeresarme oder Fjorde. Sie werden in Schottland als Loch bezeichnet. Dazu gehören u. a. Loch Ness und Loch Lomond. Die Inselgruppe der Hebriden befindet sich westlich vor Schottland. Sie unterteilen sich in die Äußeren- und Inneren Hebriden. Nördlich des schottischen Festlandes liegen die Orkney-Inseln. Noch weiter nordöstlich dieser Inselgruppe stößt man auf die Shetland-Inseln. In den Wäldern Schottlands leben Luchse, Braunbären, Wölfe und Elche. Ideale Nistplätze sind für viele Seevögel vorhanden, z. B. für Basstölpel. In den Meeresarmen sind auch Walrosse und Robben zu sehen.

2. Stellen Sie die Seitenränder links und rechts auf 2,5 cm.
3. Bilden Sie sinnvolle Absätze.
4. Stellen Sie für den Text nachträglich die Schriftart „Dubai Light“, Schriftgröße 11 Pt. ein.
5. Setzen Sie die Überschrift „Schottland – Teil des Vereinigten Königreichs“ ein. Wählen Sie dafür diese Formatierungen: Schriftart: Franklin Gothic Book – Schriftgröße: 20 Pt. – Schriftweite Abstand: breit – Schriftfarbe: Rot – Fettschrift – zentriert
6. Heben Sie geografische Begriffe kursiv und wichtige Textteile durch Fettschrift hervor.
7. Verändern Sie den Zeilenabstand auf 16 Pt.
8. Ordnen Sie den Text in zwei Spalten an. Die linke Spalte soll eine Breite von 7,5 cm haben. Den Abstand der rechten Spalte gleichen Sie aus. Fügen Sie zwischen den Spalten eine Zwischenlinie ein.
9. Nehmen Sie die Silbentrennung (Worttrennung) nachträglich manuell vor.
10. Richten Sie den Text im Blocksatz aus.
11. Speichern Sie unter dem Dateinamen **Schottland**.

2.2.7 Tabellen

Tabellen erstellen

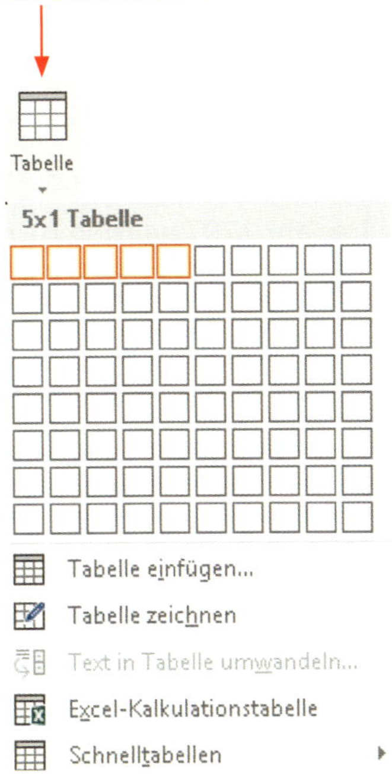

- Tabellen erstellen Sie über das Register **Einfügen** in der Gruppe **Tabellen**. Nachdem Sie das Symbol **Tabelle** angeklickt haben, öffnet sich ein Fenster mit Kästchen. Sie klicken hier die Anzahl der gewünschten Spalten an. Es erscheint nun ein Gitternetz auf dem Bildschirm.
- Beim Erfassen einer Tabelle bedienen Sie nach jedem Datenfeld die Tab-Taste. Das gilt auch für das letzte Datenfeld einer Zeile.
- Tabellenköpfe gliedern Sie durch waagerechte und senkrechte Linien übersichtlich. Die Spaltenüberschriften im Tabellenkopf – mit Ausnahme der Vorspalte – zentrieren Sie.
- Texte in Feldern richten Sie linksbündig, Zahlen hingegen rechtsbündig aus.
- Durch waagerechte und senkrechte **Linien** lassen sich Tabellen übersichtlich gliedern. Waagerechte Linien sollten Sie nur über den Summenzeilen und zur Gruppierung verwenden. Durch **Hintergrundschattierungen** erhöhen Sie die Lesbarkeit einer Tabelle.

Arbeitsablauf

Einfügen – Tabelle – Anzahl der Spalten anklicken – Tabelle erfassen

Tabellen formatieren

- Befinden Sie sich in einer Tabelle und klicken das Kontextregister **Layout** an, können Sie die Tabelle nach Ihren Wünschen gestalten. So können Sie beispielsweise Zellen verbinden oder teilen, die Textrichtung verändern oder sortieren.

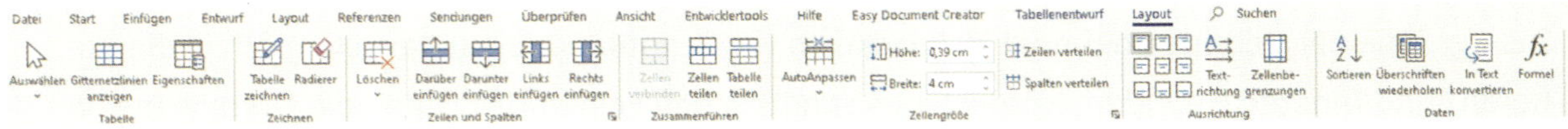

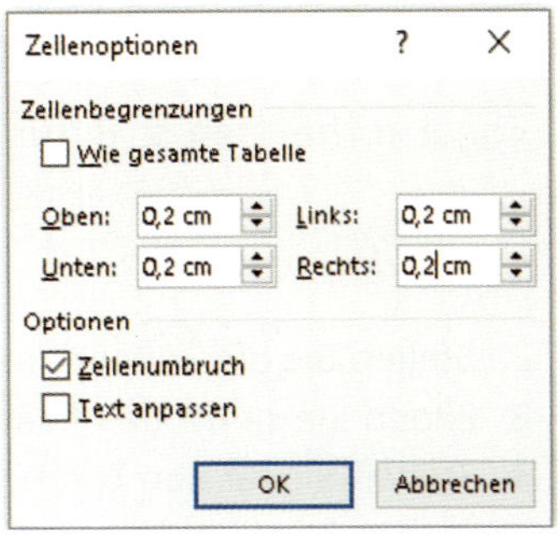

- In dem Kontextregister **Layout** in der Gruppe **Tabelle – Eigenschaften** verändern Sie die vertikale Textausrichtung oder die Abstände zwischen den Linien und dem Text. Zu diesem Zweck klicken Sie in den **Tabelleneigenschaften** nacheinander **Zelle** und **Optionen** an. In dem Fenster **Zellenoptionen** geben Sie die Maße ein.

Arbeitsablauf

Layout – Eigenschaften – Ausrichtung bestimmen – Zelle – Optionen – Maße eingeben – OK

Sortieren in Tabellen

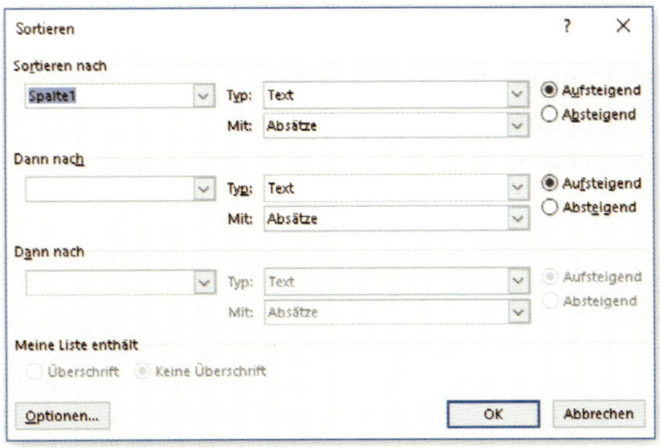

Zum Sortieren von Daten in Tabellen befinden Sie sich mit dem Cursor in der Tabelle. Sie klicken nun in dem Kontextregister **Layout** das Dialogfeld **Sortieren** an. Sie stellen dann **Aufsteigend** oder **Absteigend** ein.

Arbeitsablauf

Layout – Sortieren – Sortierkriterium und Sortierfolge einstellen – OK

Formatvorlagen für Tabellen

Befinden Sie sich in der Tabelle, können Sie in dem Kontextregister **Tabellenentwurf** verschiedene **Tabellenformatvorlagen** auswählen.

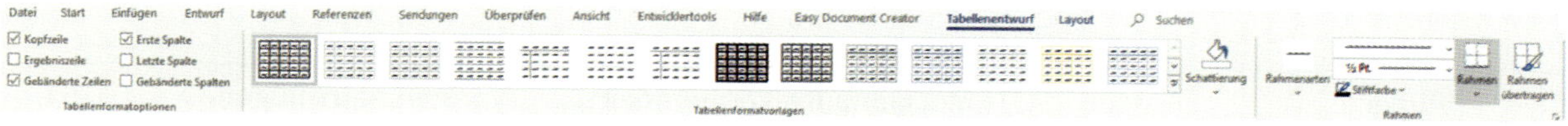

Aufgabe

Erfassen Sie die Tabelle und formatieren Sie diese wie abgebildet.

Ewige Bundesligatabelle

Platz	Verein	Spiele	Tore	Differenz	Punkte
1	Bayern München	1864	4104 : 2027	2077	3739
2	Borussia Dortmund	1788	3198 : 2518	680	2854
3	Werder Bremen	1889	3157 : 2762	395	2841
4	Hamburger SV	1866	2937 : 2662	275	2733
5	VfB Stuttgart	1798	2969 : 2628	341	2654
6	Borussia Mönchengladbach	1761	2992 : 2548	444	2606

Aufgabe

Erfassen Sie die Tabelle und formatieren Sie diese wie unten abgebildet.

	Planet	Entfernung zur Sonne in Mio. km	Umlaufzeit um die Sonne in Jahren	Durchmesser in km
Unser Sonnensystem	Merkur	58	0,24	4 879
	Venus	108	0,62	12 104
	Erde	150	1,00	12 756
	Mars	228	1,88	6 794
	Jupiter	778	11,86	142 984
	Saturn	1 429	29,42	120 536
	Uranus	2 870	83,75	51 118
	Neptun	4 504	163,72	49 528

Aufgaben

1. Stellen Sie die Seitenränder links und rechts auf 2,5 cm.
2. Erfassen Sie die Tabelle in der Schriftart „Dubai Light“, Schriftgröße 10 Pt., oder laden Sie die unformatierte Tabelle aus dem Internet herunter.

1	Rügen	Ostsee	Mecklenburg-Vorpommern	Vorpommern-Rügen	926,0
2	Usedom	Ostsee	Mecklenburg-Vorpommern	Vorpommern-Greifswald	373,0[1]
3	Fehmarn	Ostsee	Schleswig-Holstein	Ostholstein	185,4
4	Sylt	Nordsee	Schleswig-Holstein	Nordfriesland	99,2
5	Föhr	Nordsee	Schleswig-Holstein	Nordfriesland	82,9
6	Pellworm	Nordsee	Schleswig-Holstein	Nordfriesland	37,4
7	Poel	Ostsee	Mecklenburg-Vorpommern	Nordwestmecklenburg	34,3
8	Borkum	Nordsee	Niedersachsen	Leer	30,7
9	Norderney	Nordsee	Niedersachsen	Aurich	26,3
10	Amrum	Nordsee	Schleswig-Holstein	Nordfriesland	20,4
11	Langeoog	Nordsee	Niedersachsen	Wittmund	19,7
12	Ummanz	Ostsee	Mecklenburg-Vorpommern	Vorpommern-Rügen	19,6
13	Spiekeroog	Nordsee	Niedersachsen	Wittmund	18,2
14	Hiddensee	Ostsee	Mecklenburg-Vorpommern	Vorpommern-Rügen	16,7
15	Juist	Nordsee	Niedersachsen	Aurich	16,4
16	Langeneß	Nordsee	Schleswig-Holstein	Nordfriesland	11,6
17	Norderoogsand	Nordsee	Schleswig-Holstein	Nordfriesland	9,4
18	Wangerooge	Nordsee	Niedersachsen	Friesland	7,9
19	Baltrum	Nordsee	Niedersachsen	Aurich	6,5
20	Hooge	Nordsee	Schleswig-Holstein	Nordfriesland	5,9

[1] Gesamtfläche der zwischen Deutschland und Polen geteilten Insel beträgt 445 km^2.
Aus: https://de.wikipedia.org/wiki/Liste_deutscher_Inseln

3. Setzen Sie die Überschrift „Die größten deutschen Inseln“ ein. Wählen Sie diese Formatierungen aus: Schriftart Dubai Light – Schriftgröße – Fettschrift – Schriftfarbe Dunkelblau, zentriert.
4. Fügen Sie eine Zeile für den Tabellenkopf mit diesen Spaltenbezeichnungen ein: Rang – Insel – Gewässer – Bundesland – Landkreis – Fläche km^2
5. Heben Sie die Spaltenüberschriften in Fettschrift hervor und zentrieren Sie diese – mit Ausnahme der 1. Spaltenüberschrift.
6. Versehen Sie den Spaltenkopf mit einer dunkelblauen Hintergrundschattierung. Stellen Sie die Schriftfarbe auf Weiß.
7. Legen Sie die Spaltenbreite so fest, dass die Leerräume zwischen den Textteilen gleichmäßig verteilt sind.
8. Versehen Sie jede zweite Zeile mit einer hellgrauen Hintergrundschattierung.
9. Stellen Sie den Abstand zwischen Linien und dem Text oben, unten, links und rechts auf 0,15 cm.
10. Richten Sie die Zahlen rechtsbündig aus.
11. Löschen Sie die horizontalen Linien der Tabelle mit Ausnahme der Spaltenbezeichnungen und der Außenlinien.
12. Zentrieren Sie die Tabelle zwischen den Seitenrändern.
13. Speichern Sie die Datei unter dem Dateinamen **Größte deutsche Inseln**.

Aufgaben

1. Stellen Sie die Seitenränder links auf 2,5 cm und rechts auf 2,5 cm.
2. Erfassen Sie die Tabelle in der Schriftart „Ebrima“, Schriftgröße 10 Pt., oder laden Sie die unformatierte Tabelle aus dem Internet herunter.

Chiemsee	79,90	Oberbayern	Traunstein
Starnberger See	56,36	Oberbayern	Starnberg
Ammersee	46,60	Oberbayern	Landsberg am Lech
Walchensee	16,27	Oberbayern	Bad Tölz-Wolfratshausen
Forggensee	15,20	Schwaben	Ostallgäu
Tegernsee	8,90	Oberbayern	Miesbach
Großer Brombachsee	8,70	Mittelfranken	Weißenburg-Gunzenhausen
Oberpfälzer Seenland	8,10	Oberpfalz	Schwandorf
Staffelsee	7,66	Oberbayern	Garmisch-Partenkirchen
Waginger See	6,61	Oberbayern	Traunstein
Simssee	6,49	Oberbayern	Rosenheim
Kochelsee	5,95	Oberbayern	Bad Tölz-Wolfratshausen
Ismaninger Speichersee	5,80	Oberbayern	Ebersberg, Erding, München
Königssee	5,22	Oberbayern	Berchtesgadener Land

Aus: https://de.wikipedia.org/wiki/Liste_der_Seen_in_Bayern, 1. September 2016

3. Setzen Sie die Überschrift „Größte Seen Bayerns“ ein. Wählen Sie diese Formatierungen aus: Schriftart Ebrima – Schriftgröße 16 Pt. – Fettschrift – Schriftfarbe Blau.
4. Fügen Sie eine Zeile für den Tabellenkopf mit diesen Spaltenbezeichnungen ein: See – Fläche km² – Regierungsbezirk – Landkreis
5. Heben Sie die Spaltenüberschriften in Fettschrift hervor und zentrieren Sie diese – mit Ausnahme der 1. Spaltenüberschrift.
6. Versehen Sie den Spaltenkopf mit einer dunklen Hintergrundschattierung. Stellen Sie die Schriftfarbe auf Weiß.
7. Legen Sie die Spaltenbreite so fest, dass die Leerräume zu den Textteilen gleichmäßig verteilt sind. Die Informationen sollen jeweils in einer Zeile erscheinen.
8. Versehen Sie jede zweite Zeile mit einer hellgrauen Hintergrundschattierung.
9. Stellen Sie den Abstand zwischen Linien und Text oben, unten, links und rechts auf 0,2 cm.
10. Richten Sie die Zahlen rechtsbündig aus.
11. Löschen Sie die horizontalen Linien der Tabelle mit Ausnahme der Spaltenbezeichnungen und der Außenlinien.
12. Zentrieren Sie die Tabelle zwischen den Seitenrändern.
13. Speichern Sie die Datei unter dem Dateinamen **Größte Seen Bayerns**.

Aufgaben

1. Wählen Sie das Querformat.
2. Stellen Sie die Seitenränder links auf 2,5 cm und rechts auf 2 cm.
3. Erfassen Sie die Tabelle in der Schriftart „Arial Nova“, Schriftgröße 11 Pt.

Borkum	Borkum	Leer	30,97	10,5	5132	166
Memmert	Insel Memmert	Aurich	5,17	13	unbewohnt	0
Juist	Juist	Aurich	16,43	8	1553	95
Norderney	Norderney	Aurich	26,29	3	5820	221
Baltrum	Baltrum	Aurich	6,5	4,5	554	85
Langeoog	Langeoog	Wittmund	19,67	5	1691	86
Spiekeroog	Spiekeroog	Wittmund	18,25	6,5	757	41
Wangerooge	Wangerooge	Friesland	7,94	6,5	1269	160
Minsener Oog	Wangerooge	Friesland	2,2	3,5	unbewohnt	0
Mellum	nicht zugeordnet	nicht zugeordnet	4,9	6	unbewohnt	0

4. Setzen Sie die Überschrift „Ostfriesische Inseln“ ein. Wählen Sie diese Formatierungen: Schriftart Arial Nova, Schriftgröße 22 Pt., Schriftweite Abstand schmal, Fettschrift, Schriftfarbe Grün
5. Stellen Sie die Schriftart „Arial Nova“ ein.
6. Fügen Sie eine Zeile für den Tabellenkopf mit diesen Spaltenbezeichnungen ein:
7. Insel – Stadt/Gemeinde – Kreis – Landfläche km² – Entfernung Festland km – Einwohner – Bevölkerungsdichte km² ein.
8. Heben Sie die Spaltenüberschriften in Fettschrift hervor und zentrieren Sie diese – mit Ausnahme der 1. Spaltenüberschrift.
9. Zentrieren Sie die Spaltenüberschriften vertikal.
10. Legen Sie die Spaltenbreite so fest, dass die Leerräume zu den Textteilen gleichmäßig verteilt sind. Die Informationen sollen jeweils in einer Zeile erscheinen.
11. Versehen Sie den Spaltenkopf mit einer dunkelgrünen Hintergrundschattierung. Stellen Sie die Schriftfarbe auf Weiß.
12. Versehen Sie jede zweite Zeile mit einer hellgrauen Hintergrundschattierung.
13. Stellen Sie den Abstand zwischen Linien (vertikal und horizontal) und dem Text auf 0,2 cm.
14. Richten Sie die Zahlen in allen Spalten rechtsbündig aus.
15. Löschen Sie die horizontalen Linien der Tabelle mit Ausnahme der Spaltenbezeichnungen und der Außenlinien.
16. Zentrieren Sie die Tabelle zwischen den Seitenrändern.
17. Speichern Sie die Datei unter dem Dateinamen **Ostfriesische Inseln**.

2.2.8 Erstellen von Flyern

Flyer (Faltblätter) sind beliebte Werbemittel für Unternehmen. Flyer können Sie für zahlreiche Anlässe verwenden, z. B. für Einladungen, Informationen über Produkte usw. Damit ein Flyer problemlos gelingt, sollten Sie zuerst einige grundlegende Überlegungen anstellen.

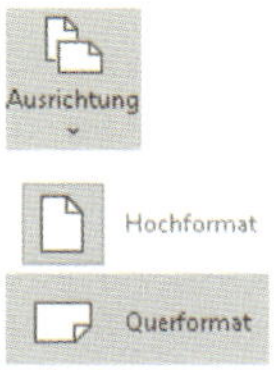

Es ist zweckmäßig, Flyer im Querformat zu erstellen. Im Register **Layout** klicken Sie in der Gruppe **Seite einrichten** das Symbol **Ausrichtung** an. Hier wählen Sie **Querformat**.

Für Ihren Flyer benötigen Sie drei Spalten. Im Register **Layout** klicken Sie in der Gruppe **Seite einrichten** den Pfeil unter Spalten an. Nun aktivieren Sie **Mehr Spalten**. Nun klicken Sie **Drei** an. Im Feld **Abstand** (zwischen den Spalten) übernehmen Sie **1,25 cm**. Die Eingabe schließen Sie mit **OK** ab. Sie stellen nun die Seitenränder links und rechts auf 1,5 cm.

Arbeitsablauf

Layout – Ausrichtung – Querformat – Layout – Spalten – Mehr Spalten – Drei – Layout – rechtsschrägen Pfeil anklicken – Seitenränder Links: und Rechts: 1,5 cm – OK

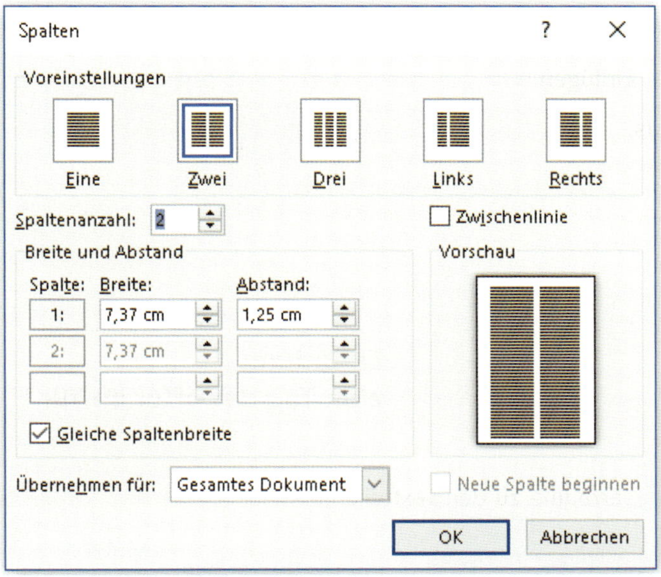

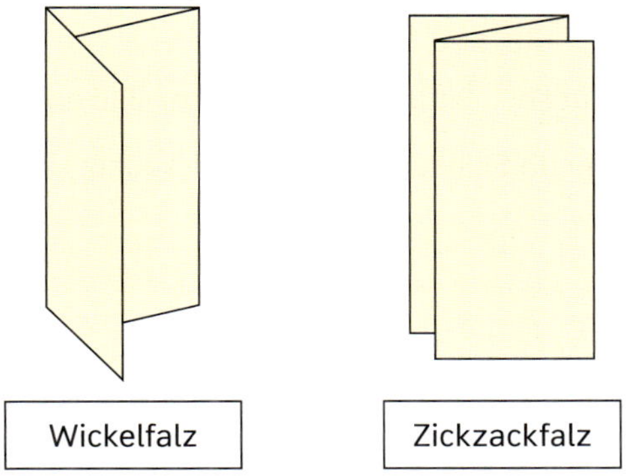

Sie haben die Möglichkeit, einen Flyer im **Zickzackfalz** oder im **Wickelfalz** zu erstellen. Entscheiden Sie, welche Inhalte in welcher Spalte stehen sollen, davon ist auch die Falzart abhängig.

Wählen Sie den Wickelfalz, dann falzen das Blatt entsprechend und überlegen, was auf der 1. Seite bzw. 1. Spalte des Flyers stehen soll. Beschriften Sie so jede Spalte zunächst mit einem **Inhaltsstichwort**.

Um die bearbeiteten Seitenflächen sichtbar zu machen klicken Sie im Menü **Datei** auf **Optionen**. In der Kategorie **Erweitert** aktivieren Sie die für Ihre Arbeit erforderliche Anzeigen, z. B. Textbegrenzungen und Zuschnittsmarken, bei **Dokumentinhalt anzeigen**. Mit **OK** werden diese Einstellungen übernommen.

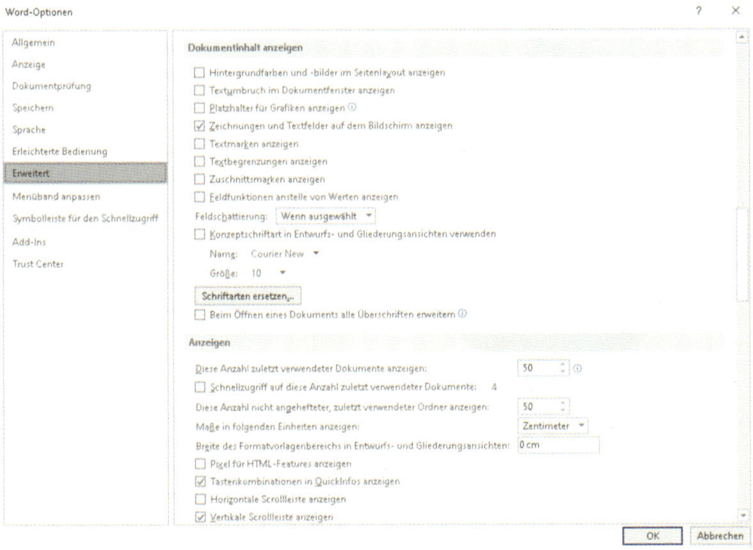

Arbeitsablauf

Datei – Optionen – Erweitert – Dokumentinhalt anzeigen – Textbegrenzungen u. a. – OK

Einen Spaltenumbruch nehmen Sie mit der Tastenkombination **Strg + Umschalter + Return** vor. Mit der Position Ihres Cursors bereiten Sie eine weitere Spalte vor. Den Text geben Sie als Fließtext ein. Nutzen Sie die unterschiedlichen Formatierungsmöglichkeiten für Ihre Einladung, um sie ansprechend zu gestalten.

Um das Bild der Gitarre abzurufen, klicken Sie im Register **Einfügen** in der Gruppe **Illustrationen** das Symbol **Bilder** an, danach **Gitarre**. Markieren Sie die Grafik, ändert sich die Anzeige des Mauszeigers und es erscheint ein Kreuz mit jeweils einem Pfeil in alle vier Richtungen. Wenn Sie den Mauszeiger gedrückt halten und bewegen, verschieben Sie das Textfeld. Führen Sie den Mauszeiger auf die rechte untere Ecke, und klicken Sie den schrägen Pfeil an, können Sie die Grafik vergrößern oder verkleinern.

Arbeitsablauf

Einfügen – Bilder – gewünschtes Bild anklicken – Einfügen

Die erste Seite des Flyers im Wickelfalz sieht so aus:

Anfahrt

Einladung
zum Tag der offenen Tür

Vorstellung des
Tonstudios

7.Juli 20..

Blum Musc4You KG
Veilchenweg 19, 50677 Köln
Geschäftsführer: Claus Blum
HRA 47111 beim Amtsgericht Köln
Telefon: 0221 386760-O
Telefax: 0221386760-10
E-Mail: info@music4youkg.de
Internet: www.music4youkg.de

Blum Music4You KG
Veilchenweg 19, 50677 Köln

Die 2. Seite bereiten Sie ebenso vor. Falzen Sie zwischendurch das Blatt und überlegen Sie genau, wie die Inhalte am besten, übersichtlichsten und sinnvollsten angeordnet werden.

Guten Tag,
sehr geehrte Damen und Herren,

zum Tag der offenen Tür laden wir Sie herzlich ein. Sie haben die Möglichkeit, sich unsere **Geschäftsräume** und das neue **Tonstudio** anzusehen.

Der Digitalmixer in unserem Tonstudio mit 32 Mono- und 8 Stereo-Kanälen, 16 MixBussen, 16 XLR-Eingängen und 8 XLR-Ausgängen sowie einem 100-mm-Motorfader sorgt bei Tonaufnahmen für den optimalen Klang.

Auch das umfangreiche Angebot an E-Gitarren dürfte für Sie auch interessant sein.

Dürfen wir Sie zu unserem Tag der offenen Tür begrüßen? Um einen Überblick über die voraussichtliche Besucherzahl zu bekommen, bitten wir Sie, sich auf dem Vordruck anzumelden.

Freundlich grüßt Sie

Blum Music4You KG

Claus Blum
Geschäftsführer

Das neue Tonstudio

Digitalmixer mit dieser Ausstattung:

- 32 Mono-Kanäle
- 8 Stereo-Kanäle
- 16 Mix-Busse
- 16 XLR-Eingänge
- 8 XLR-Ausgänge
- 100-mm-Motor-Fader
- 16 Busse
- 16 physikalische Eingänge
- 40 Kanäle
- externem Kartenslot
- Touch Screen
- 19-Zoll-Rackformat

Anmeldung

Zum Tag der offenen Tür am **7. Juli 20..** melde ich mich verbindlich an.

Name: ____________________

Vorname: ____________________

Straße: ____________________

PLZ, Ort: ____________________

E-Mail: ____________________

Datum: ____________________

Unterschrift: ____________________

Es ist möglich, dass die Ränder in den Spalten nicht Ihren Vorstellungen entsprechen. Dann sollten Sie die Einzüge um einige Millimeter verändern. Dazu klicken Sie im Register **Start** in der Gruppe **Absatz** den schrägen Pfeil nach rechts unten an. Hinter **Einzug links:** oder **Einzug rechts:** geben Sie die gewünschten Maße ein.

Wenn Sie den fertigen Flyer an Ihrem Drucker ausdrucken, verwenden Sie bei **Beidseitiger Druck** die Treibereinstellung „Blatt über die kurze Seite drehen", sonst besteht die Gefahr, dass eine Seite auf dem Kopf ausgedruckt wird.

Senden Sie den Flyer zum Drucken in eine Druckerei, ist es ratsam, vorher eine Datei im **PFD- oder XPS-Datei** zu erstellen. Eine solche Datei erstellen Sie über das Register **Datei – Exportieren – PDF- oder XPS-Dokument erstellen**. Sie wählen nun die gewünschte Datei aus.

2.2.9 Tabstopps

Setzen von Tabstopps

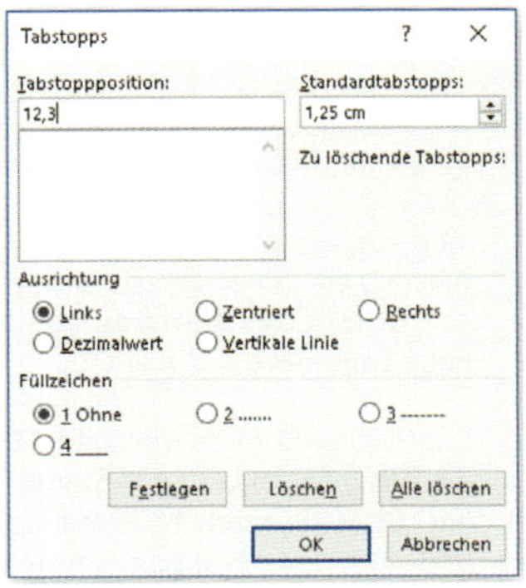

- In manchen Fällen empfiehlt es sich, Tabstopps zu setzen, um bestimmte Positionen innerhalb einer Zeile mit der Tab-Taste ansteuern zu können. Auch bei nachträglichen Formatierungen bleiben diese Positionen im Text bestehen.
- In einem Abstand von 1,25 cm sind bereits standardmäßig Tabstopps gesetzt. Für das Setzen abweichender Tabstopps klicken Sie in dem Register **Start** der Gruppe **Absatz** den rechtsschrägen Pfeil an und wechseln danach in das Dialogfeld Tabstopps über. Hinter der Tabstoppposition geben Sie das Maß ein. Das Setzen des **Tabstopps** bewirkt die Schaltfläche **Festlegen**. Gesetzte Tabstopps zeigt das Zeilenlineal an.
- Bei der Ausrichtung der Tabstopps kann zwischen linksbündiger, zentrierter, rechtsbündiger oder dezimaler Ausrichtung gewählt werden.
- Die Leerräume zwischen den Spalten können Sie durch Striche oder Punkte auffüllen. Hierzu klicken Sie die gewünschten **Füllzeichen** an.
- Erfassen Sie eine Aufstellung mit Tabstopps, bedienen Sie am Zeilenende die Return- oder Enter-Taste.

Arbeitsablauf

Start – rechtsschrägen Pfeil in der Gruppe Absatz anklicken – Tabstopps anklicken – Position eingeben – Ausrichtung bestimmen – Festlegen – OK

Aufgabe

Geben Sie die folgende Tabelle ein. Setzen Sie den Tabstopp auf 5,5 und 10,25 cm. Bedienen Sie jeweils am Zeilenende die Return-Taste.

Große europäische Länder

Land	**Hauptstadt**	**Einwohner**
Deutschland	Berlin	82 790 000
Frankreich	Paris	66 980 000
Großbritannien	London	66 460 000
Italien	Rom	60 480 000
Ukraine	Kiew	44 620 000

Setzen von Tabstopps im Lineal

- Zum Setzen der Tabstopps mit der Maus im Lineal führen Sie den Mauszeiger auf die gewünschte Position und klicken die linke Maustaste an.
- Sie legen die Ausrichtung der Tabstopps fest, indem Sie das Ausrichtungssymbol vor dem Lineal anklicken.

Löschen von Tabstopps

- Löschen Sie die alten Tabstopps, bevor Sie neue eingeben.

Arbeitsablauf

Start – rechtsschrägen Pfeil in der Gruppe Absatz anklicken – Tabstopps anklicken – Alle löschen – OK

- Beim Löschen mit der Maus führen Sie den Mauszeiger in das Lineal. Sie klicken die linke Maustaste an, halten sie fest und ziehen das Symbol des Tabstopps aus dem Lineal heraus.

2.3 Geschäftsbriefe nach DIN 5008

2.3.1 Elemente des Geschäftsbriefes mit hochgestelltem Anschriftfeld (Form A) und Standardinformationsblock

BLUM Music4You KG

Ihr Zeichen:
Ihre Nachricht vom:
Unser Zeichen: krö
Unsere Nachricht vom:

Leitwörter des Informationsblocks (10 cm vom linken Rand, 3,2 cm von der oberen Blattkante)

Name: Karolin Krömer
Telefon: 0221 386760-25
Telefax: 0221 386760-26
E-Mail: kroemer@music4youkg.de

Datum: 20..-10-27

Blum Music4You KG • Postfach 52 15 79 • 50667 Köln
Gerd Euting GmbH
Holzhandel
Frau Sabine Geber
Forstweg 3
12279 Berlin

1. Zeile der Anschriftzone

Anfrage nach Ahornholzblöcken ← Betreff

Vor und nach dem Betreff lassen Sie zwei Leerzeilen. Danach folgt die Anrede.

Guten Tag Frau Geber, ← Anrede

zur Herstellung unserer E-Gitarren benötigen wir dringend abgelagerte Ahornholzblöcke. Bitte senden Sie uns ein Angebot über

50 abgelagerte Ahornholzblöcke in der Größe 5 cm x 50 cm x 30 cm (7,5 dm^3)
30 abgelagerte Ahornholzblöcke in der Größe 3 cm x 5 cm x 60 cm (0,9 dm^3)

in bester Qualität.

Die Holzblöcke benötigen wir bis zum 15. November d. J. Gewähren Sie uns bei einer Abnahme dieser Mengen auch einen Rabatt?

Sicher werden Sie uns ein günstiges Angebot unterbreiten.

Freundliche Grüße ← Gruß

Blum Music4You KG ← Firma

i. A. ← Zusatz

Karolin Krömer ← Wiederholung der Unterschrift

Zwischen den Bestandteilen des Briefabschlusses lassen Sie je eine Leerzeile. Sind keine Zusätze vorhanden, lassen Sie nach der Firma mindestens drei Leerzeilen.

Blum Music4You KG
Veilchenweg 19, 50677 Köln
Telefon: 0221 386760-0
Telefax: 0221 386760-10
E-Mail: info@music4youkg.de
Internet: www.music4youkg.de

Geschäftsführung: Claus Blum
Handelsregister Köln
HRA 47111
USt-IdNr.: DE 987 654 321
Steuernummer: 215 587 00815

Kölner Kreditanstalt AG
IBAN: DE98 3701 0099 2333 4442 00
BIC: KOEKDEKN280

2.3.2 Vorlagen für Geschäftsbriefe

Bei den Vorlagen für Geschäftsbriefe mit einem Informationsblock wird zwischen zwei Formen unterschieden:

Benennung	**Hochgestelltes Anschriftfeld Form A**	**Tiefgestelltes Anschriftfeld Form B**
Briefkopf	2,7 cm	4,5 cm
Beginn Zusatz- und Vermerkzone	2,7 cm	4,5 cm

Beim Informationsblock gibt es zwei Formen: den Standardinformationsblock und den gestalteten Informationsblock.

Standardinformationsblock mit hochgestelltem Anschriftfeld (Form A)

Briefkopf 2,7 cm hoch

Euro-Computer AG

Zusatz- und Vermerkzone mit integrierter Rücksendeangabe

Anschriftzone

Höhe des gesamten Anschriftfeldes: 4,5 cm
Breite des Anschriftfeldes: 8,5 cm

Ihr Zeichen:
Ihre Nachricht vom:
Unser Zeichen:
Unsere Nachricht vom:

Name:
Telefon:
Telefax:
E-Mail:

Datum:

Beginn Informationsblock:
10 cm vom linken Rand
3,2 cm von der oberen Blattkante

Die Rücksendeangabe (Postanschrift des Absenders) setzen Sie in der Schriftgröße 8 über das Anschriftfeld. In Ausnahmefällen verwenden Sie die 6-Punkt-Schrift als Mindestschriftgröße.

Gestalteter Informationsblock mit hochgestelltem Anschriftfeld

Zusatz- und Vermerkzon mit integrierter Rücksendeangabe

Anschriftzone

Höhe des gesamten Anschriftfeldes: 4,5 cm
Breite des Anschriftfeldes: 8,5 cm

Mitarbeiterin:
Abteilung:

Telefon:
Telefax:
E-Mail:
Internet:

Datum:

Beginn Informationsblock:
10 cm vom linken Rand
3,2 cm von der oberen Blattkante

Für die Leitwörter des gestalteten Informationsblocks verwenden Sie eine kleinere Schriftgröße. Leitwörter dürfen Sie bei dieser Form ergänzen, weglassen oder verändern. Die Angaben gruppieren Sie durch Leerzeilen.

Geschäftsangaben

In die Fußzeile der Vorlage setzen Sie im Allgemeinen die Angaben über die Geschäftsräume, die Nummern der Hauptanschlüsse aller Kommunikationsmittel und die Kontoverbindungen. In Briefvorlagen für Kapitalgesellschaften (Aktiengesellschaft, Gesellschaft mit beschränkter Haftung, Kommanditgesellschaft auf Aktien) müssen Sie die Firma so aufführen, wie Sie im Handelsregister eingetragen ist. Die Rechtsform, der Sitz der Gesellschaft, das Registergericht und die Handelsregisternummer sind aufzunehmen. Außerdem sind der Vorsitzende des Aufsichtsrates, die Namen des Vorstandes und aller Mitglieder des Vorstandes (bei der GmbH die Namen der Geschäftsführer) aufzuführen.

2.3.3 Anschriften

Anschriftfelder

- Die Aufschrift im Anschriftfeld wird auf allen Schriftstücken, Briefhüllen und Etiketten in gleicher Weise angeordnet. Die Aufschrift des Anschriftfeldes wird aufgeteilt in eine Zusatz- und Vermerkzone sowie eine Anschriftzone vor. Die **Rücksendeangabe** ist in die Zusatz- und Vermerkzone des Anschriftfeldes integriert.
- Das Feld ist 45 mm hoch. Rücksendeangabe und Zusatz- und Vermerkzone sind zu einer Zone zusammengefasst. Das Anschriftfeld besteht aus 11 Zeilen, die Zusatz- und Vermerkzone aus fünf Zeilen und die Anschriftzone aus sechs Zeilen. Die Zusatz- und Vermerkzone ist 17,7 mm hoch, während die Anschriftzone eine Höhe von 27,3 mm hat.

Personenschriften

- Die Rücksendeangabe (Postanschrift des Absenders) behandeln Sie wie die übrigen Zusätze und Vermerke, z. B. „Einschreiben Einwurf" oder elektronische Frankiervermerke. Sie steht immer einzeilig in der obersten Zeile. In der Zusatz- und Vermerkzone mit Rücksendeangabe verwenden Sie eine kleinere Schriftgröße.
- Die Anrede beginnt in der 1. Zeile der Anschriftzone. Darunter steht in der 2. Zeile der Name. Die Straßenbezeichnung steht im Allgemeinen in der 3. Zeile, während für die Postleitzahl und den Wohnort die 4. Zeile vorgesehen ist. Postleitzahlen schreiben Sie fünfstellig und ungegliedert.
- Berufs- oder Amtsbezeichnungen stehen hinter der Anrede. Akademische Grade wie Diplom- und Doktorgrade (z. B. Dr., Dipl.-Ing., Dipl.-Kfm.) stehen vor dem Namen. Die Amts- oder Ehrenbezeichnung Prof. steht vor dem Namen oder akademischen Grad. Bachelor- und Mastergrade werden in der Regel hinter dem Namen aufgeführt, z. B. B. A. (Bachelor of Arts), B. Sc. (Bachelor of Science), M. A. (Magister Artium).

5	·	·
4	·	·
3	·	·
2	·	·
1	Köhler-Versand GmbH, Postfach 15 37 26, 24103 Kiel	Köhler-Versand GmbH, Postfach 15 37 26, 24103 Kiel
1	Frau	Frau Geschäftsführerin
2	Katja Fischer	Dipl.-Kffr. Sabine Meyer
3	Elsa-Bauer-Weg 15	Otto-Hahn-Straße 23
4	22297 Hamburg	90453 Nürnberg
5	·	·
6	·	·

- Sind mehrere Vermerke in der Zusatz- und Vermerkzone aufzunehmen, verwenden Sie von unten nach oben die Zeilen 1 bis 5.
- Ist der Empfänger nicht der Wohnungsinhaber, so ist der Name des Wohnungsinhabers unter den Namen des Empfängers zu setzen. Das gilt auch, wenn der Empfänger zu Besuch ist.
- In der Zustellangabe dürfen Sie zusätzlich den Gebäudeteil, das Stockwerk oder die Wohnungsnummer aufführen. Durch zwei Schrägstriche trennen Sie die Angaben voneinander ab. Davor und dahinter bleibt ein Leerzeichen.
- Ortsteilnamen dürfen in einer besonderen Zeile oberhalb der Straßenbezeichnung stehen.

5	·	·
4	·	·
3	·	·
2	·	Köhler-Versand GmbH, Postfach 15 37 26, 24103 Kiel
1	Köhler-Versand GmbH, Postfach 15 37 26, 24103 Kiel	Nicht nachsenden!
1	Frau	Herrn Rechtsanwalt
2	Susanne Hausmann B. Sc.	Dr. Christian Wolf
3	bei Schmidt	Sennestadt
4	Goldfinkstraße 25 // W 15	Am Beckhof 15
5	45134 Essen, Ruhr	33689 Bielefeld
6	·	·

Unternehmensanschriften

- Unternehmensanschriften beginnen wie die Privatanschriften in der 1. Zeile der Anschriftzone. Längere Firmenbezeichnungen verteilen Sie auf zwei Zeilen.
- Ist ein Postfach vorhanden, wird anstelle der Straßenbezeichnung das Postfach aufgeführt. Postfachnummern gliedern Sie durch Leerzeichen von rechts nach links in zweistellige Gruppen. Große Unternehmen und Behörden haben oft eine eigene Postleitzahl. Die Postfach- oder Straßenangabe entfällt dann.
- Soll der Brief eine bestimmte Mitarbeiterin oder einen bestimmten Mitarbeiter erreichen, setzen Sie unter die Firma.

5	.	.
4	.	.
3	.	.
2	Huber GmbH, Postfach 89 67 22, 90459 Nürnberg	Vogel GmbH, Postfach 36 17 26, 50676 Köln
1	Einschreiben Einwurf	Nicht nachsenden!
1	Papierfabrik	Autohaus Brandenburg
2	Nordost GmbH	Niederlassung Potsdam
3	Frau Tanja Schulze	Herrn Dipl.-Kfm. Heinz Schmitt
4	16225 Eberswalde	Postfach 6 39 49
5	.	14471 Potsdam
6	.	.

- In Anschriften von Einzelunternehmen führen Sie hinter dem Namen den Zusatz *„e. K.“* oder *„e. Kffr.“* (eingetragene Kauffrau) oder *„e. K.“* oder *„e. Kfm.“* (eingetragener Kaufmann) auf.

5	.	.
4	.	Vogel GmbH, Postfach 36 17 26, 50676 Köln
3	.	
2	Brenner GmbH · Postfach 13 50 · 59494 Soest	Nicht nachsenden!
1	Einschreiben	Persönlich
1	Sport + Spiel GmbH	Sabine Bräuer e. K.
2	Frau Stefanie Schneider	Platanenweg 125
3	Postfach 55 89 34	50827 Köln
4	24937 Flensburg	.
5	.	.
6	.	.

Auslandsanschriften

- In Auslandsanschriften müssen Sie den Bestimmungsort und das Bestimmungsland in lateinischer Schrift, arabischen Ziffern und Großbuchstaben einsetzen. Für die anderen Bestandteile der Empfängeranschrift dürfen Sie die Schrift, die im Land üblich ist, verwenden. Wie Sie die Bestandteile der Anschrift anordnen und beschriften, sollten Sie, wenn es möglich ist, der Absenderangabe entnehmen.
- Die einzeilige Rücksendeangabe ergänzen Sie durch „Allemagne“.

5	.	.
4	.	.
3	.	.
2	.	.
1	Textil Niederrhein GmbH, Postf. 25 15, 47798 Krefeld, Allemagne	Motorenwerke AG, Postf. 12 24 36, 39104 Magdeburg, Allemagne
1	Textiel Shop	AB Motor
2	Wilheminakade 136	Mejlgade 4
3	3072 AP ROTTERDAM	6000 KOLDING
4	NIEDERLANDE	DÄNEMARK
5	.	.
6	.	.

2.3.4 Beschriften des Informationsblocks – Betreff

Vorlage für den Standardinformationsblock mit hochgestelltem Anschriftfeld (Form A)

- Die Leitwörter des Informationsblocks stehen in einer Vorlage für den Geschäftsbrief rechts neben dem Anschriftfeld. Sie sind in einer Fluchtlinie untereinander aufzuführen und beginnen 10 cm vom linken Rand. Von der oberen Blattkante lassen Sie bei einer Vorlage mit hochgestelltem Anschriftfeld (Form A) einen Abstand von 3,2 cm und beim tiefgestellten Anschriftfeld (Form B) einen Abstand von 5 cm.
- Vor den Leitwörtern „Name:“ und „Datum:“ lassen Sie eine Leerzeile.
- In DIN 5008 (Schreib- und Gestaltungsregeln für die Text- und Informationsverarbeitung) ist festgelegt, wie die Vorlage des Geschäftsbriefes A4 zu beschriften ist. Die Anschrift, die Leitwörter des Informationsblocks und die Angaben haben die gleiche Schriftart und Schriftgröße wie der übrige Brief.
- Nach dem Doppelpunkt des jeweiligen Leitwortes lassen Sie bis zu den Angaben einen Abstand von einem Leerzeichen.
- Nach dem Datum lassen Sie einen Abstand von zwei Leerzeilen bis zum folgenden Betreff. Den Betreff dürfen Sie durch Fettschrift und/oder Farbe hervorheben. Bis zur folgenden Anrede bleiben ebenfalls zwei Leerzeilen.

10 cm vom linken Rand – 3,2 cm von der oberen Blattkante

Ihr Zeichen: do
Ihre Nachricht: 20..-05-10
Unser Zeichen: ga
Unsere Nachricht:

Name: Katja Gansel
Telefon: 089 2950-115
Telefax: 089 2950-120
E-Mail: info@immo-munch-wvd.de
Internet: www.immo-munch-wvd.de

Datum: 20..-05-21

Rücksendeangabe
Immobilienservice
Winter & Schulz GmbH
Herrn Klaus Winter
Postfach 52 49 29
60325 Frankfurt am Main

Grundstück für ein Verkaufslager

Guten Tag Herr Winter,

Vorlage für den gestalteten Informationsblock

Für die Leitwörter des gestalteten Informationsblocks verwenden Sie eine kleinere Schriftgröße. Die Angaben ordnen Sie in einer Fluchtlinie untereinander an. Sie haben die gleiche Schriftart und -größe wie der übrige Brief. Für die E-Mail-Adresse und Internetadresse dürfen Sie eine kleinere Schriftgröße verwenden, mindestens jedoch 8 Punkt.

10 cm vom linken Rand – 3,2 cm von der oberen Blattkante

Mitarbeiter: Thomas Berger
Abteilung: Verkauf

Telefon: 089 9950-112
Telefax: 089 9950-102
E-Mail: tb@ecom-wvd.de
Internet: www.ecom-wvd.de

Datum: 20..-05-15

Rücksendeangabe
Elektrotechnik
Hans Petermann OHG
Nelkenstraße 25
47800 Krefeld

Angebot über Rasenmäher

Sehr geehrte Damen und Herren,

2.3.5 Briefabschluss – Anlagenvermerk

Briefabschluss

- Nach dem Brieftext folgt der Briefabschluss. Er besteht aus dem Gruß, der Firma und der maschinenschriftlichen Wiederholung der Unterschrift. Zwischen der Firma und der Angabe des Unterzeichners stehen oft Zusätze wie i. A. (im Auftrag), ppa. (per Prokura) oder i. V. (in Vollmacht – bei Behörden: in Vertretung). Nicht alle Angaben müssen Sie in einem Briefabschluss aufführen.
- Verwenden Sie einen modernen Gruß. Die Wiederholung der Unterschrift sollte möglichst den Vor- und Zunamen enthalten, weil der Brief dadurch persönlicher wirkt.
- Zwischen Gruß und Wiederholung der Unterschrift oder zwischen der Firma und der Wiederholung der Unterschrift lassen Sie drei Leerzeilen. Zusätze stehen zwischen diesen Angaben. Sie dürfen Zusätze auch vor die Wiederholung der Unterschrift setzen.

Anlagenvermerk

- Um beim Posteingang prüfen zu können, welche weiteren Schriftstücke dem Geschäftsbrief beigelegen haben, ist ein Anlagenvermerk zu schreiben. Dafür gibt es verschiedene Möglichkeiten.
- Der Anlagenvermerk steht nach einer Leerzeile unter dem Briefabschluss. Die Überschrift dürfen Sie durch Fettschrift hervorheben. Unter dem Wort „Anlage(n)" können Sie die Anlagen einzeln aufführen. Den Anlagenvermerk dürfen Sie auch in verkürzter Form schreiben.

Ihre weiteren Fragen beantworten wir gern.

Freundliche Grüße

Bernburger
Maschinenfabrik AG

i. A.

Petra Fröhlich

Anlagen
3 Prospekte

- Reicht der Platz unter dem Briefabschluss nicht aus, setzen Sie den Anlagenvermerk in Höhe des Grußes – 10 cm vom linken Rand.

Sagt Ihnen unser Angebot zu? Wenn Sie weitere Fragen haben, dann rufen Sie uns an.

Freundliche Grüße	**2 Anlagen**
	10 cm vom linken Rand
Bürocenter Krämer & Co. OHG	
i. A.	
Claudia Schreiber	

2.4 Formulieren von Geschäftsbriefen: Moderner Briefstil

Wählen Sie Formulierungen, die den Empfänger ansprechen

Wer heute Kunden gewinnen will, muss sie umwerben. Das bedeutet, dass Sie Ihre Formulierungen so wählen, dass sich der Kunde angesprochen fühlt. Fassen Sie Ihre Geschäftsbriefe persönlich, freundlich, prägnant und informativ ab. Denken Sie daran, dass jeder Geschäftsbrief ein Werbebrief für Ihr Unternehmen ist. Eine nachhaltige Wirkung erzielen Sie beim Empfänger, wenn Sie ihn persönlich ansprechen. Wenn ein Unternehmen nur die eigenen Produkte anpreist und nur das Unternehmen herausstellt, ohne auf den Empfänger einzugehen, wird er sich nicht angesprochen fühlen. Wählen Sie aber empfängerbezogene Formulierungen, indem Sie den Empfänger persönlich mit „Sie" und „Ihnen" anreden, wird er sich mit dem Inhalt Ihres Briefes näher befassen und weiterlesen. Es ist psychologisch auch ungünstig, Sätze mit „wir" oder „unser" zu beginnen. Gerade in Werbebriefen ist es wichtig, beim Empfänger Interesse zu wecken. Der Einleitung Ihres Briefes kommt eine besondere Bedeutung zu. Bedenken Sie immer: Nicht Ihr Unternehmen steht im Vordergrund, sondern der Kunde. Verwenden Sie darum kundenorientierte Formulierungen.

Überzeugen Sie durch Argumente

Überzeugen Sie den Empfänger durch Argumente. Das übertriebene Anpreisen von Produkten führt oft nicht zum gewünschten Erfolg. Ist der Empfänger von den Vorzügen eines Artikels überzeugt, wird er ihn auch kaufen.

Versuchen Sie, Sympathien zu gewinnen

Formulieren Sie so, dass Sie Sympathien gewinnen. Mit unkomplizierten und persönlichen Briefen werden Sie sicher Pluspunkte sammeln. Einfache und verständliche Sätze machen es dem Empfänger leicht, Sie gleich zu verstehen. Oder schätzen Sie Briefe, die Sie mehrmals lesen müssen, um den Absender zu verstehen?

Formulieren Sie kurz und verständlich

Der Empfänger sollte Ihre Sätze gleich verstehen, ohne lange über den Inhalt nachdenken zu müssen. „Bandwurmsätze" sollten Sie vermeiden. Formulieren Sie nach Möglichkeit so, wie Sie sprechen. Vermeiden Sie in einem Satz mehrere Einschübe, weil der Satz dadurch unverständlich wird. Dazu dieses Beispiel: „Auf unser Schreiben, das wir Ihnen in der vergangenen Woche zugesandt haben und indem wir darum gebeten haben, uns sofort zu informieren, erhielten wir bisher keine Antwort." Besser klingt der Satz so: „Auf unser Schreiben haben Sie bisher noch nicht geantwortet. Wir baten Sie darum, uns sofort zu informieren."

Vermeiden Sie überflüssige Wörter

Drücken Sie sich knapp und präzise aus. Beschränken Sie sich auf das Wesentliche.

Verzichten Sie auf Nomen

Ein Geschäftsbrief mit vielen Nomen (Hauptwörtern) wirkt bürokratisch und schwerfällig. Ersetzen Sie die Nomen durch Verben, wirkt Ihr Briefstil gleich flüssiger. Die meisten Wörter mit der Nachsilbe „-ung" können Sie durch Verben ersetzen. Setzen Sie doch beispielsweise für „Beratung", „Mahnung" und „Prüfung" die Verben „beraten", „mahnen" und „prüfen" ein. So wirkt Ihr Brief lebendig und ist außerdem besser verständlich.

Vermeiden Sie Superlative

Sparen Sie in Geschäftsbriefen mit Übertreibungen. Den Superlativ sollten Sie nur verwenden, wenn Sie einen Gegenstand oder ein Wesen mit mehreren anderen vergleichen. Dem Superlativ eines Adjektivs geht das Wort „am" voraus (Beispiele: am größten, am besten). Dazu ein Beispiel: „Dieses Gerät ist von allen am besten, pries der Verkäufer das Fernsehgerät an." Beim Vergleich zweier Gegenstände oder Wesen reicht oft schon die 1. Steigerungsstufe (Komparativ) aus. Mit den Worten „Dieses Fernsehgerät ist erheblich besser als die Geräte anderer Mitbewerber, hob der Verkäufer die Qualität des Gerätes hervor."

Ersetzen Sie Modalverben durch Vollverben

Verzichten Sie auf die Modalverben „würde", „könnte" und „möchte". Dazu einige Beispiele: „Für Ihre Anfrage möchten wir uns bei Ihnen bedanken." - „Über eine positive Antwort würden wir uns freuen." Sagen Sie doch konkret: „Für Ihre Anfrage danken wir Ihnen." – Über eine positive Antwort freuen wir uns."

Gliedern Sie Ihren Geschäftsbrief

Gliedern Sie Ihren Geschäftsbrief in drei Teile. Beginnen Sie mit einer interessanten Einleitung, formulieren Sie den Hauptteil präzise und verständlich. Wählen Sie einen ansprechenden Schlusssatz.

Bauen Sie den Brief logisch auf

Bauen Sie Ihren Brief nach logischen Gesichtspunkten auf. Fassen Sie inhaltlich zusammengehörige Sätze in einem Absatz zusammen. Was zusammengehört, sollten Sie nicht auseinanderreißen. Das ist wichtig für das Verstehen eines Textes.

Erzeugen Sie eine gewisse Spannung

Versuchen Sie auch, eine gewisse Spannung aufzubauen. Um die Aufmerksamkeit zu erhöhen, sollten Sie ankündigen, dass etwas Wichtiges kommt. Dazu einige Beispiele: „Auch daran sollten Sie denken: ..." – Was bedeutet das für Sie? – „Das dürfte für Sie besonders interessant sein: ..."

Drücken Sie negative Inhalte positiv aus

Versuchen Sie, auch unangenehme Sachverhalte positiv darzustellen. Von einem freundlich verfassten Brief fühlen Sie sich angesprochen. Sie sind bereit, sich mit ihm zu befassen. Ein unfreundlich gehaltener Brief stößt den Empfänger ab. Versetzen Sie sich dabei in die Lage des Empfängers.

Beachten Sie den Satzbau

Je nachdem, wo ein Wort innerhalb des Satzes steht, wird es unterschiedlich betont. Die Aufmerksamkeit des Lesers ist auf den Satzanfang gerichtet. Darum ist es wichtig, dass Sie das Wort, das Sie betonen wollen, an den Satzanfang stellen. Dazu diese Beispiele: „Wir haben Sie schon mehrfach daran erinnert, uns frühzeitig zu informieren." „Schon mehrfach haben wir Sie daran erinnert, uns frühzeitig zu informieren."

Formulieren Sie auch Fragesätze

Wollen Sie Ihren Brief lebendiger gestalten, dann formulieren Sie nicht nur Aussagesätze, sondern auch Fragesätze. Verfolgen Sie mit Ihren Formulierungen ein bestimmtes Ziel, dann stellen Sie Fragen, die der Empfänger bejahen muss. Wenn der Empfänger einer Frage zustimmt, zeigt er Interesse und liest den Brief weiter. Ihre Formulierungen entscheiden über den Erfolg. Seien Sie darum bei Ihrer Wortwahl psychologisch geschickt.

Versetzen Sie sich in die Lage des Empfängers

Haben Sie den Brief vollständig verfasst, dann lesen Sie ihn noch einmal durch. Versetzen Sie sich dabei in die Lage des Empfängers. Fragen Sie sich, wie Sie als Empfänger des Briefes auf Ihre Formulierungen reagieren. Empfinden Sie Ihre Wortwahl negativ, sollten Sie den Brief noch einmal stilistisch überarbeiten.

Mit der Einleitung Interesse wecken

Absenderbezogene Einleitung	Empfängerbezogene Einleitung
Nachdem unser Modell „EXTRA" sehr guten Anklang gefunden hat, weisen wir Sie heute auf unser neues Komfortmobil hin.	Mit der Wahl Ihres Automobils „EXTRA" haben Sie bewiesen, dass Sie gehobene Ansprüche an Technik und Fahrkultur stellen. Heute erfahren Sie Details über unser neues Komfortmobil.
Unser Unternehmen ist führend in der Unternehmensberatung. Wir können Ihnen sagen, wie Sie die Effizienz Ihrer Verwaltung steigern können, um ein Drittel der Verwaltungskosten zu senken.	Suchen Sie nach neuen Wegen, um die Effizienz Ihrer Verwaltung zu steigern? Dann sind Sie bei uns richtig. Unsere Unternehmensberater entwickeln Ihnen Konzepte, wie Sie die Verwaltungskosten um mehr als ein Drittel senken können.
Wir danken Ihnen für Ihre Anfrage.	Sie wünschen in Ihrer Anfrage ein günstiges Angebot über Personalcomputer. Für Sie haben wir den richtigen PC: ...

Formulieren Sie klare und verständliche Sätze

Umständlich formuliert	Klar und verständlich formuliert
Vielen Dank für das uns entgegengebrachte Vertrauen.	Für Ihr Vertrauen danken wir Ihnen.
Mit unserem heutigen Schreiben bieten wir Ihnen unseren neuen Schonkaffee an.	Versuchen Sie es doch einmal mit unserem Schonkaffee.
Eine Probebestellung wird Ihnen die gewohnte Güte unserer Waren bestätigen.	Überzeugen Sie sich durch eine Probebestellung von der Qualität unserer Erzeugnisse.
Für weitere Fragen stehen wir gern zur Verfügung.	Ihre weiteren Fragen beantworten wir gern.

Vermeiden Sie überflüssige Wörter – Ersetzen Sie Substantive durch Verben

Verwenden von Substantiven	Verwenden von Verben
Ihrer Überweisung sehen wir bis zum 15. d. M. entgegen.	Überweisen Sie den Betrag bis zum 15. d. M.
Wir hoffen sehr, dass unser Angebot Ihren Vorstellungen entspricht und stehen zur Beratung gern zur Verfügung.	Sagt Ihnen unser Angebot zu? Wenn Sie weitere Informationen wünschen, beraten wir Sie gern.
In der Hoffnung, Ihnen mit diesen Angaben gedient zu haben, verbleiben wir ...	Helfen Ihnen unsere Informationen weiter? Ihre weiteren Fragen beantworten wir gern.

Stellen Sie den Empfänger in den Mittelpunkt

Absenderbezogen	Empfängerbezogen
Wir haben die Unterlagen erhalten. Besten Dank.	Sie sandten uns Ihre Unterlagen zu. Dafür danken wir Ihnen.
Unser Laserdrucker LDX erfreut sich überall größter Beliebtheit. Die Druckleistung ist hervorragend.	Versuchen Sie es einmal mit unserem Laserdrucker LDX. Die hervorragende Druckleistung wird Sie sicher beeindrucken.
Unser Büro ist jetzt nur noch von 09:00 Uhr bis 12:00 Uhr geöffnet.	Für Sie ist unser Büro täglich von 09:00 Uhr bis 12:00 Uhr geöffnet.

Drücken Sie negative Inhalte positiv aus – Versetzen Sie sich in die Lage des Empfängers

Negativ formuliert	Positiv formuliert
Wir baten Sie, uns unverzüglich die Abrechnung zu übersenden. Leider sind Sie dieser Aufforderung bisher nicht nachgekommen.	Durch Ihre vielfältige Arbeit haben Sie sicher noch nicht die Zeit gefunden, uns Ihre Abrechnung zu senden.
Auf unser Schreiben haben Sie bisher nicht reagiert. Wir verstehen den Grund dafür nicht.	Sicher haben Sie wichtige Arbeiten davon abgehalten, unser Schreiben zu beantworten.
Fehler dieser Art haben wir schon zum dritten Male feststellen müssen. Künftig sind wir nicht mehr an einer Zusammenarbeit interessiert.	Mit Ihrer Lieferung waren wir auch diesmal nicht zufrieden. Wenn Sie uns künftig nicht sorgfältiger beliefern, müssen wir uns nach einem anderen Lieferer umsehen.

2.5 Geschäftsbriefe in der Praxis

2.5.1 Anfrage an einen Lieferanten

Situation

Der Mitarbeiter der Produktionsabteilung der Blum Music4You KG, Herr Adrian Raub, informiert die Mitarbeiterin der Beschaffungsabteilung, Frau Karolin Krömer, dass für die Fertigung der E-Gitarren verschiedene Gitarrensaiten benötigt werden. Diese recherchiert im Internet, um günstige Anbieter zu finden und verfasst die Anfrage.

BLUM Music4You KG

Blum Music4You KG • Postfach 52 15 79 • 50667 Köln
Instrumentenbedarf
Thomann GmbH
Postfach 38 25 19
60329 Frankfurt am Main

Ihr Zeichen:
Ihre Nachricht vom:
Unser Zeichen: krö
Unsere Nachricht vom:

Name: Karolin Krömer
Telefon: 0221 386760-25
Telefax: 0221 386760-26
E-Mail: kroemer@music4youkg.de

Datum: 20..-11-27

Anfrage nach Gitarrensaiten für E-Gitarren

Guten Tag, sehr geehrte Damen und Herren,

durch Ihre gelungene Internetpräsentation wurden wir auf Ihr Unternehmen aufmerksam. Für die Herstellung unserer E-Gitarren benötigen wir Gitarrensaiten.

Seit Ende der 1980er Jahre stellt unser Unternehmen hochwertige E-Gitarren her. Renommierte Künstler lassen ihre Instrumente nach ihren Wünschen bei uns anfertigen. Neben der Produktion von E-Gitarren organisieren wir Musikveranstaltungen und Events und vertreiben Fanartikel.

Bitte senden Sie uns ein Angebot über

je 200 Gitarrensaiten in den Stärken 008, 011, 026, 038, 042, 056, 070.

Die Saiten aus Karbon sollen einen kräftigen Ton entwickeln und beste Schwingeigenschaften garantieren. Höchste Ansprüche und Professionalität sind unsere Maxime.

Können Sie uns bis zum 10. Dezember d. J. beliefern? Gewähren Sie bei einer Abnahme bestimmter Mengen auch Rabatte? Wie sind Ihre Zahlungsmodalitäten?

Sicher werden Sie uns ein günstiges Angebot unterbreiten.

Freundliche Grüße

Blum Music4You KG

i. A.

Karolin Krömer

Blum Music4You KG
Veilchenweg 19, 50677 Köln
Telefon: 0221 386760-0
Telefax: 0221 386760-10
E-Mail: info@music4youkg.de
Internet: www.music4youkg.de

Geschäftsführung: Claus Blum
Handelsregister Köln
HRA 47111
USt-IdNr.: DE 987 654 321
Steuernummer: 215 587 00815

Kölner Kreditanstalt AG
IBAN: DE98 3701 0099 2333 4442 00
BIC: KOEKDEKN280

2.5.2 Bestellung auf eine Anfrage

Situation

Das Unternehmen Instrumentenbedarf Thomann GmbH bietet der Blum Music4You KG am 29. November d. J. je 200 Gitarrensaiten in den Stärken 008, 011, 026, 038, 042, 056, 070 zum Einzelpreis von 3,90 € an. Die Verfasserin des Angebotes, Frau Eva Steinkamp, sichert beste Qualität zu. Die Ware soll bis zum 10. Dezember d. J. frei Haus geliefert werden. Bei einer Abnahme von 100 Stück wird ein Rabatt von 5 % gewährt. Frau Karolin Krömer bestellt je 200 Gitarrensaiten.

BLUM Music4You KG

Ihr Zeichen: stk
Ihre Nachricht vom: 20..-11-29
Unser Zeichen: krö
Unsere Nachricht vom: 20..-11-27

Name: Karolin Krömer
Telefon: 0221 386760-25
Telefax: 0221 386760-26
E-Mail: kroemer@music4youkg.de

Datum: 20..-12-01

Blum Music4You KG • Postfach 52 15 79 • 50667 Köln
Instrumentenbedarf
Thomann GmbH
Frau Eva Steinkamp
Postfach 38 25 19
60329 Frankfurt am Main

Bestellung von Gitarrensaiten

Guten Tag Frau Steinkamp,

Ihr Angebot sagt uns zu. Vielen Dank für Ihre Mühe.

Bitte liefern Sie uns

je 200 Gitarrensaiten in den Stärken 008, 011, 026, 038, 042, 056, 070 zum Einzelpreis von 3,90 €.

Die Saiten aus Karbon sollen höchsten Ansprüchen genügen und Professionalität garantieren.

Bei einer Abnahme von je 100 Stück gewähren Sie einen Rabatt von 5 %. Beliefern Sie uns bis zum **15. Dezember d. J. frei Haus.** Mit Ihren Liefer- und Zahlungsbedingungen sind wir einverstanden.

Bitte informieren Sie uns, wenn Sie nicht rechtzeitig liefern können.

Freundliche Grüße

Blum Music4You KG

i. A.

Karolin Krömer

Blum Music4You KG
Veilchenweg 19, 50677 Köln
Telefon: 0221 386760-0
Telefax: 0221 386760-10
E-Mail: info@music4youkg.de
Internet: www.music4youkg.de

Geschäftsführung: Claus Blum
Handelsregister Köln
HRA 47111
USt-IdNr.: DE 987 654 321
Steuernummer: 215 587 00815

Kölner Kreditanstalt AG
IBAN: DE98 3701 0099 2333 4442 00
BIC: KOEKDEKN280

2.5.3 Beanstandung der Gitarrensaiten

Situation

Das Unternehmen Instrumentenbedarf Thomann GmbH lieferte der Blum Music4You KG am 13. Dezember d. J. je 200 Gitarrensaiten in den Stärken 008, 011, 026, 038, 042, 056, 070 zum Einzelpreis von 3,90 €. Als die ersten E-Gitarren mit den Saiten hergestellt waren, wurde eine Klangprüfung vorgenommen. Diese fiel nicht zufriedenstellend aus. Die Schwingeigenschaften der Gitarrensaiten sind unzureichend und entsprechen nicht den hohen Qualitätsanforderungen der Blum Music4You KG.

Frau Karolin Krömer beanstandet die Lieferung und verlangt eine Ersatzlieferung bis zum 28. Dezember d. J. in bester Qualität. Andernfalls droht sie damit, vom Kaufvertrag zurückzutreten.

BLUM Music4You KG

Ihr Zeichen: stk
Ihre Nachricht vom: 20..-12-13
Unser Zeichen: krö
Unsere Nachricht vom: 20..-12-01

Name: Karolin Krömer
Telefon: 0221 386760-25
Telefax: 0221 386760-26
E-Mail: kroemer@music4youkg.de

Datum: 20..-12-16

Blum Music4You KG • Postfach 52 15 79 • 50667 Köln
Instrumentenbedarf
Thomann GmbH
Frau Eva Steinkamp
Postfach 38 25 19
60329 Frankfurt am Main

Beanstandung der Gitarrensaiten

Guten Tag Frau Steinkamp,

Sie lieferten uns je 200 Gitarrensaiten in den Stärken 008, 011, 026, 038, 042, 056 und 070 zum Einzelpreis von 3,90 €.

Nachdem wir die ersten E-Gitarren mit den von Ihnen gelieferten Saiten hergestellt haben, prüften wir den Klang. Der Ton stellte uns in keiner Weise zufrieden. Die Schwingeigenschaften der Gitarrensaiten sind unzureichend und entsprechen nicht unseren hohen Qualitätsanforderungen.

Bitte liefern Sie uns bis zum **28. Dezember d. J.** Ersatz für die gelieferten Gitarrensaiten in bester Qualität. Sollte die Lieferung nicht zu unseren Wünschen ausfallen, treten wir vom Kaufvertrag zurück.

Sicher werden Sie aber versuchen, unsere Qualitätsanforderungen zu erfüllen.

Freundliche Grüße

Blum Music4You KG

i. A.

Karolin Krömer

Blum Music4You KG
Veilchenweg 19, 50677 Köln
Telefon: 0221 386760-0
Telefax: 0221 386760-10
E-Mail: info@music4youkg.de
Internet: www.music4youkg.de

Geschäftsführung: Claus Blum
Handelsregister Köln
HRA 47111
USt-IdNr.: DE 987 654 321
Steuernummer: 215 587 00815

Kölner Kreditanstalt AG
IBAN: DE98 3701 0099 2333 4442 00
BIC: KOEKDEKN280

2.5.4 Lernsituationen und Aufgaben

Situation: Anfrage nach Patchkabeln

Der Mitarbeiter der Produktionsabteilung der Blum Music4You KG, Herr Steffen Guhl, informiert die Mitarbeiterin der Beschaffungsabteilung, Frau Katja Schlüssel, dass für die Fertigung der E-Gitarren Sätze für 120 Patchkabel in verschiedenen Farben in einem 6er-Pack mit einem Durchmesser von 6,3 mm und einer Länge von 0,9 m benötigt werden.

Frau Schlüssel bittet bei Elektro-Jakowski e. K., John-Lennon-Straße 4, 26135 Oldenburg, um ein Angebot über 200 Patchkabel. Sie erkundigt sich auch nach Mengenrabatten. Das Unternehmen Jakowski belieferte die Blum Music4You KG schon häufiger.

Aufgabe

Fertigen Sie nach der Situationsbeschreibung die Anfrage an. Verwenden Sie eine Vorlage mit einem Standardinformationsblock. Berücksichtigen Sie die Schreib- und Gestaltungsregeln für die Text- und Informationsverarbeitung nach DIN 5008.

Situation: Bestellung von Tonabnehmern

Der Instrumentenhandel F & S GmbH, Südweg 8, 91060 Erlangen, bietet der Blum Music4You KG am 15. Mai d. J. 150 Singlecoil-Tonabnehmer zum Einzelpreis von 189,00 € an. Durch einen klaren und obertonreichen Klang wird eine hervorragende Qualität garantiert. Bei einer Abnahme von 50 Stück gewährt das Unternehmen einen Preisnachlass von 12 %. Eine Lieferung frei Haus wird bis zum 30. Mai d. J. zugesagt.

Frau Karolin Krömer bestellt 150 Singlecoil-Tonabnehmer zu den Bedingungen des Angebotes.

Aufgabe

Fertigen Sie nach der Situationsbeschreibung die Bestellung an. Verwenden Sie eine Vorlage mit einem Standardinformationsblock. Berücksichtigen Sie die Schreib- und Gestaltungsregeln für die Text- und Informationsverarbeitung nach DIN 5008.

Situation: Mängelrüge bei Kapodastern

Der Instrumentenhandel F & S GmbH, Südweg 8, 91060 Erlangen, lieferte der Blum Music4You KG am 10. September d. J. 100 Kapodaster aus Metall zum Preis von 29,00 € je Stück. Sie sollen sich für ein flaches oder gebogenes Griffbrett sowie Nylon- und Stahlsaiten verwenden lassen. Beim Prüfen der Sendung stellte der Mitarbeiter, Herr Steffen Guhl, fest, dass sich beim Spielen der Musikstücke in derselben Tonart die Klangfarbe nicht verändert. Er ist von der Qualität der Kapodaster enttäuscht.

Frau Katja Schlüssel beanstandet am 14. September d. J. die Sendung und verlangt die Ersatzlieferung einwandfreier Ware bis zum 30. September d. J.

Aufgabe

Fertigen Sie nach der Situationsbeschreibung die Beanstandung an. Verwenden Sie eine Vorlage mit einem Standardinformationsblock. Berücksichtigen Sie die Schreib- und Gestaltungsregeln für die Text- und Informationsverarbeitungnach DIN 5008.

2.5.5 Angebot – Fortsetzungsblätter

Situation

Die AC/BC Coverband Elke Jung fragt bei der Blum Music4You KG an und bittet um ein Angebot über zwei leistungsstarke E-Gitarren. Bei den Gitarren mit 8 Saiten soll der Korpus aus Mahagoni hergestellt sein. Für den dreiteiligen Hals wünscht die Band Ahorn und Karbon, während für das Griffbrett Ebenholz bevorzugt wird. Auf dem Griffbrett sollen 24 Bünde vorhanden sein. Die Lieferung wünscht Frau Jung bis zum 20. November d. J. Sie bittet auch um Informationen über die Liefer- und Zahlungsbedingungen.

Die Leiterin der Verkaufsabteilung, Frau Nadine Schwebeling, bietet der AC/BC Coverband Elke Jung die E-Gitarre BRYAN ADAMS zum Preis von 1.198,00 € mit den gewünschten Eigenschaften an. Ein dekorativer Koffer ist in dem Preis enthalten. Die Garantiezeit beträgt drei Jahre. Sie fügt dem Angebot einen Prospekt bei.

BLUM Music4You KG

Für Sie zuständig: Nadine Schwebeling
Abteilung: Verkauf

Telefon: 0221 386760-30
Telefax: 0221 386760-31
E-Mail: schwebeling@music4youkg.de
Internet: www.music4youkg.de

Datum: 20..-10-12

Blum Music4You KG • Postfach 52 15 79 • 50667 Köln
Elke Jung
AC/BC Coverband
Frau Elke Jung
Rosa-Luxemburg-Straße 2
01099 Dresden

Angebot über die E-Gitarre BRYAN ADAMS

Guten Tag Frau Jung,

Sie wünschen in Ihrer Anfrage ein Angebot über zwei E-Gitarren. Für Ihre hohen Ansprüche bei Konzerten und Musikaufnahmen eignet sich die **E-Gitarre BRYAN ADAMS** ganz besonders.

Die leistungsstarke E-Gitarre bekommen Sie bei uns zum Einzelpreis von

1.198,00 €

zuzüglich Mehrwertsteuer. Der Korpus des Musikinstrumentes mit 8 Saiten ist aus Mahagoni hergestellt. Für den dreiteiligen Hals wurden Ahorn und Karbon verwendet. Das Griffbrett mit 24 Bünden besteht aus Ebenholz. Für den Transport der Gitarre ist ein dekorativer hochwertiger Koffer vorhanden. Die Garantiezeit beträgt drei Jahre. Weitere Einzelheiten entnehmen Sie bitte unserem Prospekt.

Die E-Gitarren erhalten Sie bis zum 20. November d. J. frei Haus. Begleichen Sie den Rechnungsbetrag innerhalb zwei Wochen, gewähren wir Ihnen 3 % Skonto.

Seite 1 von 2

BLUM
Music4You KG

Ohne Skontoabzug überweisen Sie die Summe spätestens einen Monat nach Erhalt der Rechnung.

Wünschen Sie weitere Informationen, dann rufen Sie uns einfach an.

Freundliche Grüße

Blum Music4You KG

i. A.

Nadine Schwebeling

Anlage
1 Prospekt

Seite 2 von 2

Fortsetzungsblätter

Seitennummerierung „Seite ... von ..."

Die Seitennummerierung „Seite ... von ..." sollte vorzugsweise in der Fußzeile stehen und am rechten Rand enden. Sie sollte auch auf der 1. Seite stehen. Davor bleibt mindestens eine Leerzeile. Bevorzugen Sie diese Form, entfällt ein Hinweis auf die Folgeseiten.

Seitennummerierung unter dem Briefkopf

Die Seitennummerierung folgt nach zwei Leerzeilen unter dem Briefkopf. Es empfiehlt sich, die Seitenzahl zu zentrieren (Beispiel: – 2 –). Vor und nach der Seitennummer steht ein Langstrich. Diese Form der Nummerierung dürfen Sie auch in Geschäftsbriefen anwenden.

Zwischen der Seitenkennzeichnung und dem Text lassen Sie mindestens eine Leerzeile.

Sonic Elektronik AG

– 2 –

Und nun zu den weiteren Vorzügen: Für den Autofokus und Blitz sind 12 Messfelder vorhanden. Sechs LEDs beleuchten den 4-Zoll-LCD-Bildschirm, sodass das Bild von jeder Seite gut zu erkennen ist.

Hinweis auf Fortsetzungsblätter

Um auf einer Seite kenntlich zu machen, dass weitere Seiten folgen, dürfen Sie nach dem Textende nach mindestens einer Leerzeile drei Punkte setzen. Diese Punkte sollten am rechten Rand stehen. Diese Hinweise entfallen, wenn die Gesamtseitenzahl bereits aufgeführt ist.

Schäden an Ihrem Fahrzeug können Sie mit der Servicecard abwickeln, die ebenfalls in der Leasingrate enthalten ist.

...

Hinweis auf die Folgeseite

2.5.6 Auftragsbestätigung – Rechnung

Situation

Die AC/BC Coverband Elke Jung bestellt am 20. Oktober d. J. bei der Blum Music4You KG zwei E Gitarren BRYAN ADAMS mit 8 Saiten und den aufgeführten Eigenschaften. Die Ware soll bis zum 20. November d. J. geliefert werden.

Die Bestellung trifft am 22. Oktober d. J. bei der Blum Music4You KG ein. Frau Nadine Schwebeling bestätigt den Eingang der Bestellung am 24. Oktober d. J. Sie sichert zu, die Ware bis zum 20. November d. J. auszuliefern. Die Ware wird am 10. November d. J. versandt. An diesem Tag stellt Frau Schwebeling die Rechnung (Einzelpreis: 1.198,00 € und Gesamtpreis: 2.396,00 €) aus. Sie gewährt bei Zahlung bis zum 24. November d. J. 3 % Skonto. Ohne Skontoabzug ist der Betrag bis zum 7. Dezember d. J. zu begleichen.

Auftragsbestätigung

BLUM Music4You KG

Bearbeiterin: Nadine Schwebeling
Abteilung: Verkauf
Auftrags-Nr.: 10 326
Bestelldatum: 20..-10-20

Telefon: 0221 386760-30
Telefax: 0221 386760-31
E-Mail: schwebeling@music4youkg.de

Datum: 20..-10-24

Blum Music4You KG • Postfach 52 15 79 • 50667 Köln
Elke Jung
AC/BC Coverband
Frau Elke Jung
Rosa-Luxemburg-Straße 2
01099 Dresden

Auftragsbestätigung

Guten Tag Frau Jung,

vielen Dank für Ihre Bestellung und das Vertrauen in unser Unternehmen. Sie erhalten die

zwei E-Gitarren BRYAN ADAMS zum Einzelpreis von 1.198,00 €

zuzüglich Mehrwertsteuer bis zum 20. November d. J. frei Haus.

Auf eine weitere gute Zusammenarbeit mit Ihnen freuen wir uns.

Freundliche Grüße

Blum Music4You KG

i. A.

Nadine Schwebeling

Blum Music4You KG
Veilchenweg 19, 50677 Köln
Telefon: 0221 386760-0
Telefax: 0221 386760-10
E-Mail: info@music4youkg.de
Internet: www.music4youkg.de

Geschäftsführung: Claus Blum
Handelsregister Köln
HRA 47111
USt-IdNr.: DE 987 654 321
Steuernummer: 215 587 00815

Kölner Kreditanstalt AG
IBAN: DE98 3701 0099 2333 4442 00
BIC: KOEKDEKN280

Rechnung

BLUM Music4You KG

Blum Music4You KG • Postfach 52 15 79 • 50667 Köln
Elke Jung
AC/BC Coverband
Frau Elke Jung
Rosa-Luxemburg-Straße 2
01099 Dresden

Ihr Zeichen:	ju
Ihre Nachricht vom:	20..-10-12
Unser Zeichen:	schwe
Unsere Nachricht vom:	20..-10-24
Name:	Nadine Schwebeing
Telefon:	0221 386760-30
Telefax:	0221 386760-31
E-Mail:	schwebeling@music4youkg.de
Datum:	20..-11-10

Rechnung Nr. 978/20.. **Bitte immer angeben!**

Ihre Kunden-Nr.:	345
Ihre Bestell-Nr.:	935
Lieferdatum:	20..-11-10

Pos.	Art.-Nr.	Artikel	Anzahl	Einzelpreis EUR	Gesamtpreis EUR
1	30005	E-Gitarre BRYAN ADAMS	2	1.198,00	2.396,00

Summe	2.396,00
+ 19 % Umsatzsteuer	455,24
Insgesamt	2.851,24

Überweisung bis zum 26. November d. J. Bei Zahlung bis zum 18. November d. J. 3 % Skonto.

Blum Music4You KG
Veilchenweg 19, 50677 Köln
Telefon: 0221 386760-0
Telefax: 0221 386760-10
E-Mail: info@music4youkg.de
Internet: www.music4youkg.de

Geschäftsführung: Claus Blum
Handelsregister Köln
HRA 47111
USt-IdNr.: DE 987 654 321
Steuernummer: 215 587 00815

Kölner Kreditanstalt AG
IBAN: DE98 3701 0099 2333 4442 00
BIC: KOEKDEKN280

2.5.7 Zahlungsverzug

Situation

Die Blum Music4You KG lieferte der AC/BC Coverband Elke Jung am 10. November d. J. zwei E-Gitarren BRYAN ADAMS zum Gesamtpreis von 2.851,24 €. Der Rechnungsbetrag ist seit dem 26. November d. J. fällig. Auf die erste Zahlungserinnerung vom 5. Dezember d. J. reagierte die AC/BC Coverband bisher nicht. Als Zahlungstermin war der 20. Dezember d. J. genannt. Die Leiterin der Abteilung Finanzen, Frau Egzone Zegon – sie ist Prokuristin –, mahnt die Band am 28. Dezember d. J. erneut und setzt eine neue Zahlungsfrist bis zum 15. Januar n. J.

Erneute Zahlungserinnerung

BLUM Music4You KG

Bearbeiterin: Egzone Zegon
Rechnungs-Nr.: 978/20..
Rechnungsdatum: 20..-11-10
Kunden-Nr.: 345

Telefon: 0221 386760-30
Telefax: 0221 386760-31
E-Mail: zegon@music4youkg.de

Datum: 20..-12-28

Blum Music4You KG • Postfach 52 15 79 • 50667 Köln
Elke Jung
AC/BC Coverband
Frau Elke Jung
Rosa-Luxemburg-Straße 2
01099 Dresden

Ausgleich unserer Rechnung

Sehr geehrte Frau Jung,

jeder von uns hat schon einmal etwas übersehen. Ist es möglich, dass Sie es versäumt haben, den Betrag unserer Rechnung Nr. 978/20.. vom 10. November d. J. über **2.851,24 €** zu überweisen? Daran können wir kaum glauben, denn wir haben Sie bereits am 5. Dezember d. J. an den fälligen Betrag erinnert. Welchen Grund haben Sie also, die Zahlung zu verweigern?

Überweisen Sie die Rechnungssumme bis zum **15. Januar n. J.** Wie Sie müssen auch wir unseren Zahlungsverpflichtungen ebenfalls pünktlich nachkommen. Darum sind wir auf den pünktlichen Eingang unserer Außenstände angewiesen.

Sollten Sie auch diesen Zahlungstermin nicht einhalten, berechnen wir Ihnen vom Fälligkeitstag an Verzugszinsen. Bedenken Sie, dass Sie weitere Kosten dieses Mahnverfahrens vermeiden, wenn Sie den fälligen Betrag jetzt überweisen.

Freundliche Grüße

Blum Music4You KG

ppa.

Egzone Zegon

Anlage
1 Überweisungsvordruck

Blum Music4You KG
Veilchenweg 19, 50677 Köln
Telefon: 0221 386760-0
Telefax: 0221 386760-10
E-Mail: info@music4youkg.de
Internet: www.music4youkg.de

Geschäftsführung: Claus Blum
Handelsregister Köln
HRA 47111
USt-IdNr.: DE 987 654 321
Steuernummer: 215 587 00815

Kölner Kreditanstalt AG
IBAN: DE98 3701 0099 2333 4442 00
BIC: KOEKDEKN280

2.5.8 Lernsituationen und Aufgaben

Situation: Verlangtes Angebot

Das Musikhaus Josef Huber KG, Berliner Straße 2, 80805 München, fragt am 10. Februar d. J. bei der Blum Music4You KG an und bittet um ein Angebot über eine leistungsstarke E-Gitarre. Die Leiterin der Verkaufsabteilung, Frau Nadine Schwebeling, bietet dem Musikhaus Josef Huber KG am 15. Februar d. J. das Exklusivmodell „Keith" zum Vorzugspreis von 3.400,00 € an. Ansprechpartner ist Herr Josef Huber.

Der Korpus mit den Saiten 008, 011, 026, 038, 042, 056, 070 besteht aus Karbon. Die Saiten zeichnen sich durch hervorragende Schwingeigenschaften aus. Das Griffbrett mit 24 Bünden ist aus Palisander hergestellt. Der Dual-Sound-Humbucker mit einer teilaktiven Elektronik begeistert durch den einzigartigen Klang. Die Gitarre befindet sich in einem hochwertigen Koffer. Die Garantiezeit beträgt drei Jahre. Für weitere Informationen fügt Frau Schwebeling einen Prospekt bei.

Eine Lieferung frei Haus wird bis zum 15. März d. J. zugesagt. Bei Zahlung innerhalb zwei Wochen gewährt Frau Schwebeling 2,5 % Skonto.

Aufgabe

Fertigen Sie nach der Situationsbeschreibung das Angebot an. Verwenden Sie eine Vorlage mit einem Standardinformationsblock. Berücksichtigen Sie die Schreib- und Gestaltungsregeln für die Text- und Informationsverarbeitung nach DIN 5008.

Situation: Auftragsbestätigung

Das Musikhaus Josef Huber KG, Berliner Straße 2, 80805 München, bestellt am 22. Februar d. J. bei der Blum Music4You KG die angebotene E-Gitarre, Modell „Keith", zum Preis von 3.400,00 €. Herr Josef Huber wünscht die Lieferung bis zum 15. März d. J. frei Haus.

Die Leiterin der Verkaufsabteilung, Frau Nadine Schwebeling, bestätigt den Eingang der Bestellung am 26. Februar d. J. Sie sichert zu, die Ware bis zum 15. März d. J. frei Haus zu liefern.

Aufgabe

Fertigen Sie nach der Situationsbeschreibung die Auftragsbestätigung an. Verwenden Sie eine Vorlage mit einem Standardinformationsblock. Berücksichtigen Sie die Schreib- und Gestaltungsregeln für die Text- und Informationsverarbeitung nach DIN 5008.

Situation: Zahlungserinnerung

Die Blum Music4You KG lieferte dem Musikhaus Josef Huber KG, Berliner Straße 2, 80805 München, am 8. März d. J. die bestellte E-Gitarre, Modell „Keith" zum Preis von 3.400,00 €. Der Rechnungsbetrag war am 8. April d. J. fällig.

Die Leiterin der Abteilung Finanzen, Frau Egzone Zegon – sie ist Prokuristin –, erinnert das Musikhaus Josef Huber KG an die fällige Zahlung des Rechnungsbetrages. Sie setzt einen neuen Zahlungstermin bis zum 25. April d. J.

Aufgabe

Fertigen Sie nach der Situationsbeschreibung die Zahlungserinnerung an. Verwenden Sie eine Vorlage mit einem Standardinformationsblock. Berücksichtigen Sie die Schreib- und Gestaltungsregeln für die Text- und Informationsverarbeitung nach DIN 5008.

2.6 Vorbereitung von Besprechungen – Sitzungen

In der Blum Music4You KG finden regelmäßig Besprechungen aller Mitarbeiter und der Mitarbeiter in den Abteilungen statt. In diesen Besprechungen geht es um die Produktion der E-Gitarren, den Verkauf von Fanartikeln, die Organisation von Konzerten und Veranstaltungen, die Einrichtung von Tonstudios sowie die finanzielle Lage des Unternehmens.

In Unternehmen kommt es häufig vor, dass Mitarbeiter zu Besprechungen oder Sitzungen eingeladen werden. Die Mitarbeiter haben sich auf diese Sitzungen intensiv vorzubereiten, denn am Ende sollen Arbeitsergebnisse herauskommen, die das Unternehmen gewinnbringend umsetzen kann. Oft referieren Mitarbeiter auch zu einem bestimmten Tagesordnungspunkt und geben dafür Sitzungsunterlagen aus. Diese müssen verständlich abgefasst und übersichtlich dargestellt sein, damit sie eine schnelle Orientierung ermöglichen.

Bei der Vorbereitung von Besprechungen oder Sitzungen müssen Sie in erster Linie diese Punkte beachten:

- Termin und Dauer der Besprechung
- Besprechungsraum
- Thema oder Tagesordnung der Besprechung
- Teilnehmerkreis
- Referenten zur Tagesordnung
- Protokollführer
- Besprechungsunterlagen
- technische Geräte
- Bewirtung

Wenn Sie die Überlegungen abgeschlossen haben, laden Sie zu der Besprechung oder Sitzung ein.

Für interne Schriftstücke werden in der Regel Vorlagen verwendet, die nicht den vollständigen Briefkopf enthalten. Anstelle des Briefkopfes führen Sie dann die Abteilung auf.

Situation 1

Der Geschäftsführer der Blum Music4You KG, Herr Claus Blum, lädt die Abteilungsleiter des Unternehmens für Dienstag, 26. Oktober 20.., 14:00 bis 16:00 Uhr, zu einer Besprechung in den Besprechungsraum C ein. Er hat dafür diese Tagesordnung mit den Referenten festgelegt: 1. Finanzielle Lage des Unternehmens (Frau Egzone Zegon) – 2. Produktion neuer E-Gitarren (Herr Fabian Hüpper) – 3. Herstellung neuer Fanartikel (Frau Nadine Schwebeling) – 4. Werbeaktionen (Frau Nadine Schwebeling). Die Protokollführung übernimmt Frau Iris Thule. Herr Blum möchte informiert werden, wenn Mitarbeiter verhindert sind.

Das Einladungsschreiben finden Sie auf der Seite 79.

Situation 2

Der Geschäftsführer der Blum Music4You KG, Herr Claus Blum, lädt alle Mitarbeiterinnen und Mitarbeiter des Unternehmens für Mittwoch, 12. Februar 20.., 14:00 bis 15:00 Uhr, zu einer Besprechung in den Besprechungsraum B ein. Auf der Tagesordnung steht die Herausgabe eines neuen Kataloges mit dem Gesamtangebot der Blum Music4You KG. Referentin ist die Leiterin der Verkaufsabteilung, Frau Nadine Schwebeling. Die Protokollführung übernimmt Frau Iris Thule. Herr Blum möchte informiert werden, wenn Mitarbeiter verhindert sind. Er lädt die Mitarbeiterinnen und Mitarbeiter zu der Besprechung ein.

Aufgabe

Fertigen Sie nach der Situationsbeschreibung das Einladungsschreiben für die Besprechung der Mitarbeiterinnen und Mitarbeiter an.

2.6.1 Einladung zu einer Mitarbeiterbesprechung

BLUM Music4You KG

Geschäftsführung

Abteilungsleiter(innen)
der Blum Music4You KG

20..-10-02

Einladung zur Besprechung der Abteilungsleiter(innen)

Liebe Mitarbeiterinnen und Mitarbeiter,

zu einer Besprechung der Abteilungsleiter(innen) lade ich Sie herzlich ein.

Termin:	Dienstag, 26. Oktober 20..
Besprechungsdauer:	14:00 bis 16:00 Uhr
Besprechungsraum:	Besprechungsraum C
Protokoll:	Frau Iris Thule

Tagesordnung:

1. Finanzielle Lage des Unternehmens
   Referentin: *Frau Egzone Zegon*
2. Produktion neuer E-Gitarren
   Referent: *Herr Fabian Hüpper*
3. Herstellung neuer Fanartikel
   Referentin: *Frau Nadine Schwebeling*
4. Werbeaktionen
   Referentin: *Frau Nadine Schwebeling*

Bitte informieren Sie mich, wenn Sie verhindert sein sollten. Schon heute wünsche ich uns in einer angenehmen Arbeitsatmosphäre gute Besprechungsergebnisse.

Freundlich grüßt Sie

Ihre Geschäftsführung

Claus Blum

2.7 Innerbetriebliche Schreiben

2.7.1 Protokoll

In der Berufspraxis sind die verschiedensten Formen von Niederschriften möglich. Zwischen wörtlichen Protokollen, ausführlichen Protokollen, Kurzprotokollen und Ergebnisprotokollen ist zu unterscheiden. Kurzprotokolle enthalten wesentliche Diskussionspunkte, Ergebnisse oder Beschlüsse.

Protokolle sind im Präsens (Gegenwart) abzufassen. Aussagen von Sitzungsteilnehmern sind aber im Konjunktiv I (Möglichkeitsform) wiederzugeben.

Protokoll über die Besprechung der Abteilungsleiter(innen) der Blum Music4You KG

Tag:	Dienstag, 26. Oktober 20..
Zeit:	14:00 bis 16:00 Uhr
Ort:	Verwaltung, Besprechungsraum C
Teilnehmer:	Claus Blum, Geschäftsführung Frau Egzone Zegon, Abteilung Finanzen Herr Fabian Hüpper, Abteilung Produktion Frau Nadine Schwebeling, Abteilung Verkauf Herr Alexander Striege, Abteilung Konzerte/Veranstaltungen
Leitung:	Claus Blum, Geschäftsführung
Protokoll:	Frau Iris Thule, Verwaltung
Tagesordnung:	1. Finanzielle Lage des Unternehmens 2. Produktion neuer E-Gitarren 3. Herstellung neuer Fanartikel 4. Werbeaktionen

Punkt 1

Herr Claus Blum begrüßt die Anwesenden. *Frau Egzone Zegon* gibt einen Überblick über die finanzielle Lage des Unternehmens. Der Umsatz sei im 2. Quartal um 3,5 % zurückgegangen. Sie hofft, dass im 3. Quartal wieder höhere Umsätze zu erzielen seien.

Punkt 2

Herr Fabian Hüpper berichtet über die Herstellung der neuen E-Gitarre „Queen". Für das Musikinstrument sollen qualitativ hochwertige Saiten in neuen Stärken verwendet werden. Auch das Design soll sich von den bisherigen E-Gitarren positiv abheben.

Punkt 3

Frau Nadine Schwebeling regt an, künftig auch T-Shirts mit aufgedruckten Bildern von Musikgruppen anzubieten. Dazu wird sie verschiedene Angebote einholen. In der nächsten Sitzung informiert sie über Einzelheiten.

Punkt 4

Frau Nadine Schwebeling schlägt vor, die Internetseite der Blum Music4You KG moderner zu gestalten. Die Internetbestellungen sollen forciert werden.

Herr Claus Blum bedankt sich für die ausführlichen Informationen und die guten Diskussionsbeiträge und schließt die Sitzung.

Köln, 30. Oktober 20..

Geschäftsführer　　　　　　　　　　Protokollführerin

2.7.2 Aktennotiz

In einer Aktennotiz halten Sie fest, wer mit wem, wann, wo und worüber gesprochen hat. Sie müssen darauf achten, dass Sie den Sachverhalt objektiv, kurz und verständlich wiedergeben. Zu den Aktennotizen gehören auch Telefonnotizen und Gesprächsnotizen. Sie können eine Telefonnotiz als Maske erstellen und bei Bedarf abrufen. In diese Maske setzen Sie für die Beschriftung durch **Strg + F9** Haltepunkte ein. Mit der Funktionstaste **F11** steuern Sie die Haltepunkte zum Beschriften der Vorlage an. In Aktennotizen wird oft noch ein Verteilvermerk, der wie der Anlagenvermerk zu gestalten ist, aufgeführt.

Telefonnotiz

Telefonnotiz		
Anruf für Alexander Striege	**Anruf von** Fritz Baum	**Unternehmen** Ikabo GmbH, Verwaltung Elbe-Hallen
Telefon 040 1112223-22	**E-Mail** f-baum@ikabo-wvd.be	
☐ **hat angerufen**	☒ **bittet um Rückruf**	☐ **möchte einen Termin vereinbaren**
Grund Herr Baum informatiert, dass die Elbe-Hallen für eine Konzertveranstaltung am 10. Mai 20.. nicht benutzt werden können, weil gleichzeitig eine andere Veranstaltung stattfindet. Er bittet um einen Anruf.		
Aufgenommen von Fitore Norino	**Datum** 20..-11-18	**Uhrzeit** 10:25 Uhr

Aktennotiz

BLUM Music4You KG

Aktennotiz

Anlass: Besprechung mit Frau Antje Geber über die Lieferung von Kapodastern

Datum: 15. Juni 20..
Zeit: 09:30 – 10:55 Uhr
Ort: Verwaltung, Besprechungsraum A

Teilnehmer: Herr Fabian Hüpper, Leiter der Produktionsabteilung
Frau Antje Geber, Instrumentenhandel F & S GmbH

Herr Fabian Hüpper äußert gegenüber Frau Antje Geber den Wunsch nach Lieferung von hochwertigen Kapodastern. Er sichert ein größeres Auftragsvolumen zu. Er wünscht professionale Kapodaster für 6- und 12-saitige Gitarren mit flachem und gewölbtem Griffbrett in hochwertiger Zinkguss-Ausführung mit Gummiauflagen. Frau Geber sagt zu, innerhalb von zwei Wochen ein günstiges Angebot vorlegen zu wollen.

Fabian Hüpper

Verteiler
Abteilungsleiter der Blum Music4You KG

2.7.3 Innerbetriebliches Rundschreiben

BLUM Music4You KG

Verwaltung

Mitarbeiterinnen und Mitarbeiter
der Blum Music4You KG

20..-05-30

Rundschreiben 12/20..
Betriebsausflug am 20. Juni d. J. nach Eisenach

Liebe Kolleginnen und Kollegen,

sicher haben Sie schon überlegt, wohin uns der diesjährige Betriebsausflug führen wird. Auch wir haben uns viele Gedanken gemacht und uns für **Eisenach** als Ausflugsziel entschieden. Am **20. Juni d. J.** besuchen wir eine der schönsten Städte im Herzen Deutschlands. Bekannt ist diese Stadt durch Martin Luther, der viele Jahre auf der Wartburg verbrachte.

Gemeinsam mit dem Betriebsrat unterbreiten wir Ihnen dieses Programm:

07:00 Uhr	*Abfahrt am Verwaltungsgebäude*
09:30 Uhr	*Ankunft in Eisenach*
10:30 Uhr	*Besichtigung der Wartburg*
13:00 Uhr	*Mittagessen im Ratskeller*
15:00 Uhr	*Stadtbesichtigung*
19:30 Uhr	*Abendessen*
24:00 Uhr	*Rückkehr*

Wenn Ihnen die Veranstaltungsfolge zusagt, informieren Sie uns telefonisch unter 335, ob wir bei unserem Betriebsausflug mit Ihnen rechnen können, damit wir Ihnen einen Platz reservieren können.

Freundliche Grüße

i. A.

Iris Thule

2.8 Schriftverkehr in der Personalverwaltung

2.8.1 Stellenanzeige

Situation

Die Leiterin der Personalabteilung, Frau Iris Thule, trägt dem Geschäftsführer der Blum Music4You KG, Herrn Claus Blum, vor, dass wegen der großen Nachfrage nach Fanartikeln in der Abteilung Verkauf/Fanartikel eine weitere Mitarbeiterin oder ein Mitarbeiter benötigt wird. Herr Blum stimmt zu, dass zum 1. April d. J. eine Kauffrau oder ein Kaufmann für Büromanagement eingestellt werden soll. Die Bewerber sollen diese Voraussetzungen erfüllen:

- eine abgeschlossene Berufsausbildung
- umfangreiche PC-Kenntnisse
- organisatorisches Geschick
- Flexibilität und Belastbarkeit
- gewandtes und sicheres Auftreten

Frau Iris Thule entwirft eine Stellenanzeige, um Sie im Rheinkurier zu veröffentlichen.

Stellenanzeige

BLUM Music4You KG

Wir sind ein mittelständisches Unternehmen in der Musikbranche. Unser Konzept basiert im Wesentlichen auf dem Engagement unserer Mitarbeiterinnen und Mitarbeiter sowie auf dem hohen qualitativen Stand von Produkten und Service.

Zum 1. April d. J. suchen wir

eine Kauffrau oder einen Kaufmann für Büromanagement.

Wenn Sie über

- eine abgeschlossene Berufsausbildung,
- umfangreiche PC-Kenntnisse,
- organisatorisches Geschick,
- Flexibilität und Belastbarkeit,
- ein gewandtes und sicheres Auftreten

verfügen, bewerben Sie sich bei uns.

Senden Sie Ihre schriftliche Bewerbung bis zum 28. Februar d. J. an

Blum Music4You KG
Frau Iris Thule
Postfach 52 15 79
50667 Köln

2.8.2 Einladung zu einem Vorstellungsgespräch

Situation

Auf die Stellenanzeige im Rheinkurier haben sich mehrere Damen und Herren um die Stelle einer Kauffrau bzw. eines Kaufmanns für Büromanagement beworben. Die Leiterin der Personalabteilung, Frau Iris Thule, lädt die Bewerberin Tanja Schmitz, Planckstraße 37, 51145 Köln, zu einem Vorstellungsgespräch ein. Sie bittet darum, den Fragebogen ausgefüllt zurückzusenden.

BLUM Music4You KG

Ihr Zeichen:
Ihre Nachricht vom: 20..-01-12
Unser Zeichen: thu
Unsere Nachricht vom:

Name: Iris Thule
Telefon: 0221 386760-18
Telefax: 0221 386760-20
E-Mail: thule@music4youkg.de

Datum: 20..-03-06

Blum Music4You KG • Postfach 52 15 79 • 50667 Köln
Frau
Tanja Schmitz
Planckstraße 37
51145 Köln

Einladung zu einem Vorstellungsgespräch

Guten Tag Frau Schmitz,

unter den Bewerberinnen und Bewerbern um die Stelle einer Kauffrau für Büromanagement haben wir Ihre Bewerbung in die engere Wahl gezogen. Bevor wir uns endgültig entscheiden, möchten wir Sie auch persönlich kennenlernen.

Zu einem Vorstellungsgespräch laden wir Sie für

Dienstag, 20. März d. J., 14:00 Uhr,

in unseren Besprechungsraum A ein. Sie haben Gelegenheit, sich über unser Unternehmen zu informieren und sich unsere Abteilungen anzusehen.

Senden Sie den Fragebogen noch vor Ihrem Vorstellungsgespräch zurück. Dafür danken wir Ihnen im Voraus.

Freundliche Grüße

Blum Music4You KG

i. A.

Iris Thule

Anlage
1 Fragebogen

Blum Music4You KG
Veilchenweg 19, 50677 Köln
Telefon: 0221 386760-0
Telefax: 0221 386760-10
E-Mail: info@music4youkg.de
Internet: www.music4youkg.de

Geschäftsführung: Claus Blum
Handelsregister Köln
HRA 47111
USt-IdNr.: DE 987 654 321
Steuernummer: 215 587 00815

Kölner Kreditanstalt AG
IBAN: DE98 3701 0099 2333 4442 00
BIC: KOEKDEKN280

2.8.3 Abmahnung

Situation

Während der Arbeitszeit legt die Mitarbeiterin der Beschaffungsabteilung, Frau Katja Schlüssel, wiederholt Raucherpausen ein, ohne die Arbeitszeit nachzuarbeiten. Der Geschäftsführer der Blum Music4You KG, Herr Claus Blum, wies die Mitarbeiterin auf diesen Umstand hin. Er bittet die Leiterin der Personalabteilung, Frau Iris Thule, eine Abmahnung zu verfassen.

BLUM Music4You KG

Ihr Zeichen:
Ihre Nachricht vom:
Unser Zeichen: thu
Unsere Nachricht vom:

Name: Iris Thule
Telefon: 0221 386760-18
Telefax: 0221 386760-20
E-Mail: thule@music4youkg.de

Datum: 20..-08-16

Blum Music4You KG • Postfach 52 15 79 • 50667 Köln
Frau
Katja Schlüssel
im Hause

Abmahnung

Sehr geehrte Frau Schlüssel,

in unseren Verwaltungsräumen und Produktionshallen besteht für alle Mitarbeiterinnen und Mitarbeiter ein Rauchverbot. Wenn Sie Ihren Arbeitsbereich verlassen, um vor dem Gebäude zu rauchen, ist diese Zeit auf Ihre Arbeitszeit anzurechnen. Darüber habe ich Sie in einem Rundschreiben informiert.

Sie haben in den vergangenen Monaten mehrmals Ihren Arbeitsplatz verlassen, um eine Raucherpause einzulegen. Erst nach 15 bis 20 Minuten nahmen Sie Ihre Arbeit wieder auf. Diese Zeiten haben Sie bisher nicht nachgearbeitet. Als ich Sie vor einiger Zeit auf diesen Umstand hinwies, versprachen Sie, Ihr Verhalten zu ändern. Das ist aber nicht geschehen.

Ich fordere Sie nochmals nachdrücklich auf, Ihren Verpflichtungen aus Ihrem Arbeitsvertrag nachzukommen. Bei weiteren Verstößen müssen Sie mit einer Kündigung rechnen.

Freundliche Grüße

Blum Music4You KG

Claus Blum

- -

Empfangsbestätigung

Die Abmahnung habe ich heute erhalten. Ich habe den Inhalt gelesen und verstanden.

Ort, Datum ____________________ Unterschrift ____________________

Blum Music4You KG
Veilchenweg 19, 50677 Köln
Telefon: 0221 386760-0
Telefax: 0221 386760-10
E-Mail: info@music4youkg.de
Internet: www.music4youkg.de

Geschäftsführung: Claus Blum
Handelsregister Köln
HRA 47111
USt-IdNr.: DE 987 654 321
Steuernummer: 215 587 00815

Kölner Kreditanstalt AG
IBAN: DE98 3701 0099 2333 4442 00
BIC: KOEKDEKN280

2.8.4 Kündigung des Arbeitsverhältnisses

Situation

Der Geschäftsführer der Blum Music4You KG, Herr Claus Blum, beabsichtigt, die Abteilungen Konzerte/Veranstaltungen und Tonstudio/Künstler zusammenzulegen. Dadurch ist die Mitarbeiterin, Frau Silvia Wurm, entbehrlich. Herr Blum bittet die Leiterin der Personalabteilung, Frau Iris Thule, das Kündigungsschreiben zu verfassen.

BLUM Music4You KG

Blum Music4You KG • Postfach 52 15 79 • 50667 Köln
Einschreiben Rückschein
Persönlich
Frau
Silvia Wurm
Severinstraße 183
50678 Köln

Ihr Zeichen:
Ihre Nachricht vom:
Unser Zeichen: thu
Unsere Nachricht vom:

Name: Iris Thule
Telefon: 0221 386760-18
Telefax: 0221 386760-20
E-Mail: thule@music4youkg.de

Datum: 20..-08-20

Kündigung Ihres Arbeitsverhältnisses

Sehr geehrte Frau Wurm,

seit 1. August 20.. sind Sie als Mitarbeiterin in der Abteilung Konzerte/Veranstaltungen für die Raumgestaltung verantwortlich. Die Abteilung Konzerte/Veranstaltungen legen wir ab 1. Januar 20.. mit der Abteilung Tonstudio/Künstler zusammen. Da Ihre Arbeit dann von einer anderen Mitarbeiterin übernommen wird, **kündigen wir das Arbeitsverhältnis fristgerecht zum 31. Dezember 20..** Der Betriebsrat stimmte der Kündigung zu. Bitte melden Sie sich rechtzeitig bei der Agentur für Arbeit, damit Ihnen keine Leistungen gestrichen werden. Sie sind verpflichtet, sich aktiv eine andere Beschäftigung zu suchen.

Nach § 1 a KSchG steht Ihnen eine Abfindung zu, wenn Sie innerhalb von drei Wochen keine Kündigungsschutzklage einreichen. Bis zum 31. Dezember 20.. haben Sie 30 Urlaubstage (Arbeitstage). Ihr Urlaubsanspruch beträgt noch 10 Urlaubstage. Sie erhalten von uns ein qualifiziertes Arbeitszeugnis. Geben Sie an diesem Tag auch Ihre Schlüssel für die Abteilung zurück.

Für Ihre berufliche Zukunft wünschen wir Ihnen alles Gute und hoffen, dass Sie schnell einen neuen Arbeitsplatz finden.

Freundliche Grüße

Blum Music4You KG

Claus Blum

Blum Music4You KG
Veilchenweg 19, 50677 Köln
Telefon: 0221 386760-0
Telefax: 0221 386760-10
E-Mail: info@music4youkg.de
Internet: www.music4youkg.de

Geschäftsführung: Claus Blum
Handelsregister Köln
HRA 47111
USt-IdNr.: DE 987 654 321
Steuernummer: 215 587 00815

Kölner Kreditanstalt AG
IBAN: DE98 3701 0099 2333 4442 00
BIC: KOEKDEKN280

2.8.5 Arbeitszeugnis

Schreiben aus besonderen Anlässen unterscheiden sich vom sonstigen Schriftverkehr. Dazu zählen beispielsweise Arbeitszeugnisse. Solche Schreiben enthalten keine Anschrift und keinen Infomationsblock. Der linke und rechte Rand sowie der Zeilenabstand dürfen vergrößert werden. Kalenderdaten sollten alphanumerisch geschrieben werden.

Situation

Die Mitarbeiterin der Beschaffungsabteilung, Frau Katja Schlüssel, geboren am 18. April 19.., kündigte ihr Arbeitsverhältnis bei der Blum Music4You KG zum 31. März d. J. Frau Schlüssel arbeitete seit 1. August 20.. in der Abteilung „Beschaffung". Zu Ihren Aufgaben gehörten das Einholen von Angeboten, Angebotsvergleiche, das Bestellen von Waren, das Prüfen der Auftragsbestätigungen und das Auswählen von Lieferanten. Ihrem Verhandlungsgeschick ist es zu verdanken, dass das Unternehmen die Ware zu günstigen Konditionen einkaufen konnte. Durch einen optimalen Lagerbestand war ein reibungsloser Produktionsablauf gewährleistet. Frau Schlüssel verfügt über sehr gute Fachkenntnisse, beherrscht die englische Sprache, ist absolut zuverlässig und vertrauenswürdig. Sie erledigte alle Arbeiten zur vollsten Zufriedenheit. Von Vorgesetzten und Mitarbeitern wurde sie wegen ihres freundlichen Wesens und ihrer kollegialen Haltung sehr geschätzt. Die Leiterin der Personalabteilung, Frau Iris Thule, stellt am 31. März d. J. das Arbeitszeugnis aus, das von dem Geschäftsführer, Herrn Claus Blum, unterschrieben wird.

Arbeitszeugnis

BLUM Music4You KG

Blum Music4You KG • Postfach 52 15 79 • 50667 Köln

31. März 20..

Arbeitszeugnis

Frau Katja Schlüssel, geboren am 18. April 19.., war vom 1. August 20.. bis 31. März 20.. in der Abteilung „Beschaffung" unseres Unternehmens beschäftigt. Ihr Aufgabengebiet umfasste das Einholen von Angeboten, Angebotsvergleiche, das Bestellen von Waren, das Prüfen der Auftragsbestätigungen und das Auswählen von Lieferern.

Frau Schlüssel erledigte alle Arbeiten zur vollen Zufriedenheit. Ihrem Verhandlungsgeschick ist es zu verdanken, dass wir die Ware zu günstigen Konditionen einkaufen konnten. Durch einen optimalen Lagerbestand war ein reibungsloser Produktionsablauf gewährleistet.

Frau Schlüssel verfügt über gute Fachkenntnisse und beherrscht die englische Sprache, ist zuverlässig und vertrauenswürdig. Von Vorgesetzten und Mitarbeitern wurde sie wegen ihres freundlichen Wesens und ihrer kollegialen Haltung sehr geschätzt.

Frau Schlüssel verlässt unser Unternehmen auf eigenen Wunsch. Für Ihren weiteren Lebensweg wünschen wir ihr alles Gute.

Blum Music4You KG

Claus Blum
Geschäftsführer

2.8.6 Lernsituationen und Aufgaben

Situation: Stellenanzeige

Die Leiterin der Personalabteilung, Frau Iris Thule, trägt dem Geschäftsführer der Blum Music4You KG, Herrn Claus Blum, vor, dass wegen der Kündigung der Mitarbeiterin, Frau Katja Schlüssel, zum 1. April d. J. eine Kauffrau oder ein Kaufmann für Büromanagement in der Abteilung „Beschaffung" eingestellt werden muss. Bewerber müssen diese Voraussetzungen erfüllen: abgeschlossene Berufsausbildung – umfangreiche Kenntnisse mit Office 2019 – gute Englischkenntnisse – Flexibilität und Belastbarkeit – sicheres und gewandtes Auftreten. Frau Iris Thule entwirft eine Stellenanzeige, um Sie im Rheinkurier zu veröffentlichen. Sie setzt eine Bewerbungsfrist bis 28. Februar d. J.

Aufgabe

Fertigen Sie nach der Situationsbeschreibung die Stellenanzeige an.

Situation: Antwort auf ein Bewerbungsschreiben

Auf die Stellenanzeige um die Stelle einer Kauffrau bzw. eines Kaufmanns für Büromanagement im Rheinkurier bewarb sich Frau Stefanie Klose, Bensberger Straße 35, 51147 Köln. Die Leiterin der Personalabteilung, Frau Iris Thule, bestätigt den Eingang des Bewerbungsschreibens. Wenn die Bewerbungsfrist am 28. Februar d. J. abgelaufen ist, informiert Frau Thule die Bewerberin, ob sie die Stelle bekommt.

Aufgabe

Fertigen Sie nach der Situationsbeschreibung das Antwortschreiben auf die Bewerbung an. Verwenden Sie eine Vorlage mit einem Standardinformationsblock. Berücksichtigen Sie die Schreib- und Gestaltungsregeln nach DIN 5008.

Situation: Fristlose Kündigung

Der Mitarbeiter der Produktionsabteilung, Herr Adrian Raub, wurde von einer Mitarbeiterin beobachtet, als er am 10. Oktober d. J. drei Sätze Patchkabel entwendete. Der Geschäftsführer der Blum Music4You KG, Herr Claus Blum, bittet die Leiterin der Personalabteilung, Frau Iris Thule, das Arbeitsverhältnis mit Herrn Raub fristlos zu kündigen. Der Betriebsrat hat der Kündigung zugestimmt. Den Resturlaub zahlt das Unternehmen mit dem letzten Gehalt aus. Frau Thule weist darauf hin, dass der Mitarbeiter sich bei der Agentur für Arbeit melden muss, um seine Leistungen geltend zu machen. Er ist verpflichtet, sich aktiv eine andere Beschäftigung zu suchen.

Aufgabe

Fertigen Sie nach der Situationsbeschreibung das Kündigungsschreiben. Verwenden Sie eine Vorlage mit einem Standardinformationsblock. Berücksichtigen Sie die Schreib- und Gestaltungsregeln nach DIN 5008.

Situation: Arbeitszeugnis

Der Mitarbeiter in der Produktionsabteilung, Herr Adrian Raub, geboren am 7. Juni 19.., war vom 1. April 20.. bis 12. Oktober d. J. als Feinmechaniker in der Produktionsabteilung der Blum Music4You KG beschäftigt. Zu seinem Aufgabengebiet gehörte das Anfertigen leistungsstarker E-Gitarren. Herr Raub verfügt über ein umfangreiches Fachwissen. Er erledigte die Aufgaben zur vollen Zufriedenheit selbstständig und zuverlässig. Sein Verdienst ist es, dass die E-Gitarren in der Musikbranche einen guten Ruf haben. Von den Kolleginnen und Kollegen wurde er wegen seiner hilfsbereiten Art geschätzt.

Aufgabe

Fertigen Sie nach der Situationsbeschreibung das Arbeitszeugnis.

2.9 Formulare

Um das Ausfüllen von Vordrucken zu erleichtern, fügen Sie Formularfelder in den Vordruck ein. Zu diesem Zweck rufen Sie das Register **Entwicklertools** auf. Ist dieses Register nicht aktiviert, steuern Sie unter der Schaltfläche **Datei** die **Optionen** an. Unter **Menüband anpassen** stellen Sie in der Hauptregisterkarte die **Entwicklertools** ein.

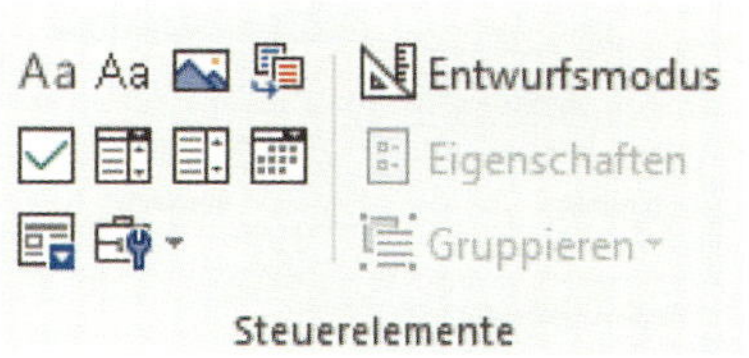

Text-Formularfeld

In der Gruppe **Steuerelemente** der **Vorversionstools** rufen Sie die Formularfelder auf. Ein Textfeld aktivieren Sie, indem Sie **ab** anklicken.

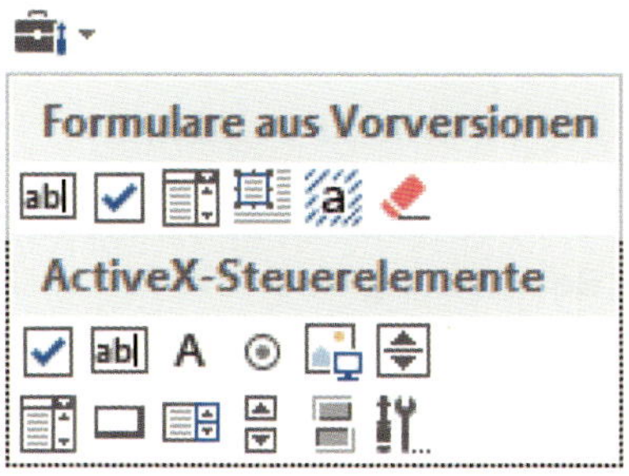

Kontrollkästchen

Wollen Sie ein Kontrollkästchen, das Sie später ankreuzen können, abrufen, klicken Sie das Kästchen mit dem Häkchen an.

Haben Sie ein Textfeld eingefügt, erscheint eine graue Markierung auf dem Bildschirm:

 *Textfeld*

Wenn Sie ein Kontrollkästchen aufgerufen haben, erscheint ein Kästchen auf dem Bildschirm.

 *Kontrollkästchen*

Ausfüllen der Formularfelder

Textfeld

Formularfelder steuern Sie mit der Tab-Taste an. Sie können das Feld auch mit der Maustaste anklicken. Bei einem Textformularfeld setzen Sie nun Ihren Text ein.

Kontrollkästchen

Sie bedienen die Leertaste, um das Kontrollkästchen zu aktivieren. Es ist auch möglich, die Maustaste zu verwenden. Das Kästchen ist nun angekreuzt.

Kombinationsfeld (Drop-down-Formularfeld)

Um beim Erstellen von Formularen Auswahlantworten eingeben zu können, fügen Sie ein Kombinationsfeld ein. Zu diesem Zweck klicken Sie im Register **Entwicklertools** in der Gruppe **Steuerelemente** die **Vorversionstools** an.

Für das Kombinationsfeld klicken Sie das 3. Symbol von links (Formulare aus Vorversionen) an. Auf dem Bildschirm entsteht nun ein grauer Balken.

Um die Auswahlantworten zu erfassen, klicken Sie in der Gruppe **Steuerelemente** die Funktion **Eigenschaften** an. Es öffnet sich nun ein Fenster, in dem Sie die Drop-down-Elemente für Ihre Auswahlantworten eingeben.

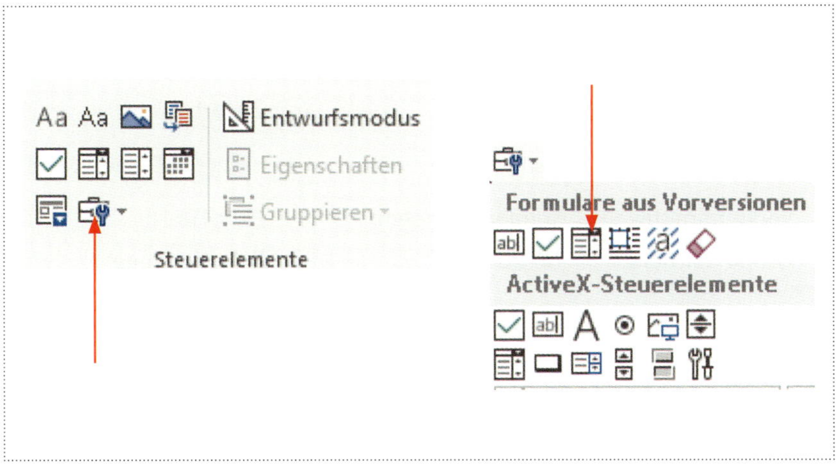

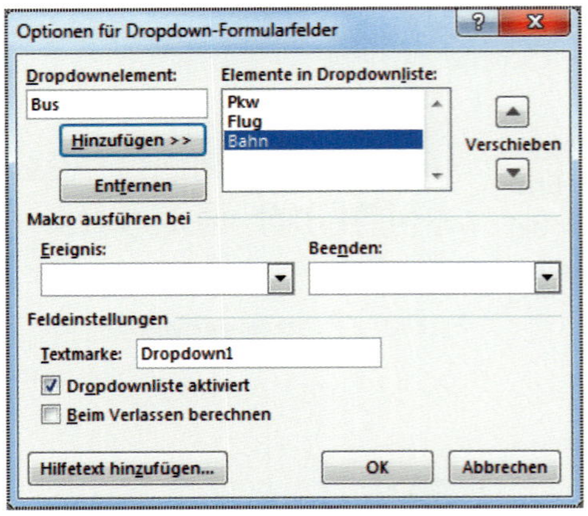

Nachdem Sie ein Drop-down-Element für die Auswahlantwort eingegeben haben, klicken Sie **Hinzufügen** an.

Ausfüllen des Kombinationsfeldes

Formularfelder steuern Sie mit der Tab-Taste an. Zum Einfügen einer Auswahlantwort eines Kombinationsfeldes klicken Sie den Pfeil an und danach die gewünschte Antwort.

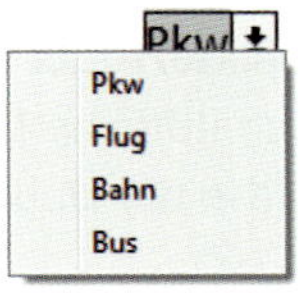

Formular schützen

Um das Formular zu schützen, klicken Sie im Register **Entwicklertools** der Gruppe **Schützen** die Funktion **Bearbeitung einschränken** an. Nun erscheinen im Aufgabenbereich weitere Optionen zum Schutz des Formulars. Klicken Sie unter **Bearbeitungsbeschränkungen** das Kästchen **Nur diese Bearbeitungen im Dokument zulassen** an. Klicken Sie nun den Pfeil hinter **Keine Änderungen** an. Nun stellen Sie ein **Ausfüllen von Formularen**. Um das Formular zu schützen, steht die Option **Ja, Schutz jetzt anwenden** bereit. Danach werden Sie aufgefordert, ein Kennwort einzugeben. Ohne ein Kennwort einzugeben, können Sie die Befehlseingabe mit **OK** abschließen.

Arbeitsablauf

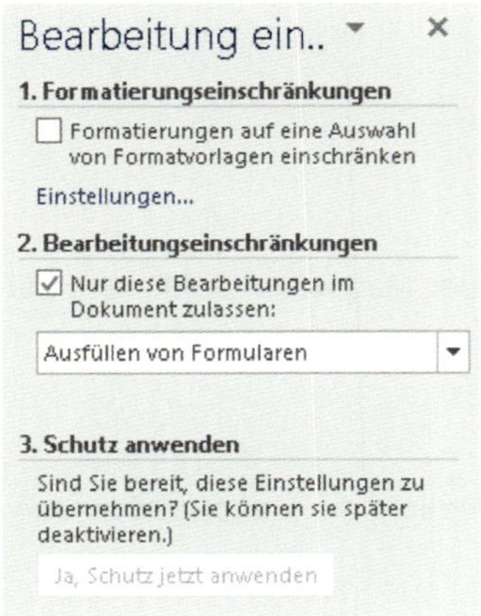

Entwicklertools – Steuerelemente – Vorversionstools – gewünschtes Formularfeld aktivieren – Formular schützen – Bearbeitungsbeschränkungen: Nur diese Bearbeitungen im Dokument zulassen – Pfeil hinter: Keine Änderungen anklicken – Ausfüllen von Formularen – Schutz anwenden – Evtl. Kennwort eingeben und bestätigen – OK

2.9.1 Reisekostenabrechnung

Reisekostenabrechnung

Name:	Textfeld	Abteilung:	Kombinationsfeld
Abfahrtsort:	Textfeld	Zielort:	Textfeld
Beginn der Reise:	Textfeld	Ende der Reise:	Textfeld
Verkehrsmittel:	Kombinationsfeld	Pkw-Fahrt:	Textfeld km
Grund der Reise:	Textfeld	Genehmigung:	☐ ja ☐ noch nicht erteilt
Konto:	Textfeld	IBAN:	Textfeld
Bankverbindung:	Textfeld		
Datum:	Textfeld		

2.9.2 Personalstammdaten

Situation

Für Ihre Personalstammdaten verwendet die Leiterin der Personalabteilung, Frau Iris Thule, ein Formular.

Aufgabe

Erstellen Sie das Formular.

Personalstammdaten der Blum Music4You KG

Personalnummer: Textfeld
Eintrittsdatum: Textfeld

Persönliche Angaben

Name: Textfeld
Vorname: Textfeld

Straße: Textfeld
PLZ und Wohnort: Textfeld

Geburtsdatum: Textfeld
Geburtsort: Textfeld

Familienstand: Kombinationsfeld
Partner: Textfeld

Staatsangehörigkeit: Textfeld

Schulbesuch – Studium – Kenntnisse

Schulabschluss: Kombinationsfeld
Studienabschluss: Textfeld

Berufsausbildung: Textfeld

Besondere Kenntnisse: Textfeld

Letzter Arbeitgeber

Unternehmen: Textfeld
Zeitraum: Textfeld

Gehalt

Steuerklasse: Textfeld
Gehaltsgruppe: Textfeld

Kinderfreibeträge: Textfeld
Gehalt: Textfeld

Urlaubsanspruch: Textfeld

Sozialversicherung

Krankenkasse: Textfeld

☐ Pflichtversichert ☐ Ersatzversichert ☐ Freiwillig versichert

Versicherungsnummer: Textfeld

Tätigkeitsmerkmal: Textfeld

Bankverbindung

IBAN: Textfeld
BIC: Textfeld

Bank: Textfeld

Situation

Für die neue Mitarbeiterin, Frau Tanja Schmitz, Planckstraße 37, 51145 Köln, füllt Frau Iris Thule das Formular mit den Personalstammdaten aus.

Personalstammdaten der Blum Music4You KG

Personalnummer: 35 Eintrittsdatum: 01.04.20..

Persönliche Angaben

Name: **Schmitz** Vorname: **Tanja**

Straße: **Planckstraße 37** PLZ und Wohnort: **51145 Köln**

Geburtsdatum: **12.02.19..** Geburtsort: **Leverkusen**

Familienstand: **verheiratet** Partner: **Tim Schmitz**

Staatsangehörigkeit: **deutsch**

Schulbesuch – Studium – Kenntnisse

Schulabschluss: **Realschulabschluss** Studienabschluss: **ohne**

Berufsausbildung: **Kauffrau für Büromanagement**

Besondere Kenntnisse: **Sehr gute Fertigkeiten im Tastschreiben**

Letzter Arbeitgeber

Unternehmen: **Großhandlung Meise KG** Zeitraum: **01.08.20.. – 31.03.20..**

Gehalt

Steuerklasse: **IV** Gehaltsgruppe: **5**

Kinderfreibeträge: **0** Gehalt: **1.923,20 €**

Urlaubsanspruch: **gesetzlich**

Sozialversicherung

Krankenkasse: **Allgemeine Ortskrankenkasse, Köln**

☒ Pflichtversichert ☐ Ersatzversichert ☐ Freiwillig versichert

Versicherungsnummer: **78 120289 S 0024533**

Tätigkeitsmerkmal: **Sachbearbeiterin**

Bankverbindung

IBAN: **DE11 3702 0500 0034 4539 46** BIC: **BFSWDE33XXX**

Bank: **Bank für Sozialwirtschaft**

2.10 Schnellbausteine

- Schnellbausteine (Textbausteine) sind Textabschnitte, die sich in Briefen häufig wiederholen. Word bezeichnet die Textbausteine als Schnellbausteine. Die gespeicherten Textbausteine können Sie ausdrucken. Auf diese Weise haben Sie ein Texthandbuch, aus dem Sie die Bausteine auswählen können.
- Zum Erstellen der Geschäftsbriefe werden häufig Schreibaufträge ausgefüllt.

Erfassen und Speichern der Textbausteine

Wollen Sie einen Textabschnitt als Textbaustein speichern, müssen Sie ihn zuvor erfassen und markieren. Sie rufen dann in dem Register **Einfügen** der Gruppe **Text** die **Schnellbausteine** auf. Sie klicken nun **Auswahl im Schnellbaustein-Katalog speichern** an, geben den Namen des Bausteins ein und wählen den Katalog sowie die Kategorie aus. Eine Beschreibung des Bausteins können Sie auch hinzufügen.

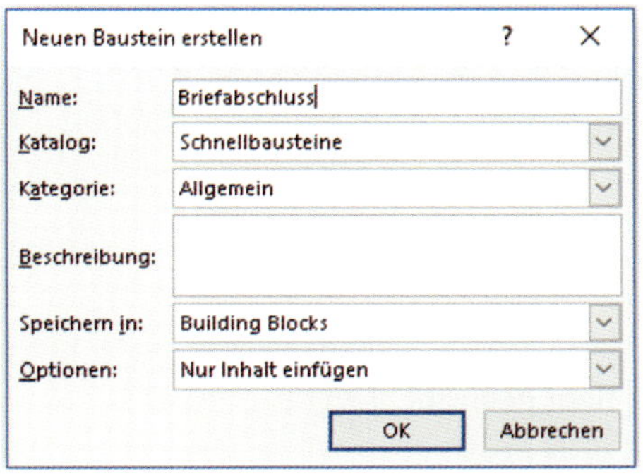

Arbeitsablauf

Einfügen – Schnellbausteine – Auswahl im Schnellbaustein-Katalog speichern – Bausteinnamen eingeben – Katalog auswählen – Kategorie auswählen – evtl. Beschreibung des Bausteins eingeben – OK

Laden der Textbausteine

Textbausteine des Textverarbeitungsprogramms Word werden automatisch geladen.

Abrufen der Textbausteine

Haben Sie den Textbaustein gespeichert, bedienen Sie die Funktionstaste **F3**, um den Baustein abzurufen. Sie können ihn aber auch unter **Einfügen – Schnellbausteine – Organizer für Bausteine** abrufen. Zu diesem Zweck wählen Sie den Namen des Bausteins aus und klicken **Einfügen** an.

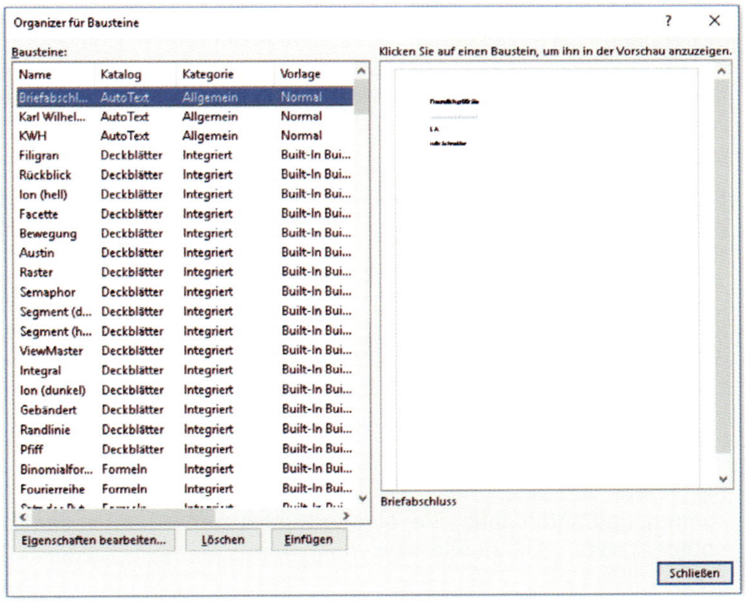

Arbeitsablauf

Einfügen – Schnellbausteine – Organizer für Bausteine – Bausteinnamen anklicken – Einfügen

Löschen von Textbausteinen

Zum Löschen des Textbausteins rufen Sie ebenfalls das Register **Einfügen – Schnellbausteine – Organizer für Bausteine** auf. Sie markieren den Namen des Bausteins und klicken **Löschen** an. Die Frage nach dem Löschen des Bausteins beantworten Sie mit **Ja**.

Arbeitsablauf

Einfügen – Schnellbausteine – Organizer für Bausteine – Bausteinnamen anklicken – Löschen – Ja

2.10.1 Texthandbuch

Aufgabe

Erfassen Sie den Volltext der Textbausteine und speichern Sie unter den angegebenen Bausteinnamen. Setzen Sie an den Textstellen, an denen Sie variable Textstellen einfügen müssen, Haltepunkte, indem Sie die Tastenkombination **Strg + F9** bedienen. Die Haltepunkte springen Sie mit **F11** an.

Sachgebiet Zahlungsverzug

Volltext	Name	Stichwort
· · **Zahlungserinnerung** · · Sehr geehrte{ } ·	ZV101	Betreff
· · **Mahnung** · · Sehr geehrte{ } ·	ZV102	Betreff
in der Hektik des Alltags haben wir alle schon einmal etwas übersehen. Sie haben übersehen, den Betrag unserer Rechnung Nr. { } über { } zu überweisen. ·	ZV103	Zahlung übersehen
sicher haben Sie es nur vergessen, unsere Rechnung Nr. { } über { } zu begleichen. Wir können es aber kaum glauben, denn wir haben Sie bereits am { } an den fälligen Betrag erinnert. Bis heute ist der Betrag aber noch nicht bei uns verbucht worden. ·	ZV104	Zahlungserinnerung nicht beachtet
Sie können sich vorstellen, dass wir unseren Zahlungsverpflichtungen ebenfalls rechtzeitig nachkommen müssen. Darum sind wir auf den pünktlichen Eingang der Außenstände angewiesen. ·	ZV105	Hinweis auf eigene Zahlungsverpflichtungen
Bitte überweisen Sie den Betrag bis zum { } auf unser Konto bei der Kölner Kreditanstalt. Um Ihnen die Überweisung zu erleichtern, haben wir einen Überweisungsvordruck für Sie vorbereitet. ·	ZV106	Zahlungsaufforderung mit Überweisungsvordruck
Sie werden verstehen, dass wir nicht länger auf den Eingang des Geldes warten können, und bitten daher Sie, den Betrag bis zum { } auf unser Konto bei der Kölner Kreditanstalt zu überweisen. ·	ZV107	Aufforderung zur umgehenden Zahlung
Wir berechnen Ihnen ab { } Verzugszinsen. Bedenken Sie, dass Sie weitere Aufwendungen für das Mahnverfahren vermeiden, wenn Sie den fälligen Betrag unverzüglich überweisen. ·	ZV108	Ankündigung Verzugszinsen
Freundliche Grüße · Blum Music4You KG · i. A. · { }	ZV109	Briefabschluss
Anlage 1 Überweisungsvordruck	ZV110	Anlage

2.10.2 Lernsituationen und Aufgaben

Situation: Zahlungserinnerung

Die Blum Music4You KG lieferte der Musikeinzelhandel Karl Habben GmbH, Felsweg 13, 26123 Oldenburg, am 15. Februar 20.. die E-Gitarre BRYAN ADAMS zum Preis von 1.198,00 €. Der Rechnungsbetrag war am 15. März 20.. fällig. Frau Egzone Zegon bringt einen Hinweis auf die eigenen Zahlungsverpflichtungen.

Frau Zegon erinnert den Kunden am 17. März 20.. daran, den Rechnungsbetrag zu überweisen. Sie setzt eine neue Zahlungsfrist bis zum 31. März 20.. Einen vorbereiteten Überweisungsvordruck fügt Sie dem Schreiben bei.

Aufgabe

Erstellen Sie nach der Situationsbeschreibung die Zahlungserinnerung aus den Textbausteinen der Seite 94. Verwenden Sie eine Vorlage mit einem gestalteten Informationsblock, der diese Leitwörter und Angaben enthält:

Ansprechpartnerin:	Egzone Zegon	*Telefon:*	0221 386760-30
Rechnungsnummer:	236	*Telefax:*	0221 386760-31
Rechnungsdatum:	20..-02-15	*E-Mail:*	zegon@music4youkg.de
Kundennummer:	469	*Datum:*	20..-03-17

Berücksichtigen Sie die Schreib- und Gestaltungsregeln für die Text- und Informationsverarbeitung nach DIN 5008.

Situation: Erneute Zahlungsaufforderung

Die Blum Music4You KG lieferte der Josef Huber KG, Berliner Straße 2, 80805 München, am 7. Juli 20..DVDs der Konzertreihe „Bayreuth" zum Preis von 480,00 €. Die Rechnungssumme war am 7. August 20.. fällig.

Am 9. August 20.. erinnert Frau Egzone Zegon den Kunden erneut an die Begleichung der Rechnung bis zum 25. August 20.. Auf die Zahlungserinnerung reagierte das Unternehmen nicht. Frau Zegon setzt eine neue Zahlungsfrist bis zum 10. September 20.. Sie erwähnt die Zahlungsverpflichtungen des eigenen Unternehmens und kündigt an, ab 7. August 20.. Verzugszinsen zu berechnen Sie weist darauf hin, dass der Schuldner weitere Aufwendungen des Mahnverfahrens vermeidet, wenn er den fälligen Betrag überweist.

Frau Egzone Zegon erinnert den Kunden am 27. August 20.. erneut daran, den Rechnungsbetrag zu überweisen.

Aufgabe

Fertigen Sie nach der Situationsbeschreibung die erneute Zahlungsaufforderung aus den Textbausteinen der Seite 94 an. Verwenden Sie eine Vorlage mit einem gestalteten Informationsblock, der diese Leitwörter und Angaben enthält:

Bearbeiterin:	Egzone Zegon	*Telefon:*	0221 386760-30
Rechnungsnummer:	186	*Telefax:*	0221 386760-31
Rechnungsdatum:	20..-07-07	*E-Mail:*	zegon@music4youkg.de
Kundennummer:	396	*Datum:*	20..-08-27

Berücksichtigen Sie die Schreib- und Gestaltungsregeln für die Text- und Informationsverarbeitung nach DIN 5008.

2.11 Serienbriefe

Dateien für den Serienbrief

- Für Serienbriefe sind eine Datenquelle (Steuerdatei) und eine Serientextdatei anzulegen. Die Datenquelle setzt sich aus verschiedenen Datensätzen zusammen. Der Steuersatz enthält die Feldnamen der Datenfelder. Das sind in einer Tabelle die Spaltenüberschriften. Die Einfügesätze bestehen aus den Datenfeldern. Das sind die variablen Textstellen, die in die Serientextdatei einzufügen sind.

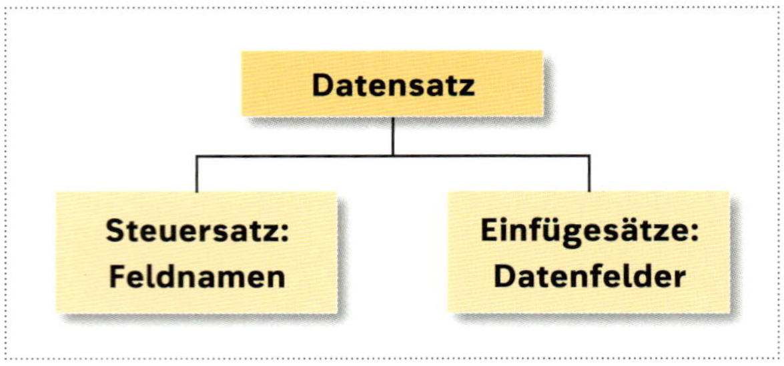

- In die Serientextdatei werden die Feldnamen der Datenquelle (Steuerdatei) eingefügt. Sind beide Dateien gespeichert, werden beide Dateien in einem besonderen Vorgang verbunden. Die Serienbriefe können in einer neuen Datei zusammengeführt werden oder direkt als Serienbriefe ausgedruckt werden.

Serientextdatei

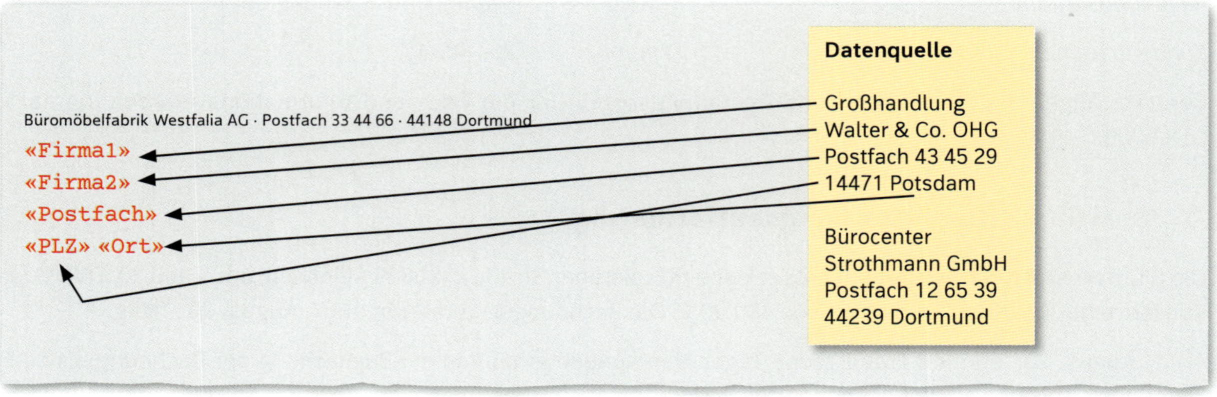

Erstellen einer Datenquelle (Steuerdatei)

Die Datenquelle (Steuerdatei) erstellen Sie über das Register **Einfügen – Tabelle**. Nachdem Sie das Symbol **Tabelle** angeklickt haben, öffnet sich ein Fenster mit Kästchen. Sie klicken hier die Anzahl der gewünschten Spalten an. Es erscheint nun ein Gitternetz auf dem Bildschirm. Mit der 1. Spaltenüberschrift müssen Sie in der 1. Zeile beginnen, weil die Spaltenüberschriften sonst nicht als Feldnamen erkannt werden. Nachdem Sie die Datenquelle erstellt haben, speichern Sie diese.

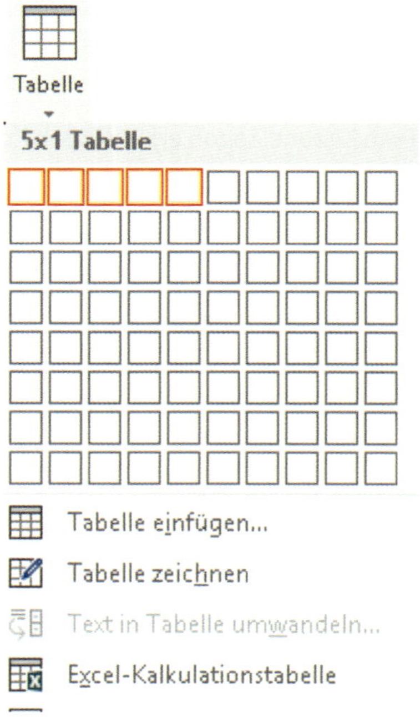

Arbeitsablauf

Einfügen – Tabelle – Kästchen für die Anzahl der Spalten anklicken – Tabelle erfassen – Speichern

Seriendruck starten

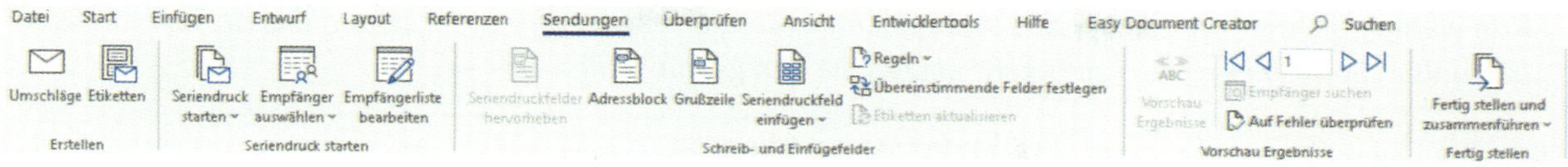

In dem Register **Sendungen** klicken Sie **Seriendruck starten** an. Es öffnet sich nun ein Auswahlfenster, in dem Sie **Briefe** anklicken.

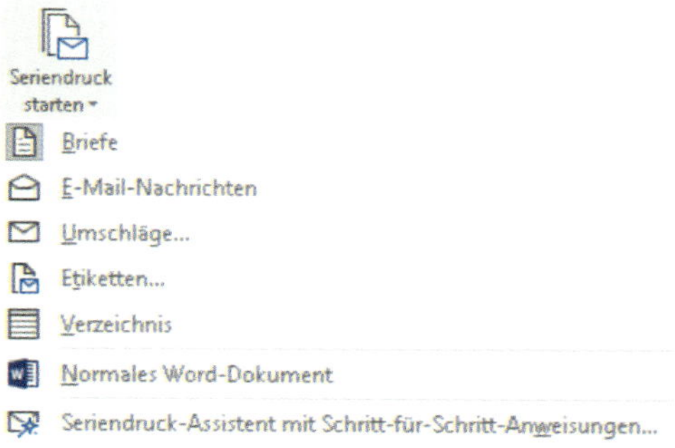

Datenquelle öffnen

Um die Datenquelle zu öffnen, klicken Sie **Empfänger auswählen** an. Da Sie die Datenquelle als Tabelle bereits erstellt haben, wählen Sie **Vorhandene Liste verwenden.** Sie rufen nun Ihre Datenquelle auf.

Arbeitsablauf

Sendungen – Seriendruck starten – Briefe – Empfänger auswählen – Vorhandene Liste verwenden – Ordner anklicken – Dateinamen auswählen – OK

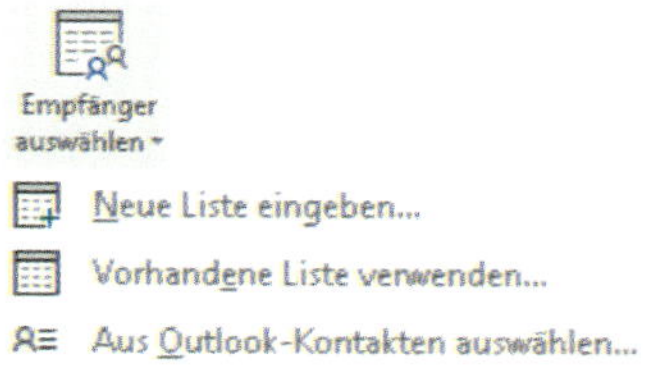

Seriendruckfelder einfügen

- Ist die Datenquelle geöffnet, erfassen Sie das Seriendruck-Hauptdokument. Wollen Sie Seriendruckfelder in das Seriendruck-Hauptdokument einfügen, klicken Sie in der Gruppe **Schreib- und Einfügefelder** die Funktion **Seriendruckfeld einfügen** an.

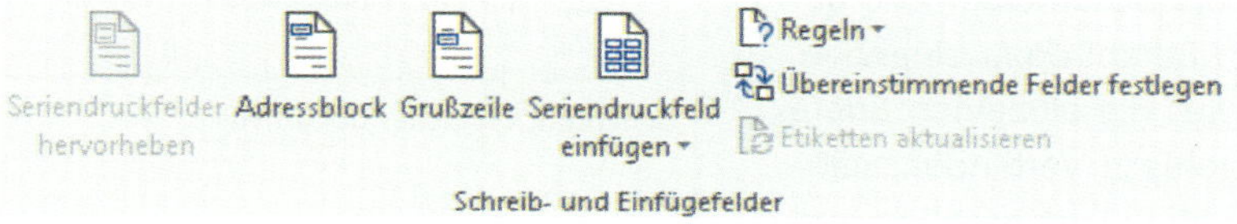

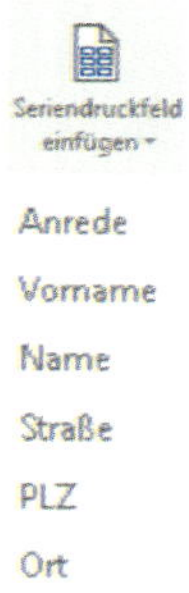

- Es erscheinen nun alle Seriendruckfelder. Sie klicken das gewünschte Seriendruckfeld an. Die Empfängeranschrift eines Geschäftsbriefes A4 hat mit den Seriendruckfeldern ein solches Aussehen:

```
•
•
•
<<Anrede>>
<<Vorname>> <<Name>>
<<Straße>>
<<PLZ>> <<Ort>>
•
•
```

Arbeitsablauf

Sendungen – Seriendruckfeld einfügen – Feldnamen anklicken

Einfügen von Bedingungsfeldern

- Sollen bestimmte Angaben für die Empfänger des Serienbriefes unterschiedlich sein, fügen Sie Bedingungsfelder ein. Auf diese Weise reden Sie beispielsweise Männer und Frauen unterschiedlich an oder bieten bestimmten Gruppen von Empfängern unterschiedliche Artikel an.

- Zum Einfügen von Bedingungsfeldern klicken Sie im Register **Sendungen** der Gruppe **Felder schreiben und einfügen** die Funktion **Regeln** an. Es öffnet sich ein Fenster, in dem Sie **Wenn ... Dann ... Sonst** aktivieren. Nun wählen Sie den Feldnamen aus und geben ein Vergleichswort ein. Unter „Dann diesen Text einfügen“ und unter „Sonst diesen Text einfügen“ setzen Sie den gewünschten Text ein.

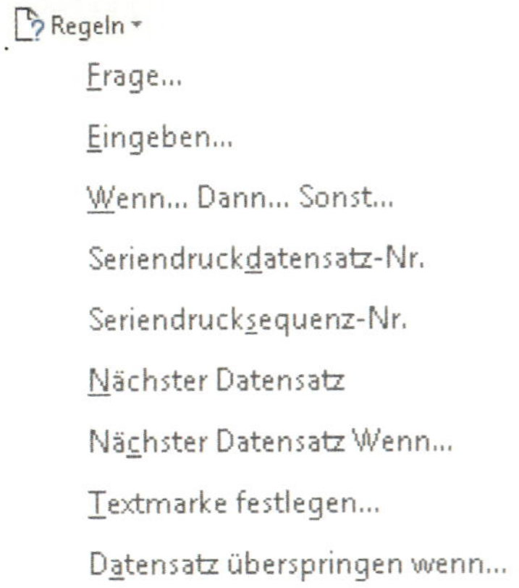

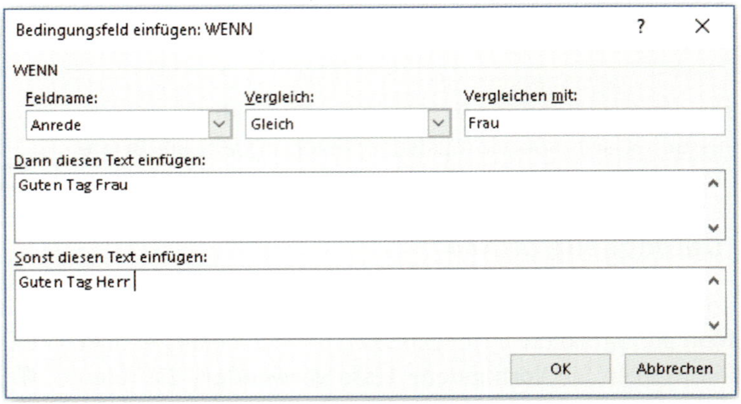

Arbeitsablauf

Sendungen – Regeln – Wenn ... Dann ... Sonst ... – Feldnamen wählen – Text unter „Vergleichen mit:“ einsetzen – Text unter „Dann diesen Text einfügen:“ eingeben – Text unter „Sonst diesen Text einfügen:“ eingeben – OK

Fertigstellen und zusammenführen

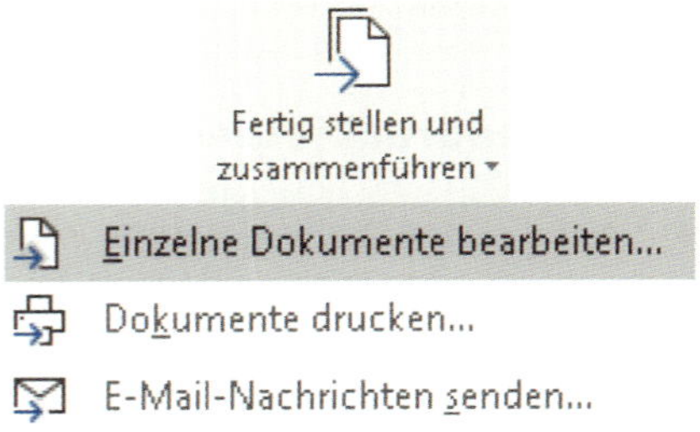

Zum Erstellen des Serienbriefes müssen Sie die Datenquelle mit der Serientextdatei (Seriendruck-Hauptdokument) verbinden. Bei diesem Vorgang werden an den Stellen für die Seriendruckfelder in der Serientextdatei die Datenfelder aus der Datenquelle eingefügt. Bevor Sie den Befehl dazu eingeben, können Sie unter „Vorschau Ergebnisse“ die einzelnen Briefe betrachten. Um die Dateien dann endgültig zu verbinden, wählen Sie im Register **Sendungen** die Funktion **Fertigstellen und zusammenführen** sowie **Einzelne Dokumente bearbeiten**. Es erscheint dann ein Fenster auf dem Bildschirm, in dem Sie Datensätze auswählen können. Haben Sie die Datensätze ausgewählt, erscheinen die verbundenen Dateien als neue Datei „Serienbriefe“ auf dem Bildschirm.

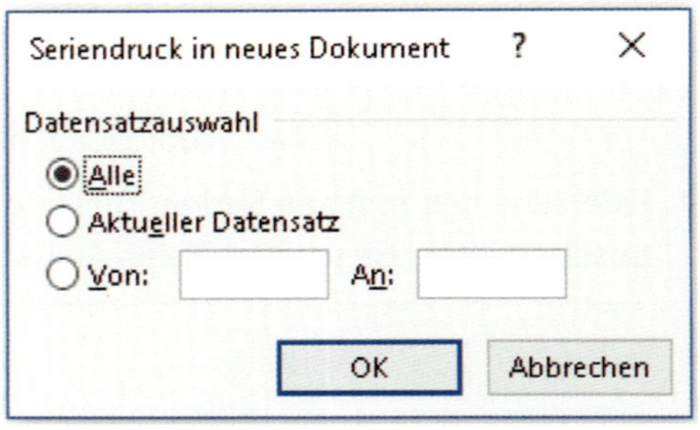

Arbeitsablauf

Sendungen – Fertigstellen und zusammenführen – Einzelne Dokumente bearbeiten – Datensätze auswählen – OK

Aufgabe

Legen Sie die Datenquelle an und speichern Sie unter dem Dateinamen **Anschriften**.

Firma	Straße	PLZ	Ort
Ikabo GmbH	Karl-Peters-Straße 7	22455	Hamburg
Josef Huber KG	Berliner Straße 2	80805	München
Event 3000 GmbH	Postfach 23 25 18	50667	Köln
Sonnen AG	Postfach 19 35 18	89077	Ulm, Donau

Werbebrief

BLUM Music4You KG

Blum Music4You KG • Postfach 52 15 79 • 50667 Köln
<<Firma>>
<<Straße>>
<<PLZ>> <<Ort>>

Mitarbeiterin: Maria Schulz
Abteilung: Tonstudio/Künstler

Telefon: 0221 386760-30
Telefax: 0221 386760-31
E-Mail: schulz@music4youkg.de
Internet: www.music4youkg.de

Datum: 20..-08-16

Einladung zur Musikmesse POPKOMM

Guten Tag, sehr geehrte Damen und Herren,

vom 10. bis 18. Oktober d. J. findet in Frankfurt die internationale Musikmesse POPKOMM statt. Sie haben die Möglichkeit, sich umfassend über neue Produkte und die Einrichtung von Tonstudios zu informieren. Nutzen Sie also diese Gelegenheit!

Rechtzeitig zur Messe ist unsere neue **E-Gitarre „Queen“** fertiggestellt worden. Für das Musikinstrument wurden qualitativ hochwertige Saiten mit neuen Stärken verwendet. Auch das Design hebt sich positiv von anderen Modellen ab. Die Klangqualität wird Sie begeistern.

Mit neuesten technischen Mitteln haben wir ein Tonstudio für Musikaufnahmen eingerichtet. Hier haben auch Musikgruppen mit bis zu 8 Bandmitgliedern die Möglichkeit, Musikalben für die internationale Vermarktung aufzunehmen. Lassen Sie sich von der technischen Ausstattung unseres modernen Tonstudios beeindrucken.

Dürfen wir Sie auf unseren Messeständen 5 und 26 in der Halle 2 begrüßen?

Freundliche Grüße

Blum Music4You KG

i. A.

Maria Schulz

Blum Music4You KG
Veilchenweg 19, 50677 Köln
Telefon: 0221 386760-0
Telefax: 0221 386760-10
E-Mail: info@music4youkg.de
Internet: www.music4youkg.de

Geschäftsführung: Claus Blum
Handelsregister Köln
HRA 47111
USt-IdNr.: DE 987 654 321
Steuernummer: 215 587 00815

Kölner Kreditanstalt AG
IBAN: DE98 3701 0099 2333 4442 00
BIC: KOEKDEKN280

Bearbeiten der Datenquelle und Empfänger auswählen

- Bevor Sie die Datenquelle mit der Serientextdatei verbinden, können Sie die Datensätze noch bearbeiten oder die Empfänger nach verschiedenen Kriterien, z. B. nach dem Wohnort, auswählen. Diesen Vorgang bezeichnet man als „Filtern von Datensätzen“. Zu diesem Zweck aktivieren Sie im Register **Sendungen** der Gruppe **Seriendruck starten** die Funktion **Empfängerliste bearbeiten.**

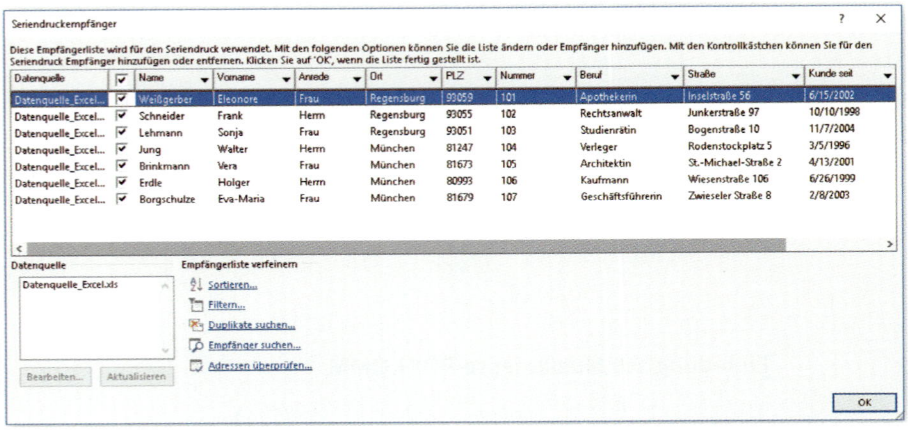

- Es öffnet sich ein Fenster zum Bearbeiten oder Auswählen der Datensätze. Sie klicken zuerst die Spaltenüberschrift zum Auswählen der Feldnamen an und danach die gewünschten Felder. Der Pfeil neben dem Feldnamen ist blau markiert. Die ausgewählten Datensätze stehen nun unter dem jeweiligen Feldnamen. Sollen für einen neuen Serienbrief alle Datensätze wieder erscheinen, klicken Sie den Pfeil neben dem Feldnamen an. Es ist auch möglich, in der ersten Spalte die Datensätze vollständig zu löschen oder hinzuzufügen.

Arbeitsablauf

Sendungen – Empfängerliste bearbeiten – Datensätze anklicken oder in der Spaltenüberschrift hinter dem Feldnamen den Pfeil anklicken – Datenfelder auswählen – OK

Situation: Mieten des Tonstudios für anspruchvolle Musikaufnahmen

Die Leiterin der Abteilung „Tonstudio/Künstler“ der Blum Music4You KG, Frau Maria Schulz, bietet jungen Musikern das Tonstudio für Musikaufnahmen zum Mietpreis von 140,00 € je Stunde an. Das Studio ist mit 2 Schlagzeugen, 3 E-Gitarren, 3 Gitarrenverstärkern, 1 Bassverstärker, 1 Synthesizer, 1 Gesangsmikrofon und 5 Mikro-Stativen ausgestattet. Für Schäden an den Instrumenten und Geräten haftet der Mieter. Wegen der großen Nachfrage bittet Frau Schulz um eine Terminabsprache.

Aufgabe

Informieren Sie die Musiker über das Angebot. Wählen Sie die Feldnamen selbst aus. Senden Sie den Serienbrief nur an die Empfänger in **Chemnitz**.

Frau Nicole Peters August-Bebel-Straße 2 06108 Halle	Herrn Stefan Brinkmann Ludwig-Stur-Straße 11 06108 Halle	Frau Silvia Schönborn Heinrich-Heine-Straße 7 09131 Chemnitz
Herrn Thomas Westermann Rudolf-Krahl-Straße 25 09116 Chemnitz	Frau Beate Sommer M. A. Schubertstraße 68 09119 Chemnitz	Herrn Mark Schreiber Curt-Böhme-Straße 45 07552 Gera

2.12 Einfügen von Grafiken und anderen Elementen

Symbole

Zum Einfügen von Sonderzeichen und Symbolen klicken Sie das Register **Einfügen** an. In der Gruppe **Symbole** aktivieren Sie **Symbol**. Wollen Sie andere Symbole als die angezeigten wählen, klicken Sie **Weitere Symbole** an.

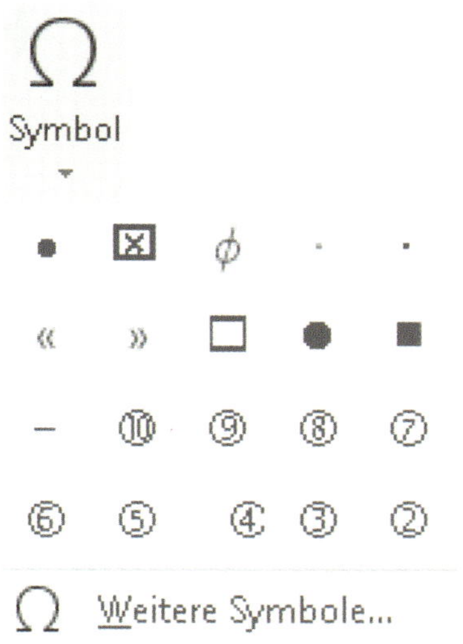

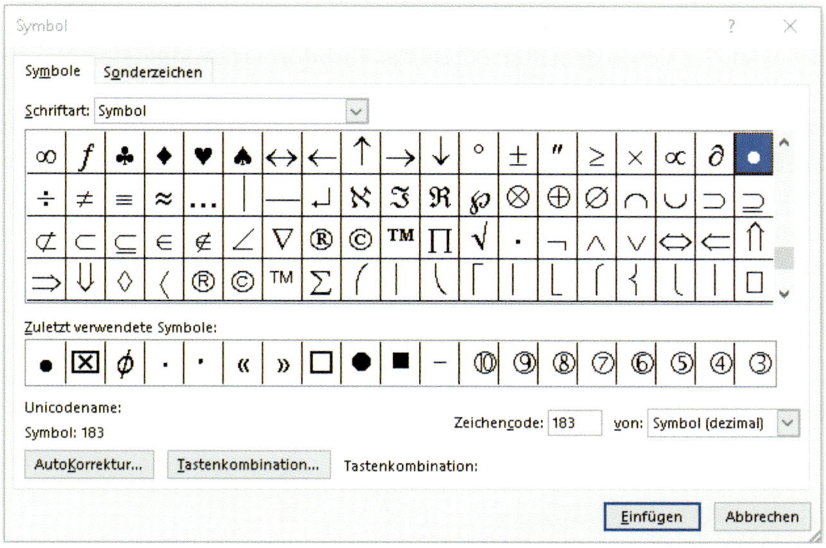

Sie können nun aus verschiedenen Verzeichnissen (Schriftart) das gewünschte Symbol abrufen.

Arbeitsablauf

Einfügen – Symbol – Weitere Symbole – Verzeichnis (Schriftart) auswählen – Symbol anklicken – Einfügen – Schließen

WordArt

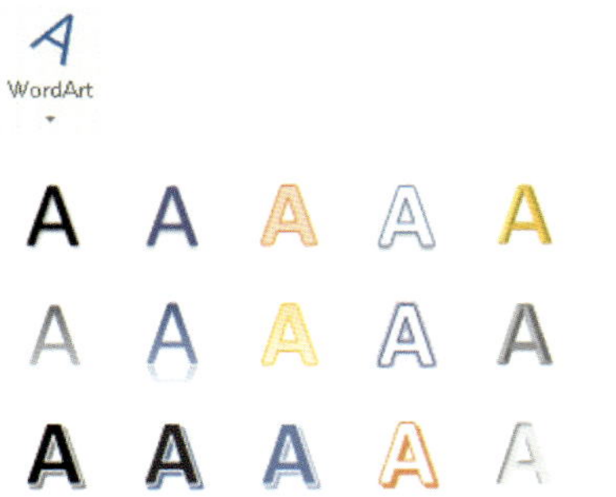

- Textteile können Sie wirkungsvoll durch WordArt hervorheben. Zu diesem Zweck rufen Sie im Register **Einfügen** in der Gruppe **Text** die Option **WordArt** auf. Es erscheint ein Fenster mit verschiedenen Schriftbeispielen. Klicken Sie die gewünschte WordArt-Form an, erscheint die WordArt-Grafik auf dem Bildschirm. Geben Sie nun Ihren Text ein.

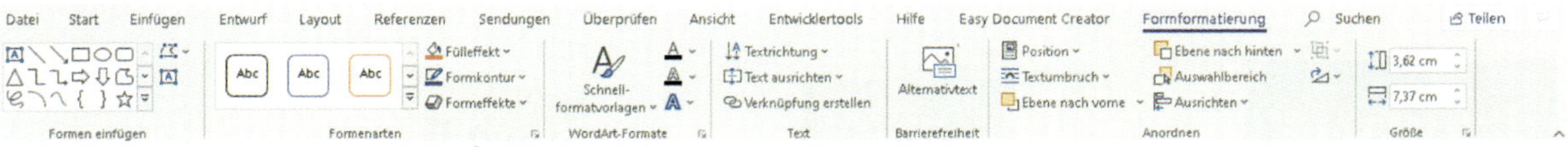

- Gleichzeitig mit der WordArt-Grafik erscheint das Kontextregister **Formformatierung.** Um die Größe oder Form der Grafik zu verändern, führen Sie den Mauszeiger auf die Markierungspunkte. An den runden Markierungspunkten vergrößern oder verkleinern Sie die Grafik. An den eckigen Markierungspunkten stellen Sie die Schrift enger, breiter, höher oder kleiner.

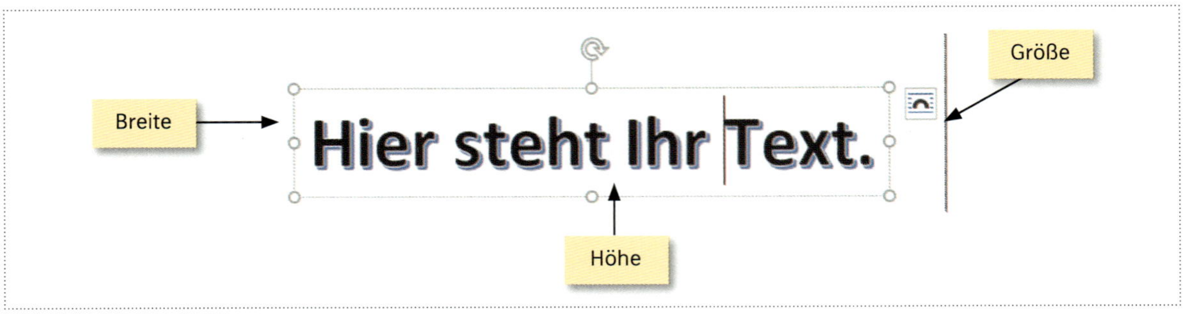

- Ist die Grafik noch markiert, entscheiden Sie sich in dem Kontextregister **Formformatierung** für ein **Word-Art-Format**.
- Unter **Formenarten** im Kontextregister **Formformatierung** wählen Sie unter **Fülleffekt** den Hintergrund der WordArt-Grafik aus. Hier legen Sie die Füllfarben fest, fügen ein Bild ein oder wählen die Struktur aus. Die Linienfarbe und die Linienart bestimmen Sie unter **Formkontur**. Unter **Formeffekte** haben Sie die Möglichkeit, für die Schrift Schatten, Spiegelungen, 3D-Drehungen und andere Effekte einzustellen.

- Wollen Sie die Textrichtung verändern, klicken Sie im Kontextregister **Formformatierung** in der Gruppe **Text** die **Textrichtung** an. Sie entscheiden sich nun für die Richtung des Textes. Unter den Textrichtungsoptionen haben Sie auch eine Vorschaumöglichkeit.

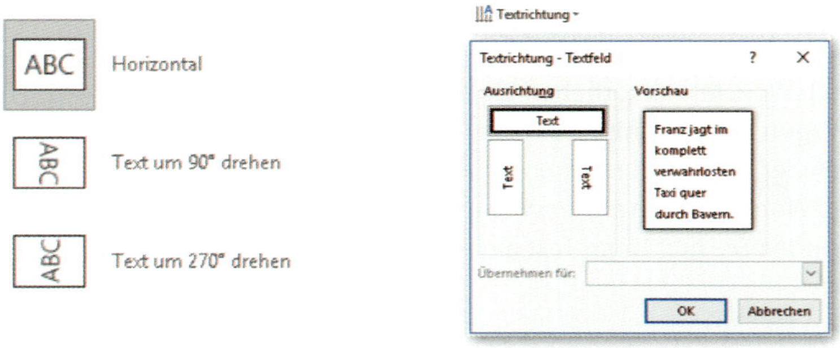

Aufgabe

Erstellen Sie diese WordArt-Formen:

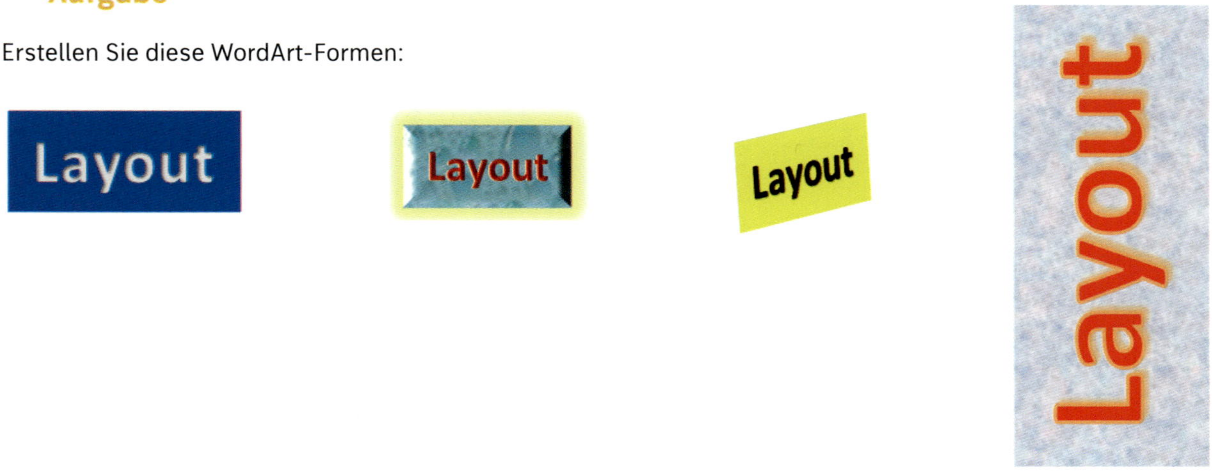

Textfeld einfügen

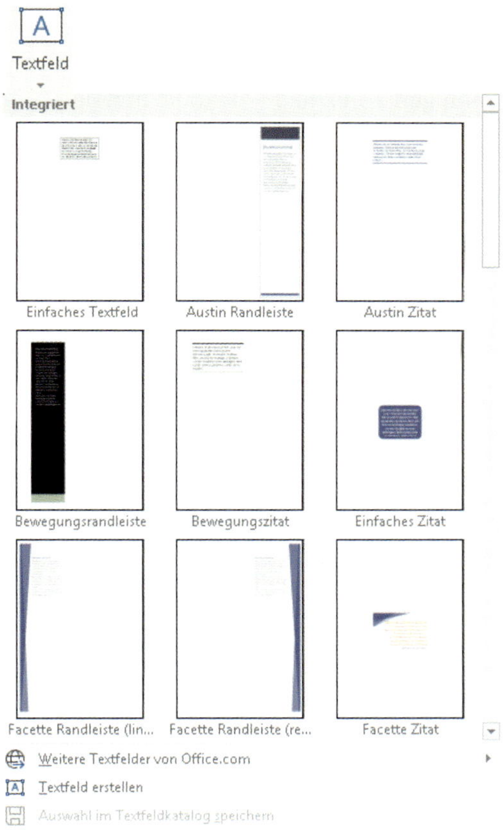

Das **Textfeld** rufen Sie über Register **Einfügen** der Gruppe **Text** auf. Es erscheinen verschiedene vorformatierte Textfelder. Sie klicken **Textfeld erstellen** an. Aus dem Mauszeiger wird ein Kreuz. Führen Sie das Kreuz an die Stelle, an der das Textfeld beginnen soll, und klicken Sie die linke Maustaste an. Ziehen Sie nun die Größe des Textfeldes. Wenn Sie einen Text erfasst haben, überdeckt das Textfeld einen Teil des Textes.

Größe des Textfeldes verändern oder das Textfeld verschieben

- Um die Größe oder die Form des Textfeldes zu verändern, führen Sie den Mauszeiger auf die Markierungspunkte des Textfeldes und klicken die linke Maustaste an. Sie können nun die Größe und die Proportionen des Textfeldes verändern.

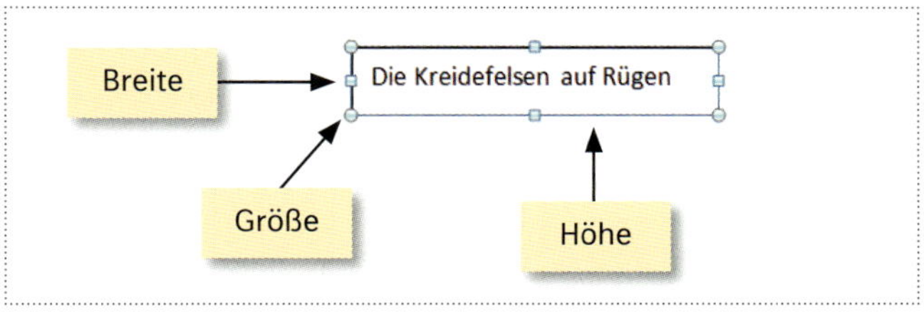

- Haben Sie das Textfeld markiert, können Sie im Register **Formformatierung** die Größe des Textfeldes verändern.
- Führen Sie den Mauszeiger zwischen zwei Markierungen, erscheint ein Kreuz mit Pfeilen. Klicken Sie die linke Maustaste an, können Sie das Textfeld verschieben.

Textfeld formatieren

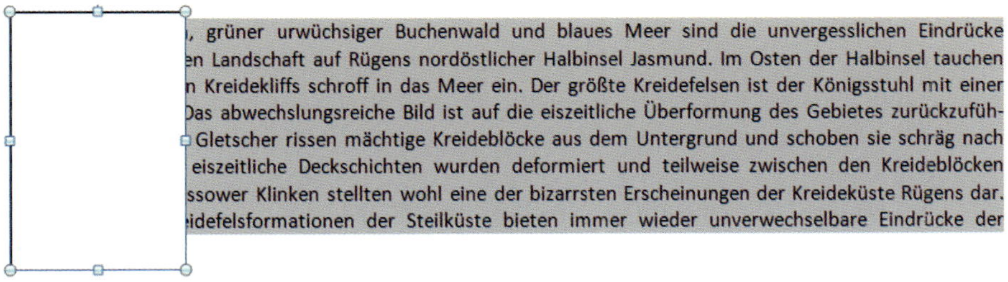

- Überdeckt das Textfeld einen Teil des Textes, klicken Sie im Kontextregister **Formformatierung** der Gruppe **Anordnen** die Funktion **Textumbruch** an. Hier stellen Sie unter „Weitere Layoutoptionen“ **Passend** ein. Der Text umschließt dann das Textfeld. Dazu muss das Textfeld markiert sein.
- Um die Linien, die das Textfeld umschließen, zu entfernen, klicken Sie in dem Kontextregister **Formformatierung** hinter **Formkontur** den Pfeil an und stellen ein „Keine Kontur“.

Textrichtung verändern

Haben Sie das Textfeld markiert, können Sie in dem Kontextregister **Formformatierung** der Gruppe **Text** die Textrichtung verändern. Zu diesem Zweck klicken Sie **Textrichtung** an.

Arbeitsablauf

Einfügen – Textfeld – Textfeld erstellen – Kreuz an die gewünschte Stelle führen und die linke Maustaste anklicken – Textfeld ziehen – Größe des Textfeldes verändern oder das Textfeld verschieben – Textfeld markieren – Formformatierung – Formkontur – Kein Rahmen – Formformatierung – Textrichtung anklicken

Grafik einfügen

- Um eine Grafik in ein Word-Dokument einzufügen, aktivieren Sie in dem Register **Einfügen** in der Gruppe **Illustrationen** die Schaltflächen **Bilder** oder **Onlinebilder**. Wollen Sie ein Digitalfoto in den Text einbetten, klicken Sie **Bilder** an. Sie wählen nun den Ordner aus und geben den Dateinamen ein. Die Grafik (Bild) erscheint auf dem Bildschirm. Wenn sie nicht vollständig zu sehen ist, klicken Sie zunächst im Kontextregister **Formformatierung** der Gruppe **Anordnen** die Schaltflächen **Textumbruch, Weitere Layoutoptionen** und danach **Passend** an. Sie können nun das Bild positionieren, vergrößern oder verkleinern. Dazu muss das Textfeld markiert sein.

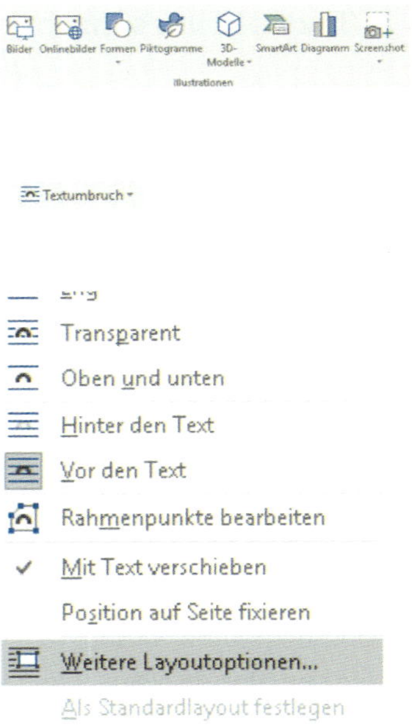

Arbeitsablauf

Einfügen – Bilder oder Onlinebilder – Ordner wählen – Dateinamen anklicken – Einfügen – Grafik positionieren, vergrößern oder verkleinern – Grafik markieren – Formformatierung – Textumbruch – Weitere Layoutoptionen – Passend

Aufgabe

Erfassen Sie den Text und fügen Sie auf der linken Seite ein Textfeld ein. Beschriften Sie das Textfeld, indem Sie die Schrift vertikal anordnen. Nehmen Sie anschließend die Worttrennung (Silbentrennung) vor. Fügen Sie auf der rechten Seite ein Bild der Insel Rügen ein. Sie können das Bild aus dem Internet abrufen. Wählen Sie für den Hintergrund des Textes und des Textfeldes eine unterschiedliche Schattierung. Stellen Sie den Blocksatz ein.

Die Kreidefelsen auf Rügen

Weiße Kreidefelsen, grüner urwüchsiger Buchenwald und blaues Meer sind die unvergesslichen Eindrücke einer kontrastreichen Landschaft auf Rügens nordöstlicher Halbinsel Jasmund. Im Osten der Halbinsel tauchen diese Höhen an den Kreidekliffs schroff in das Meer ein. Der größte Kreidefelsen ist der Königsstuhl mit einer Höhe von 118 m. Das abwechslungsreiche Bild ist auf die eiszeitliche Überformung des Gebietes zurückzuführen. Kilometerhohe Gletscher rissen mächtige Kreideblöcke aus dem Untergrund und schoben sie schräg nach oben. Auch ältere eiszeitliche Deckschichten wurden deformiert und teilweise zwischen den Kreideblöcken eingepresst. Die Wissower Klinken stellten wohl eine der bizarrsten Erscheinungen der Kreideküste Rügens dar. Die einmaligen Kreidefelsformationen der Steilküste bieten immer wieder unverwechselbare Eindrücke der Halbinsel Jasmund.

Königsstuhl

Aufgabe

1. Erfassen Sie den Text und formatieren Sie ihn wie abgebildet.
2. Stellen Sie den linken und rechten Seitenrand auf 2,5 cm.
3. Verändern Sie den Zeilenabstand genau auf 14 Pt.
4. Nehmen Sie die Worttrennung (Silbentrennung) nachträglich manuell vor.
5. Richten Sie den Text im Blocksatz aus.

Die norwegische Hauptstadt Oslo

Über den *Oslofjord* erreichen Sie die norwegische Hauptstadt Oslo. Er ist 118 km lang und bildet die Einfahrt zur Hauptstadt, die am nördlichen Fjordende liegt. Im Süden geht der Oslofjord bei *Langesund* in das *Skagerrak* über. Aus geologisch-tektonischer Sicht bildet er einen Teil des Oslograbens. Er ist bis zu 300 m tief und gilt als die **am stärksten befahrene Wasserstraße des Nordens**. Der Oslofjord ist der einzige Fjord Norwegens, der im Winter zufriert.

Rathaus

Haben Sie den Oslofjord passiert, befinden Sie sich in der Hauptstadt des Königreichs Norwegen. Mit rund **660 000 Einwohnern** ist sie die größte Stadt des Landes. In dem Ballungsraum leben rund 1,9 Mio. Menschen. Ein isländischer Gelehrter nimmt an, dass Oslo im Jahr **1048** von König Harald III. **gründet** wurde. Bei Ausgrabungen in jüngster Zeit stießen Forscher auf christliche Gräber, die aus der Zeit um das Jahr 1000 stammen.

Innenstadt

Die mittelalterliche Stadt hatte zwei Burgen, den Königshof und eine Bischofsburg. Innerhalb der Stadtmauern gab es neun Kirchen, ein Hospital und 400 Stadthäuser, die von Kaufleuten und Handwerkern bewohnt wurden. **Die Wohnhäuser bestanden aus Holz.** Im Jahr 1299 wurde Oslo die Hauptstadt Norwegens. Es entstand die Festung *Akershus*. Im Spätmittelalter entwickelte sich Oslo zu einer wichtigen **Kaufmanns- und Residenzstadt**. Die Stadt brannte wiederholt ab, sie wurde jedoch immer wieder aufgebaut. Nach dem großen Brand im Jahr 1624 wurde die Stadt nicht wieder aufgebaut, sondern näher an die Festung Akershus verlegt.

Oper

Die neu erbaute Stadt wurde im **Stile der Renaissance** errichtet und erhielt eine Festungsanlage mit Bastionen. Die Häuser entstanden aus Stein mit gemauertem Fachwerk, um ein Ausbreiten von Bränden zu verhindern. Die Stadt erhielt den Namen „*Christiania*“. Das alte Oslo lag außerhalb der Stadtmauern. Trotz königlichen Verbots wurde es von Armen und Landlosen, die sich das teure Leben in Christiania nicht leisten konnten, besiedelt.

Im Stadtzentrum liegt das Rathaus, in dem jährlich der **Friedensnobelpreis** verliehen wird. Weitere Sehenswürdigkeiten sind der *Osloer Dom*, das *Nationaltheater*, das neue *Opernhaus*, die *Nationalgalerie* und das *Munch-Museum* mit dem Nachlass des Malers *Edvard Munch*.

Aufgaben

1. Erfassen Sie den Text in der Schriftart Ebrima, Schriftgröße 10 Pt., oder laden Sie ihn aus dem Internet herunter.

Der Hafen Rotterdam ist einer der größten Seehäfen der Welt und der größte Tiefwasserhafen Europas. Im Rhein-Maas-Delta mündet der Rhein in die Nordsee. Der Hafen liegt an einer der am meisten befahrenen Wasserstraßen der Welt. Für die Schiffe beträgt die Wassertiefe 24 Meter. Das Hafengebiet erstreckt sich von der Rotterdamer Innenstadt bis Hoek van Holland. Der Aufschwung des Hafens hängt mit der Industrialisierung des Ruhrgebietes zusammen, denn von dort erreichen die Schiffe über den Rhein die Nordsee. Der Seegüterumschlag betrug 2015 immerhin 466,4 Millionen Tonnen. Der Hafen Rotterdam und die damit verbundenen Unternehmen erwirtschaften rund 7 % des niederländischen Bruttoinlandsprodukts. In dem Hafen sind rund 320 000 Arbeitnehmer beschäftigt. Im Jahr 2000 wickelte der Hafen 37 % des Güterverkehrs auf dem Seeweg zwischen Le Havre und Hamburg ab. Rund 30 000 Seeschiffe und 110 000 Binnenschiffe transportierten Erdöl, Chemikalien, andere Öle, Fette, Obst, Gemüse und Fruchtsaft. Der Hafen Rotterdam ist der wichtigste Hafen für Erdöl in Europa. Dort kamen 2004 immerhin 101 Millionen Tonnen Erdöl an, von denen die Hälfte über Pipelines nach Antwerpen und über das Ruhrgebiet bis nach Ludwigshafen weitergeleitet wurden. Die andere Hälfte wurde im Hafen direkt verarbeitet. Im Hafen stehen vier große Raffinerien. Die Pipelines im Hafengebiet haben eine Länge von rund 1500 Kilometern. 40 Unternehmen der Erdöl- und Chemieindustrie haben sich dort angesiedelt. Der Hafen ist der größte Containerhafen Europas vor Antwerpen und Hamburg. Seit seiner Entstehung bis 1920 lag der größte Teil des Hafengebietes im Stadtzentrum. Rotterdam war in eine Landstadt und eine Wasserstadt unterteilt. In der Wasserstadt wurden die ersten Häfen angelegt. Der Hafen entwickelte sich zuerst am Nordufer, während die Arbeiter sich am Südufer ansiedelten. Durch Versandung im 19. Jahrhundert konnten die Schiffe Rotterdam immer schlechter erreichen. Deshalb wurden Kanäle angelegt. Dadurch bekam Rotterdam eine direkte Verbindung zur Nordsee.

2. Stellen Sie den linken und rechten Rand auf 2,5 cm.
3. Bilden Sie sinnvolle Absätze.
4. Setzen Sie die Überschrift „Hafen Rotterdam – einer der wichtigsten Häfen der Welt“ ein. Wählen Sie dafür eine WordArt-Form aus. Stellen Sie die Schriftart „Ebrima“, Schriftgröße 18 Pt., Fettschrift und eine blaue Schriftfarbe ein. Zentrieren Sie die Überschrift.
5. Heben Sie wichtige Textteile durch Fettschrift oder kursiv hervor.
6. Verändern Sie den Zeilenabstand auf 16 Pt.
7. Ordnen Sie den Text in zwei Spalten an. Die linke Spalte soll 10 cm breit sein, die Breite der rechten Spalte gleichen Sie aus. Trennen Sie beide Spalten durch eine Zwischenlinie.
8. Fügen Sie in die linke Spalte zwei Bilder des Hafens von Rotterdam ein. Der Text soll rechts neben den Bildern stehen. Die Fotos können Sie aus dem Internet abrufen.
9. Versehen die Bilder mit diesen Bildunterschriften:
   Bild 1: Erasmus-Brücke – Bild 2: Hafen bei Nacht
   Formatieren Sie die Bildunterschriften in Schriftgröße 8 Pt., zentriert und kursiv.
10. Nehmen Sie die Silbentrennung (Worttrennung) nachträglich manuell vor.
11. Richten Sie den Text im Blocksatz aus.
12. Speichern Sie die Datei unter dem Datennamen **Hafen Rotterdam**.

Aufgaben

1. Erfassen Sie den Text in der Schriftart Calibri, Schriftgröße 12 Pt., oder laden Sie den Text aus dem Internet herunter.

Regensburg ist eine kreisfreie Stadt in Ostbayern. Die Stadt liegt am nördlichsten Punkt der Donau und an den Mündungen der Naab und Regen. Ein Teil der Stadt ist seit 2006 UNESCO-Welterbe. Das Welterbe entspricht der Ausdehnung der Stadt nach der letzten mittelalterlichen Stadterweiterung um 1320. Auf der Grundlage der folgenden Kriterien wurde die Altstadt mit Stadtamhof in die Welterbeliste der UNESCO aufgenommen. Regensburgs Architektur spiegelt die Rolle der Stadt als mittelalterliches Handelszentrum und seinen Einfluss auf den Raum nördlich der Alpen wider. Regensburg war ein wichtiger Umschlagplatz auf den kontinentalen Handelsrouten nach Italien, Böhmen, Russland und Byzanz. Zudem hatte die Stadt vielfältige Verbindungen zu den interkontinentalen Seidenstraßen. Dies ermöglichte einen wichtigen Austausch kultureller und architektonischer Einflüsse, die das Stadtbild bis heute prägen. Die Regensburger Altstadt stellt ein außergewöhnliches Zeugnis kultureller Traditionen im Heiligen Römischen Reich dar. Im Hochmittelalter war Regensburg bevorzugter Tagungsort für Reichsversammlungen, aber auch zur jüngeren europäischen Geschichte leistete die Stadt als Sitz des Immerwährenden Reichstags von 1663 bis 1806 ihren Beitrag. Die Überreste zweier Kaiserpfalzen aus dem 9. Jahrhundert sowie die zahlreichen gut erhaltenen historischen Gebäude legen Zeugnis ab vom einstigen Reichtum und der politischen Bedeutung der Stadt. Die Altstadt von Regensburg ist ein herausragendes Beispiel für eine binneneuropäische mittelalterliche Handelsstadt, deren historische Entwicklungsstufen gut erhalten sind. Vor allem die Entwicklung des Handels vom 11. bis zum 14. Jahrhundert wird dadurch außergewöhnlich gut veranschaulicht. Die Ursprünge Regensburgs gehen in die Zeit vor Christi zurück. Der Donaubogen ist bereits seit der Steinzeit besiedelt. In der Nähe eines Legionslagers wurden keltische Gräber entdeckt, die darauf schließen lassen, dass sie aus dem Jahr 400 v. Chr. stammen. Die römische Geschichte Regensburgs beginnt um 79 n. Chr., als das Kohortenkastell Kumpfmühl errichtet wurde. Es diente als Beobachtungsposten für die Naab- und Regenmündung. Später bildete sich um das Kastell eine zivile Siedlung. Das Entstehen einer Donausiedlung in der heutigen westlichen Altstadt wird zur gleichen Zeit vermutet.

Kriterien für das Welterbe aus: www.regensburg.de/welterbe/welterbe-regensburg/warum-welterbe, 1. September 2016

2. Stellen Sie den linken und rechten Rand auf 2,5 cm.
3. Bilden Sie sinnvolle Absätze.
4. Verändern Sie die Schriftgröße auf 11 Pt.
5. Setzen Sie die Überschrift „Warum Regensburg Welterbe wurde“ ein. Wählen Sie diese Formatierungen: Schriftart: Candara – Schriftgröße: 14 Pt. – Schriftfarbe: Weinrot – Schriftweite – Abstand: breit – Fettschrift – zentriert – doppelter Textrahmen – Farbe des Textrahmens: Weinrot – Hintergrundschattierung: Grau Verkürzen Sie den Textrahmen links und rechts um 0,2 cm.
6. Heben Sie wichtige Textteile durch Fettschrift oder kursiv hervor.
7. Verändern Sie den Zeilenabstand auf 14 Pt.
8. Ordnen Sie den Text in zwei Spalten an. Fügen Sie zwischen den Spalten eine Zwischenlinie ein.
9. Fügen Sie in die linke Spalte ein Bild aus dem Internet ein. Versehen Sie das Bild mit den Bildunterschrift „Altes Rathaus“. Formatieren Sie die Bildunterschrift in Schriftgröße 8, zentriert und kursiv.
10. Nehmen Sie die Silbentrennung (Worttrennung) nachträglich manuell vor.
11. Richten Sie den Text im Blocksatz aus.
12. Speichern Sie die Datei unter dem Datennamen **Regensburg**.

2.13 Änderungen nachverfolgen

Texte müssen oft von mehreren Personen bearbeitet werden. Für die Autoren ist es wichtig, zu erkennen, wer die Änderungen in dem Text vorgenommen hat. Arbeiten mehrere Personen an einem Dokument, können diese **Änderungen (Markups)** in verschiedenen Farben angezeigt werden. Die Änderungen sollten Sie als Vorschläge sehen, die Sie überprüfen und dann entweder annehmen oder ablehnen können.

Die meisten Texte müssen überarbeitet werden. Bevor Sie mit der Überarbeitung beginnen, sollten Sie sich überlegen, ob Sie die gemachten Veränderungen sofort speichern. Oft ist es wichtig, zu sehen, welche Änderungen vorgenommen wurden. Ist die Funktion **Änderungen nachverfolgen** aktiviert, protokolliert das Programm Word jede Veränderung, die an dem Dokument vorgenommen wird. Jeder neue Text, jedes neue Bild wird dokumentiert, jede neue Formatierung wird angezeigt und gelöschter Text durchgestrichen.

Um die Veränderungen im Text verfolgen zu können, aktivieren Sie im Register **Überprüfen**, in der Gruppe **Nachverfolgung** die Funktion **Änderungen nachverfolgen**.

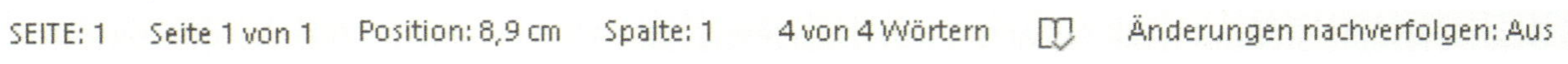

Auch in der Statuszeile wird **Änderungen nachverfolgen** angezeigt. Wenn Sie diese Anzeige nicht finden, klicken Sie mit der **rechten Maustaste** in diese Zeile. In dem neuen Fenster **Statuszeile anpassen** setzen Sie ein Häkchen vor die Funktion **Änderungen nachverfolgen**. Dann ist die Funktion in der Statuszeile sichtbar. Klicken Sie in der Statuszeile bei Änderungen nachverfolgen auf **Aus**, aktivieren oder deaktivieren Sie diese Funktion.

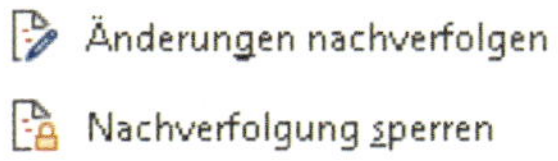

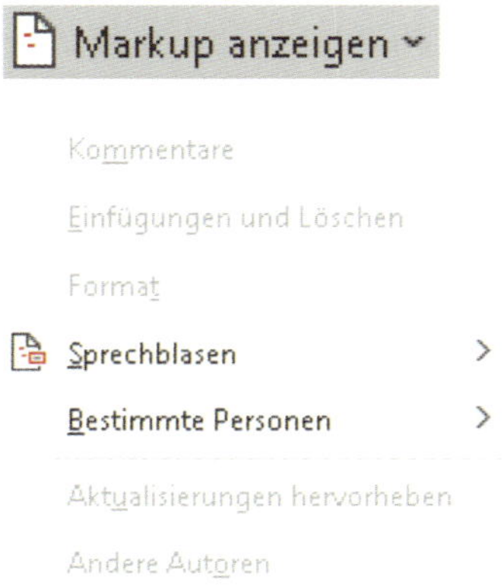

Wenn Sie die Änderungen verfolgen wollen, aktivieren Sie im Register **Überprüfen** in der Gruppe **Nachverfolgen** das Fenster **Markup anzeigen**. Setzen Sie bei **Kommentare, Freihand, Einfügungen und Löschen** sowie bei **Format** ein Häkchen. Außerdem entscheiden Sie in diesem Fenster über das Einfügen von **Sprechblasen**, wie Änderungen angezeigt werden und ob alle **Bearbeiter** bei bestimmten Personen aktiviert werden sollen.

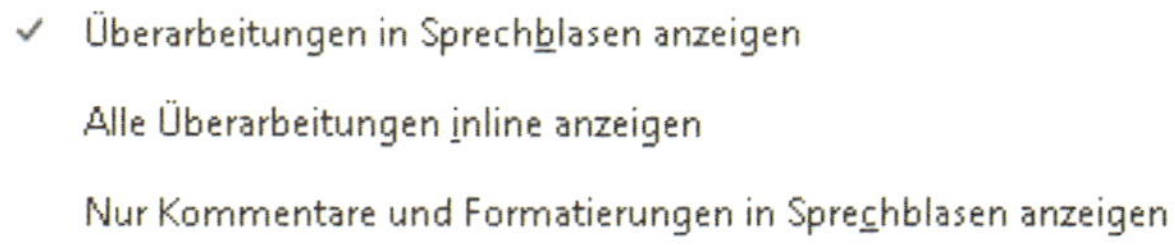

Sie erstellen einen Flyer, mit dem Sie zum Tag der offenen Tür einladen.

Der Tag der offenen Tür soll an zwei Sonntagen stattfinden, und zwar am 5. Mai 20.., 10:30 bis 16:30 Uhr, und am 19. Juli 20.., 11:00 bis 17:00 Uhr. Den Text des Flyers wollen Sie überschreiben.

In der Einstellung **Markups: alle** werden die Änderungen im Text und Informationen in den kleinen Sprechblasen angezeigt, zusätzlich erscheint links neben dem Text ein Strich, der auf Änderungen im Text aufmerksam macht. In der Ansicht **Einfaches Markup** weist nur ein Strich links vor der Zeile auf Änderungen hin.

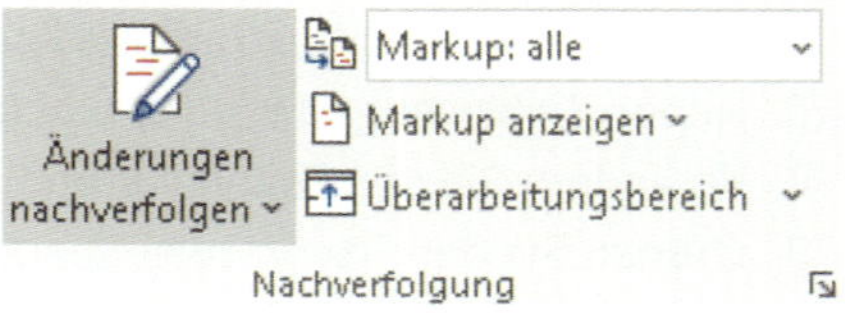

Klicken Sie im Register **Überprüfen** in der Gruppe **Änderungen** den Pfeil nach rechts unten an, öffnet sich ein Fenster mit Optionen zum Nachverfolgen von Änderungen. Hier legen Sie Feinheiten, Farben, und Anzeigen des Nachverfolgens fest. Auch den Benutzernamen verändern Sie in diesem Fenster.

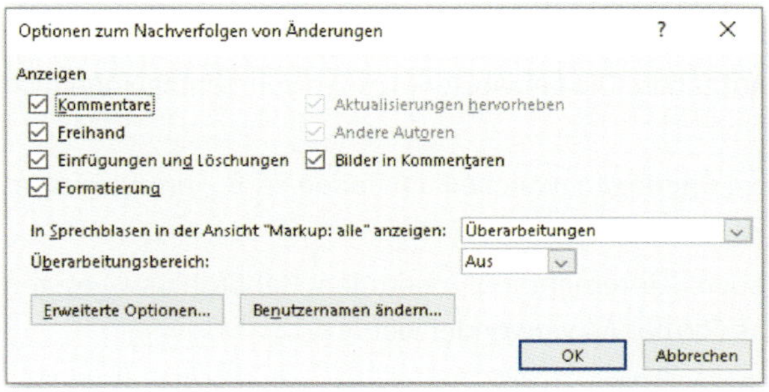

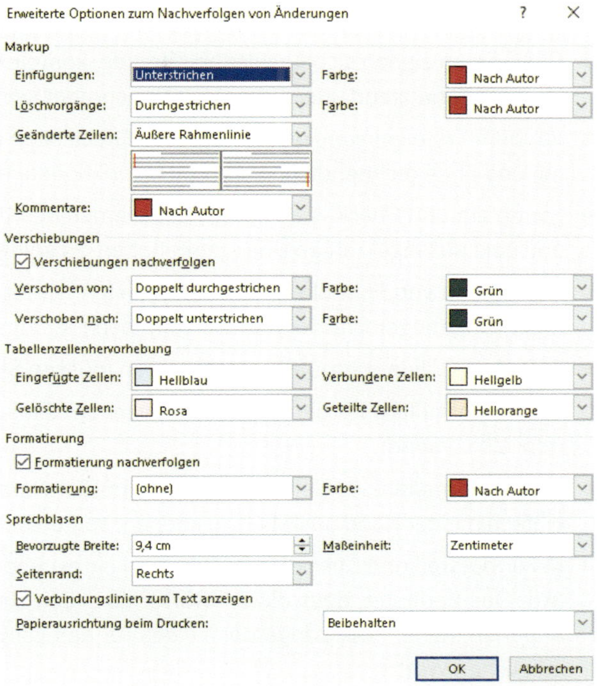

Die Farbeinstellungen betreffen nur den eigenen Computer. Bei anderen Benutzern erscheinen die Farben, die die Anwender ausgewählt haben. Auch die Farben **Nach Autor** sind an verschiedenen Computern je nach Einstellung unterschiedlich.

Bei der Durchsicht des überarbeiteten Textes bewegen Sie sich von einer Änderung zur nächsten über die Symbole. Klicken Sie in der Gruppe **Änderungen** auf die Funktion **Annehmen** oder **Ablehnen**, wird die aktuelle Änderung angenommen oder abgelehnt.

Bei langen Texten und vielen Überarbeitungen kann dieser Vorgang mühselig werden. In der Ansicht **Markup: keine** wird der Text in der aktuellen, überarbeiteten Fassung mit den zuletzt erstellten Änderungen angezeigt.

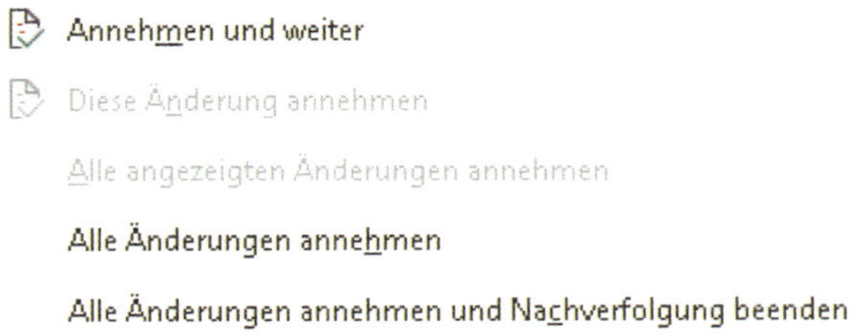

Sind Sie mit allen Überarbeitungen einverstanden, können Sie auch in der Funktion **Annehmen** auf **Alle Änderungen annehmen** klicken.

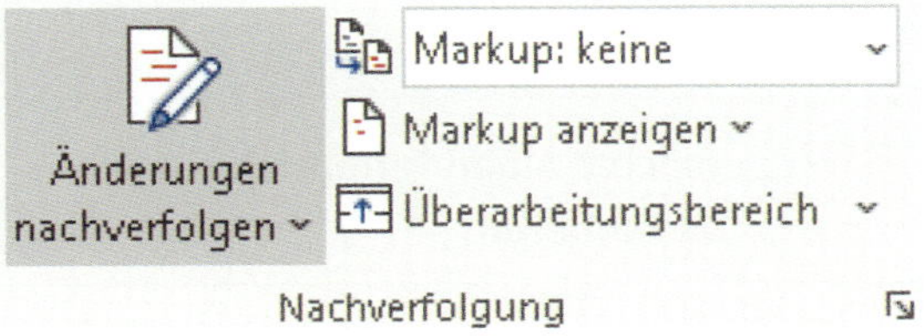

Haben Sie Zweifel bei einigen Stellen mit der Überarbeitung, wechseln Sie einfach zwischen **Markup: keine** und **Original** sowie über **Markup: alle**, hier finden Sie alle Veränderungen detailliert.

Sie haben noch eine weitere Möglichkeit, sich durch einen überarbeiteten Text zu arbeiten. Klicken Sie mit der rechten Maustaste auf die einzelnen Änderungen im Text oder am Rand. In dem neu geöffneten Fenster können Sie die Änderungen annehmen oder ablehnen.

Um alle Änderungen dauerhaft zu löschen, klicken Sie das Register **Datei, Informationen** an. Hier aktivieren Sie in der Rubrik Dokument überprüfen die Funktion **Auf Probleme überprüfen**. Sie wählen nun **Dokument prüfen**. Es erscheint ein Fenster mit verschiedenen Funktionen. Hier setzen Sie ein Häkchen vor alle Funktionen. Danach klicken Sie **Prüfen** an. In einem neuen Fenster wählen Sie **Alle entfernen**. Die Befehlseingabe schließen Sie mit **OK** ab.

2.14 Formulare und Checklisten

- Durch Formulare und Checklisten rationalisieren Sie die Büroarbeit. Sie fördern den Informationsfluss und gewährleisten eine gleiche Bearbeitung. Es ist sinnvoll, Formulare und Checklisten in Tabellenform zu erstellen.
- Checklisten eignen sich für wiederkehrende, komplexe Aufgaben. Die Leitwörter müssen vollständig, inhaltlich zusammenhängend und chronologisch geordnet sein.
- Vor dem Erstellen von Formularen oder Checklisten ist zu überlegen, welche Funktionen (z. B. Formularfelder mit und ohne rechnende und logischen Funktionen) benötigt werden.
- Formulare und Checklisten sollten den Namen des Urhebers (Unternehmen, Institution, Behörde usw.) tragen und eine aussagekräftige Überschrift haben. Es sollte das Format A4 verwendet werden.
- Der Aufbau von Formularen und Checklisten richtet sich nach dem Zweck. Sie sollten vollständig, ablaufgerecht, eingabegerecht, verständlich und behandlungsgerecht sein.
- Zwischen Online- und Offline-Formularen müssen Sie unterscheiden.
- Online-Formulare werden mit der Software am Bildschirm erstellt, ausgefüllt, bearbeitet, verarbeitet und elektronisch versandt.
- Offline-Formulare werden ebenfalls mit der Software erstellt, gespeichert und ausgedruckt. Um das Formular einfach mit der Hand ausfüllen zu können, sollten beim Erstellen waagerechte Hilfslinien eingesetzt werden.
- In Formularen und Checklisten steht der Leittext über dem Schreibtext oder der Leittext links vor dem Schreibtext. Das bedeutet, dass die Leitwörter über den einzufügenden Angaben oder links vor den einzufügenden Angaben stehen. Die Länge des Feldes für das Leitwort und den Einfügetext richtet sich nach dem längsten möglichen Wort.
- Alle Leitwörter sind verständlich zu formulieren. Abkürzungen sollten Sie vermeiden.

Beispiel für ein Formular für eine Telefonnotiz

Telefonnotiz		
Anruf für Formularfeld	**Anruf von** Formularfeld	**Unternehmen** Formularfeld
Telefon Formularfeld	**E-Mail** Formularfeld	
☐ **hat angerufen**	☐ **bittet um Rückruf**	☐ **möchte einen Termin vereinbaren**
Grund Formularfeld		
Aufgenommen von Formularfeld	**Datum** Formularfeld	**Uhrzeit** Formularfeld

Beispiel für ein ausgefülltes Formular für eine Telefonnotiz

Telefonnotiz		
Anruf für Julia Probst	**Anruf von** Stefanie Becks	**Unternehmen** TECHNOLUX GmbH
Telefon 0351 5452-28	**E-Mail** becks@technolux.com	
☐ **hat angerufen**	☐ **bittet um Rückruf**	☐ **möchte einen Termin vereinbaren**
Grund Die Lieferung der 10 Waschautomaten EWA 350 verzögert sich um eine Woche.		
Aufgenommen von Katrin Heinemann	**Datum** 20.11.20..	**Uhrzeit** 09:50 Uhr

Beispiel für eine Checkliste

Checkliste Korrespondenzanalyse

Anforderungen an Geschäftsbriefe			
Waren die Geschäftsbriefe fehlerfrei?		**Ja**	**Nein**
1.	Waren die Geschäftsbriefe normgerecht nach DIN 5008 gestaltet?	☐	☐
2.	Enthielten die Geschäftsbriefe Rechtschreibfehler?	☐	☐
3.	Waren Zeichensetzungsfehler vorhanden?	☐	☐
4.	War die Grammatik einwandfrei?	☐	☐
Formulierung der Geschäftsbriefe			
Wie waren die Geschäftsbriefe formuliert?		**Ja**	**Nein**
1.	Wurde eine empfängerbezogene Einleitung gewählt?	☐	☐
2.	Waren die Sätze klar und verständlich formuliert?	☐	☐
3.	Waren viele überflüssige Wörter (Füllwörter) vorhanden?	☐	☐
4.	Wurden viele Substantive anstelle von Verben bevorzugt?	☐	☐
5.	Waren die Briefe kundenorientiert formuliert?	☐	☐
6.	Wurde ein aktiver Schreibstil bevorzugt?	☐	☐
7.	Wurden zur Auflockerung Fragesätze gebildet?	☐	☐

2.15 Einfügen einer Excel-Tabelle in ein Word-Dokument

Excel-Tabelle einfügen

Wollen Sie eine Excel-Tabelle in ein Word-Dokument einfügen, haben Sie zwei Möglichkeiten:

- Sie kopieren die Excel-Tabelle und fügen Sie in das Word-Dokument ein.
- Sie fügen die Excel-Tabelle in das Word-Dokument ein und nehmen gleichzeitig eine dynamische Verknüpfung vor.

Excel-Tabelle kopieren und in das Word-Dokument einfügen

- Sie rufen das Tabellenkalkulationsprogramm Excel auf und markieren und kopieren die Tabelle. Zum Kopieren geben Sie den Kurzbefehl **Strg + C** ein. Danach rufen Sie das Textverarbeitungsprogramm Word auf und erfassen den Text oder öffnen die Datei. Es ist sinnvoll, die Excel-Tabelle in ein Textfeld einzufügen. Mit dem Befehl **Strg + V** fügen Sie die Tabelle in das Textfeld ein. Nun formatieren Sie die Excel-Tabelle. Sie vergrößern, verkleinern oder verschieben die Tabelle nach Ihren Bedürfnissen.
- Bei dieser Art des Einfügens handelt es sich um eine nichtdynamische Verknüpfung. In diesem Fall besteht zwischen den Programmen Excel und Word keine dauerhafte Verbindung.

Excel-Tabelle mit dem Word-Dokument dynamisch verknüpfen

- Wollen Sie, dass die Änderungen in der Excel-Tabelle auch in die Word-Datei übernommen werden, müssen Sie eine dynamische Verknüpfung vornehmen.
- Um die Excel-Tabelle in das Word-Dokument einfügen zu können, rufen Sie das Register **Einfügen, Objekt** auf. Unter den Objekten klicken Sie Microsoft **Excel-Arbeitsblatt** an.
- Unter **Durchsuchen** wählen Sie den Dateinamen aus. Nun klicken Sie **Einfügen** an. Um zu erreichen, dass geänderte Daten der Quelldatei (Excel) auch in das Word-Dokument übernommen werden, klicken Sie **Verknüpfen** an.

Arbeitsablauf

Einfügen – Objekt – Microsoft Excel-Arbeitsblatt – Aus Datei erstellen – Durchsuchen – Dateinamen auswählen – Einfügen – Verknüpfen – OK

Vermietungsstunden in den Tonstudios im 2. Quartal 20..				
Studio	**April**	**Mai**	**Juni**	**Insgesamt**
Tonstudio 1	117	148	125	390
Tonstudio 2	129	105	136	370
Insgesamt	**246**	**253**	**261**	**760**

Im Tonstudio 1 hatten wir im 2. Quartal 20.. insgesamt 390 Stunden vermietet. Im Mai waren es immerhin 148 Stunden, während die Stundenzahl im April auf 117 Stunden sank. Im Tonstudio 2 war die Vermietung 20 Stunden geringer als im Tonstudio 1. Die höchste Stundenzahl war im Monat Juni, während der Monat Mai die geringste Vermietung aufweist.

2.16 Einfügen eines Excel-Diagramms in ein Word-Dokument

Ein Excel-Diagramm in ein Word-Dokument einfügen und formatieren

Sie rufen zunächst das Tabellenkalkulationsprogramm Excel auf und öffnen das Diagramm. Sie markieren die Tabelle. Durch die Tastenkombination **Strg + X** kopieren Sie das Diagramm in den Zwischenspeicher.

Nun rufen Sie das Programm Word auf und erfassen den Text, der später neben dem Diagramm stehen soll. Das Diagramm sollten Sie in ein Textfeld einfügen.

Um das Diagramm in das Word-Dokument einzufügen, geben Sie **Strg + V** ein. Das Diagramm wird dadurch aus dem Zwischenspeicher in das Word-Dokument übertragen. Sie haben auch die Möglichkeit, das Diagramm über das Register **Einfügen, Objekt** aufzurufen. Unter den Objekten klicken Sie **Excel-Diagramm** an. Unter „Durchsuchen" wählen Sie den Dateinamen aus. Danach klicken Sie **Einfügen** an. Um zu erreichen, dass geänderte Daten der Quelldatei auch in das Word-Dokument übernommen werden, aktivieren Sie **Verknüpfen**.

Die Größe des Diagramms können Sie durch Ziehen der Maustaste bestimmen. Damit das Diagramm den Text nicht überdeckt, wählen Sie im Register **Layout, Textumbruch, Weitere Layoutoptionen** die Einstellung **Passend**.

Arbeitsablauf

Programm Excel aufrufen – Diagramm erstellen – Diagramm markieren – Strg + C – Programm Word aufrufen – Text erfassen – Einfügen – Textfeld – Textfeld erstellen – linke Maustaste drücken und Textfeld ziehen – Strg + V – Rahmen des Textfeldes markieren (äußerer Rahmen) – Größe durch Ziehen der Maus festlegen – Layout – Textumbruch – Weitere Layoutoptionen – Passend

Aufgabe

Erfassen Sie den Text und formatieren Sie das Diagramm, so wie es abgebildet ist.

Das Diagramm veranschaulicht die Vermietungsstunden. Im Tonstudio 1 hatten wir im 2. Quartal 20.. insgesamt 390 Stunden vermietet. Im Mai waren es immerhin 148 Stunden, während die Stundenzahl im April auf 117 Stunden sank. Im Tonstudio 2 war die Vermietung 20 Stunden geringer als im Tonstudio 1. Die höchste Stundenzahl war im Monat Juni, während der Monat Mai die geringste Vermietung aufweist.

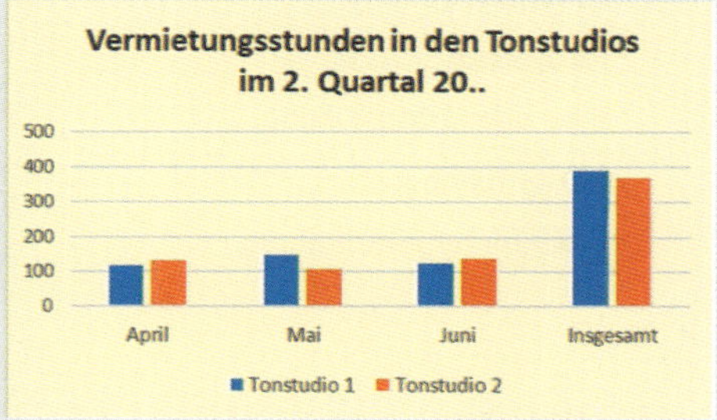

Fußnoten

Das Programm Word 2019 ermöglicht Ihnen eine komfortable Fußnotenverwaltung. In dem Register **Referenzen, Gruppe Fußnoten**, klicken Sie **Fußnote einfügen** an. Der Cursor springt nun an das Seitenende, wo Sie unter einem Fußnotenstrich hinter der hochgestellten Zahl den Fußnotentext eingeben. Um wieder die letzte Textstelle aufzusuchen, führen Sie den Mauszeiger an die Textstelle und klicken die linke Maustaste an.

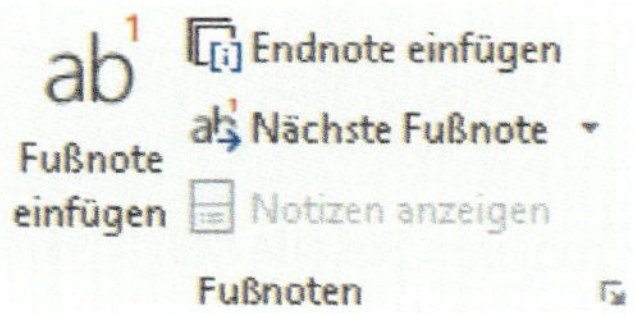

Arbeitsablauf

Referenzen – Fußnote einfügen – Fußnotentext eingeben – Mauszeiger an die letzte Textstelle – linke Maustaste anklicken

3 Präsentationen mit PowerPoint

3.1 Eine Präsentation erstellen

Arbeitsablauf

- Starten Sie PowerPoint und geben Sie den folgenden Text im Textfeld **Titel** ein:
  BEISPIEL FÜR EINE PRÄSENTATION
- Löschen Sie das Textfeld **Untertitel**, indem Sie den Rand des Textfeldes anklicken und dann die **Entf**-Taste drücken.
- Fügen Sie nun irgendwo auf der Folie ein neues Textfeld ein. Das Symbol finden Sie im Register **Einfügen**.

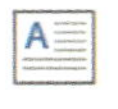

- Geben Sie in dieses Textfeld den Text EINFLIEGEN ein.
- Sie können diese Präsentation nun mit der Taste **F5** starten. Mit der **Esc**-Taste können Sie die Präsentation wieder beenden.

Diese Textfelder können auf verschiedene Arten formatiert werden. Klicken Sie hierzu das Textfeld mit der rechten Maustaste an. Es erscheint das unten stehende Fenster.

Aufgabe

Probieren Sie alle Möglichkeiten der Formatierung von Textfeldern aus.

3.2 Animationen in einer Präsentation

Arbeitsablauf

- Klicken Sie das von Ihnen erstellte Textfeld an.
- Wählen Sie nun im Register **Animationen** die Option: 

- Es geht nun das unten stehende Fenster auf (Ausschnitt).

- Wählen Sie das unten stehende Symbol.

- Starten Sie nun Ihre Präsentation mit der Taste F5.
- Sie sehen jetzt nur den Eingangsbildschirm mit dem Präsentationstitel. Das Textfeld ist noch nicht zu sehen. Erst nach einem Klick mit der rechten Maustaste erscheint das Textfeld EINFLIEGEN „einfliegend" von unten nach oben. Mit der Esc-Taste beenden Sie die Präsentation.
- Die Animation des Textfeldes kann verändert werden.
- Markieren Sie das Textfeld.
- Wählen Sie nun im Register **Animationen** die Option: Animationsbereich
- Im rechten Teil des Bildschirms geht ein neues Fenster auf.

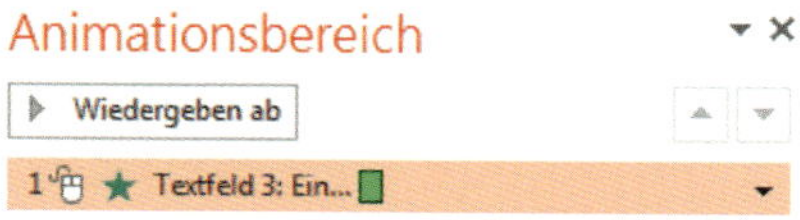

- Klicken Sie nun auf den Drop-down-Pfeil rechts neben dem Eintrag **Textfeld 3**. Es geht das unten stehende Fenster auf. Sie können hier entscheiden, wie die Animation starten soll.

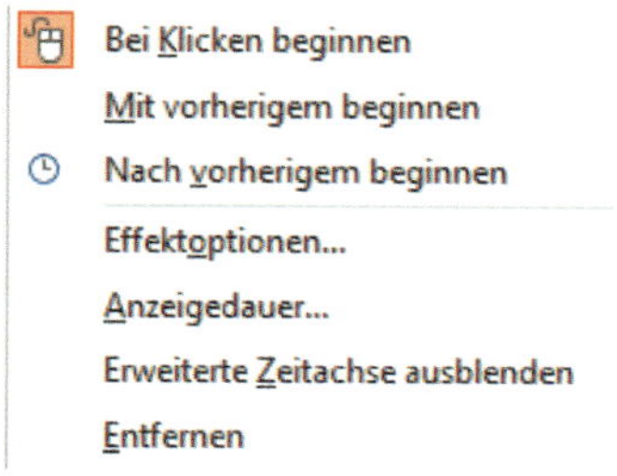

- Manueller Start durch Klicken mit der Maus. Bei Klicken beginnen
- Automatischer gleichzeitiger Start beim Öffnen der Präsentation (bei mehreren Textfeldern gleichzeitig mit den vorher in der Liste stehenden Textfeldern). Mit vorherigem beginnen
- Automatischer Start, nachdem die vorhergehende Aktion abgeschlossen wurde. Nach vorherigem beginnen
- Sie können außerdem Effekte, die Anzeigedauer oder die Textanimation verändern. Effektoptionen... Anzeigedauer...

Aufgaben

1. Probieren Sie alle Möglichkeiten der Animation von Textfeldern aus.
2. PowerPoint stellt Ihnen weit mehr als 30 weitere Möglichkeiten der Eingangsanimation zur Verfügung. Um weitere Animationen hinzufügen zu können, klicken Sie wiederum das nebenstehende Symbol an. 

3. Erstellen Sie nach dem Beispiel EINFLIEGEN neue Textfelder, geben Sie die Texte in die Textfelder ein und probieren Sie weitere Effekte aus.

4. Sie können Textfelder zusätzlich hervorheben, beenden oder sie auch bewegen. Diese Animationen werden genauso erstellt wie die Animationen der Eingangsgruppe.
5. Erstellen Sie weitere Textfelder, geben Sie die Texte in die Textfelder ein und probieren Sie die Möglichkeiten von **Betont**, **Beenden** und **Animationspfade** aus.
   Hinweis: Grafiken können auf die gleiche Art und Weise wie Texte animiert werden.

3.3 Reihenfolge der Animationen ändern

Die Reihenfolge der Animationen kann beliebig verändert werden.

Klicken Sie die Animation an, die Sie verschieben wollen. Im rechten Fenster sehen Sie:

Mit Anklicken der Richtungspfeile können Sie nun die Reihenfolge der Animationen nach Ihren Vorstellungen verändern.

Hinweis: Beachten Sie, dass ein Textfeld bzw. eine Grafik, die einmal beendet wurden, erst dann wieder animiert werden können, wenn sie wieder erschienen sind.

3.4 Grafiken einfügen und bearbeiten

Neben Texten können natürlich auch Grafiken oder Cliparts in eine Folie eingefügt werden. Diese Möglichkeit finden Sie im Register **Einfügen**.

Haben Sie eine Grafik eingefügt, können Sie diese auch bearbeiten.

Arbeitsablauf und Anwendungsmöglichkeiten

- Klicken Sie die Grafik mit der rechten Maustaste an. Aus dem Dialogfeld wählen Sie eine der beiden nebenstehenden Optionen.

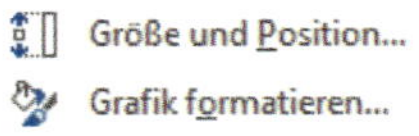

- Wählen Sie nun die Option **Größe und Position**, geht das unten stehende Fenster auf.

- Sie können nun die Größe der Grafik, aber auch das Seitenverhältnis der Grafik verändern.
- Weitere Bearbeitungsmöglichkeiten stehen zur Verfügung. Sie können die Grafikfarben ändern, die Grafik drehen, künstlerische Effekte hinzufügen u. v. m.

Aufgabe

Fügen Sie eine Grafik oder ein ClipArt-Bild in die Folie ein und probieren Sie alle Veränderungsmöglichkeiten für Grafiken und ClipArts aus.

3.5 Grafiken als Hintergrundbild

Möchten Sie eine Grafik als Hintergrundbild einsetzen, gehen Sie wie folgt vor:

Arbeitsablauf

- Setzen Sie die Grafik in die rechte obere Ecke der Folie.
- Klicken Sie die Grafik mit der rechten Maustaste an.
- Wählen Sie die Optionen **Grafik formatieren,** danach **Bildkorrekturen**.
- Verändern Sie die Helligkeit auf Werte zwischen 60 % und 80 %. (Der Wert der Helligkeit ist abhängig von der eingeblendeten Grafik.)
- Schließen Sie das Fenster.
- Klicken Sie die Grafik nochmals mit der rechten Maustaste an.
- Wählen Sie nun zweimal die Option **in den Hintergrund**.
- Nun ziehen Sie die Grafik auf Foliengröße (Höhe: ca. 23 cm, Breite: ca. 26 cm).
  Hinweis: Soll dieser Hintergrund für alle Folie gelten, müssen Sie die Folie duplizieren (siehe nächstes Kapitel). Denken Sie also rechtzeitig darüber nach, was Sie tun wollen.

Im Register **Bildformat** finden Sie noch viele weitere Möglichkeiten, Grafiken zu verändern. Probieren Sie diese einfach aus.

3.6 Neue Folien einfügen

Präsentationen bestehen in der Regel aus mehreren Folien.

Arbeitsablauf und Anwendungsmöglichkeiten

- Um eine neue Folie einzufügen, wählen Sie im Register **Start**:

  Es geht das nebenstehende Fenster auf. Sie können verschiedene Layouts übernehmen oder auch eine leere Folie einfügen, ganz wie es Ihnen beliebt.
- Gefällt Ihnen der Aufbau einer von Ihnen bereits erstellten Folie besonders gut und möchten Sie diese noch einmal verwenden, wählen Sie die Option **Ausgewählte Folie duplizieren**.

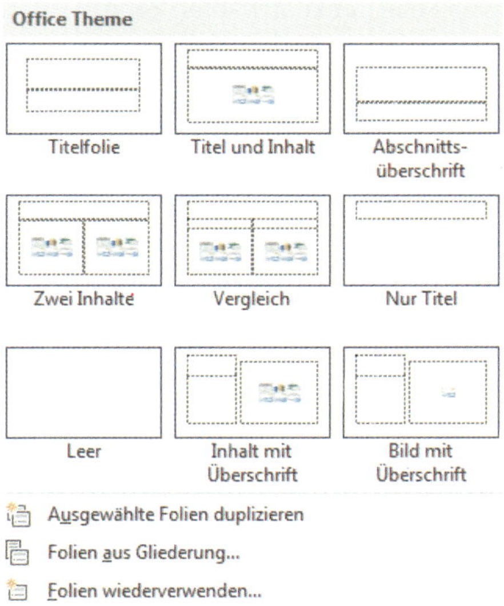

Aufgabe

Probieren Sie die verschiedenen Möglichkeiten aus.

3.7 Fußzeilen in Präsentationen

Sie können Fußzeilen auf jeder Folie Ihrer Präsentation einfügen.

Arbeitsablauf und Anwendungsmöglichkeiten

- Wählen Sie hierfür das Register **Einfügen** und hier:

  Sie können für **Folien und Handzettel** Datum und Uhrzeit anzeigen lassen.
- Sollen Datum und Uhrzeit immer auf dem aktuellsten Stand sein, aktivieren Sie die Option **Automatisch aktualisieren**. Die Anzeige wird dann links unten auf der Folie erscheinen.
- Des Weiteren können Sie die Foliennummer (erscheint links unten auf der Folie) und einen selbsterstellten Text als Fußzeile anzeigen lassen.
- Beim Abspeichern von Kopf- und Fußzeile können Sie entscheiden, ob diese Informationen nur auf der aktuellen Folie oder auf allen Folien angezeigt werden sollen.

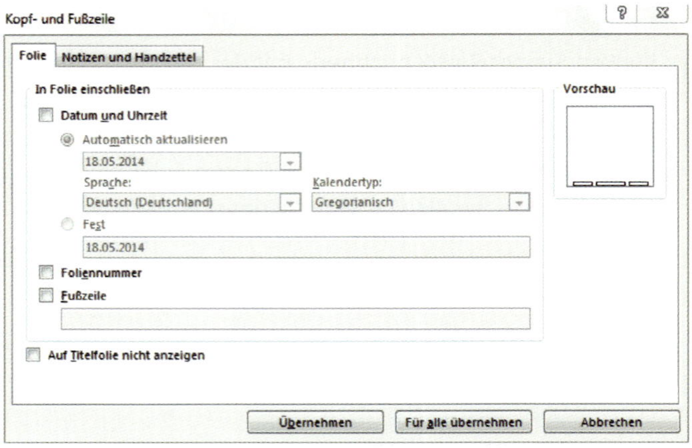

3.8 Ein Menü erstellen

PowerPoint-Präsentationen bestehen in der Regel aus mehreren Folien, die entweder nacheinander ablaufen oder durch ein Menü verknüpft werden können. Ein Menü besteht aus mehreren Links, mit denen der Nutzer eine Folie direkt anwählen kann.

Die Art der Verlinkung ist im Allgemeinen abhängig davon, wofür eine Präsentation benötigt wird. Soll eine Geschichte erzählt werden, ist die Reihenfolge der Folien festgelegt. Wird die Präsentation als Informationsmaterial hergestellt, muss ein Menü erstellt werden.

Für unser Beispiel ist ein Menü sinnvoll.

Arbeitsablauf

- Öffnen Sie eine neue PowerPoint-Präsentation.
- Geben Sie in das Textfeld **Titel** STARTSEITE ein.
- Entfernen Sie das Textfeld **Untertitel**.
- Fügen Sie das Cover **Lehrbücher** ein. (Hinweis: Sie finden die Grafik auf der beiliegenden CD.)
- Fügen Sie eine neue Folie ein. Klicken Sie hierzu im linken Teil des Bildschirms (Folienansicht) mit der rechten Maustaste die Option **Neue Folie** an.

- Geben Sie in das Textfeld **Titel** GRUNDLAGEN ein.
- Entfernen Sie das Textfeld **Untertitel** und fügen dann das Cover **Grundlagen** ein.
- Wiederholen Sie die letzten Schritte und erstellen für die Cover **Rechnungswesen**, **Lernsituationen** und **Informationsverarbeitung** jeweils eigene Tabellenblätter.

Es existieren nun fünf PowerPoint-Folien in dieser Präsentation. Wenn Sie die Präsentation starten, werden Sie sehen, dass Sie sich die Folien nacheinander anschauen können. Es besteht aber nicht die Möglichkeit, zwischen diesen Folien zu wechseln oder sich eine Folie mehrfach anzuschauen. Es muss erst noch ein Menü erstellt werden.

Arbeitsablauf

- Fügen Sie in eine der Folien am linken Rand der Folien ein Textfeld ein.
- Schreiben Sie in das Textfeld die Titel der Bücher. Betätigen Sie die Return-Taste nach Eingabe jedes Gruppennamens.

  Startseite
  Grundlagen
  Rechnungswesen
  Informationsverarbeitung
  Lernsituationen

- Markieren Sie den Eintrag STARTSEITE.
- Drücken Sie danach die rechte Maustaste und wählen **Hyperlink** aus. Hyperlink...
  Es erscheint das unten stehende Fenster.

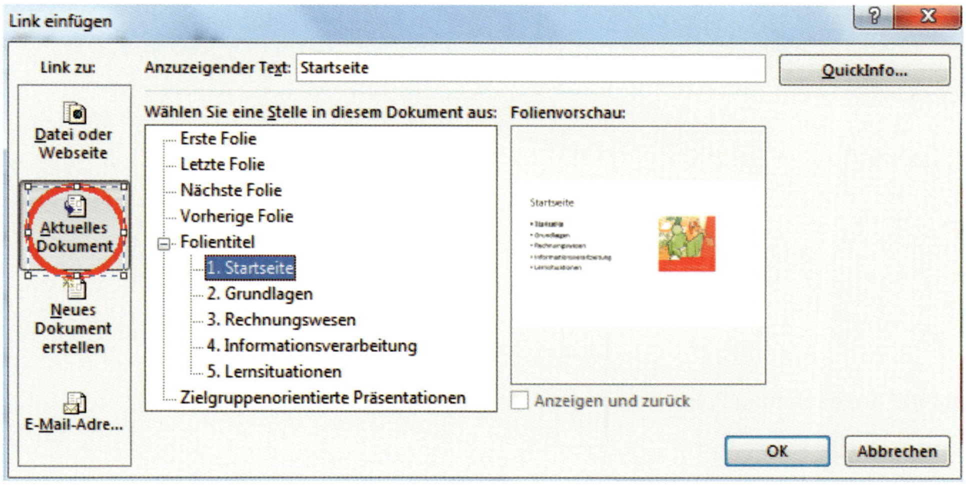

- Wählen Sie nun die Option **Aktuelles Dokument** und danach im Bereich **Folientitel** *1. Startseite.*
- Bestätigen Sie dies mit **OK**.
- Wiederholen Sie diesen Vorgang bei den anderen vier Buchcovern.
- Haben Sie alle Links gesetzt, markieren Sie das Textfeld und kopieren es. Nun klicken Sie die nächste Folie an und fügen das kopierte Textfeld ein. Sie müssen keine Position des Textfeldes angeben. Die Position des kopierten Textfeldes wird übernommen.
- Dies wiederholen Sie, bis auf jeder Folie das Textfeld zu sehen ist. Schon haben Sie ein Menü erstellt. Eine andere Möglichkeit, Links zu erstellen, finden Sie im Register **Einfügen**.

3.9 Weitere Möglichkeiten der Verlinkung

Wollen Sie mit PowerPoint eine Geschichte erzählen oder einen Bericht erstellen, müssen Sie anders vorgehen. Zur Verlinkung benötigen Sie interaktive Schaltflächen.

Diese finden Sie im Register **Einfügen** im Bereich:

Die Schaltflächen im Bereich **Interaktive Schaltflächen** haben unterschiedliche Bedeutungen: (Auswahl)

Zurück oder Vorherige(r)	
Nächste(r) oder Weiter	
Gehe zum Anfang	
Gehe zum Ende	
Gehe zur Startfolie	
Informationen	
Zurückkehren zur zuletzt angesehenen Folie	
Einen Film ansehen	
Zu einem Dokument gehen	
Sound anhören	
Zur Hilfefunktion gehen	

Haben Sie die Elemente einer Folie animiert, erscheint die interaktive Schaltfläche grundsätzlich als letztes Element, damit der Nutzer weiß, dass nun alle Informationen auf der Folie vorhanden sind.

Hinweis: Sie können bei der Einrichtung eines Links bestimmen, ob der Link mit einem Mausklick oder mit Mouseover (= Berühren des Links mit der Maus) gestartet wird. Überlegen Sie, wann welche Methode sinnvoll ist.

Aufgabe

Verbinden Sie verschiedene Folien durch die interaktiven Schaltflächen. Sie können hierzu die Cover-Folien benutzen.

3.10 Folien gestalten

Sie haben in PowerPoint die Möglichkeit, Folien farblich zu gestalten. Auch hier gibt es verschiedene Optionen.

Arbeitsablauf und Anwendungsmöglichkeiten

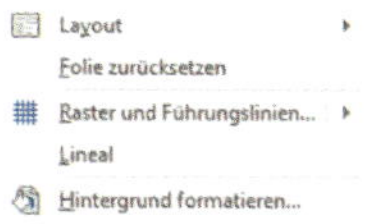

- Öffnen Sie eine neue PowerPoint-Präsentation und klicken Sie die Folie mit der rechten Maustaste an. Es erscheint das nebenstehende Dialogfeld (Ausschnitt). Wählen Sie nun **Hintergrund formatieren**.
- Wieder geht ein Fenster auf. Sie haben hier verschiedene Möglichkeiten zur Formatierung des Hintergrundes. Probieren Sie alle Möglichkeiten aus. Die ausgewählte Optik können Sie nur für die aktuelle Folie auswählen. Sie können sich aber auch **Für alle übernehmen** entscheiden.

- Im Register **Entwurf** finden Sie verschiedene Designs, die Sie für Ihre Folie übernehmen können. Durch die Option können die Farben des Designs verändert werden. Durch Rechtsklick auf das Symbol können Sie entscheiden, ob Sie das Design für nur eine oder für alle Folien übernehmen wollen.

- Reichen Ihnen diese Farbvarianten nicht aus, können Sie durch Anklicken des **Drop-Down-Pfeils** im Beispiel Varianten weitere Veränderungen vornehmen.

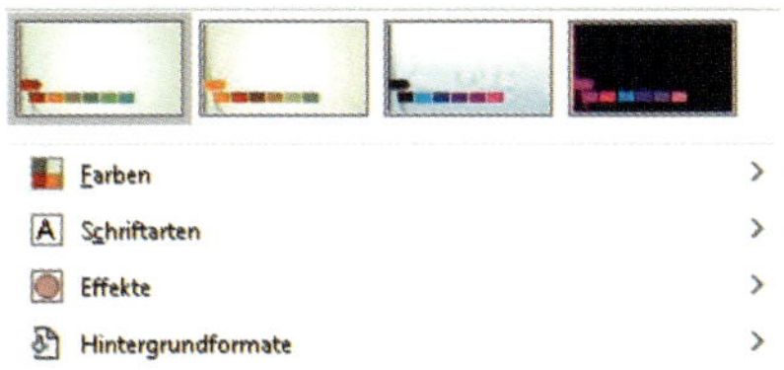

So zum Beispiel über **Farben – Farben anpassen** die Farben der Links verändern.

3.11 Folienübergänge einrichten

Folien können Sie auf verschiedene Arten überblenden. Dazu wählen Sie das Register **Übergänge**.

Probieren Sie die Folienübergänge einfach aus. Wenn Sie den Laufpfeil rechts beachten, werden Sie sehen, dass es nicht nur diese 10 Möglichkeiten gibt, Folien zu überblenden. Es stehen Ihnen 35 Übergänge zur Verfügung.

Durch das unten stehende Symbol haben Sie die Möglichkeit, diese Übergänge noch weiter zu verändern.

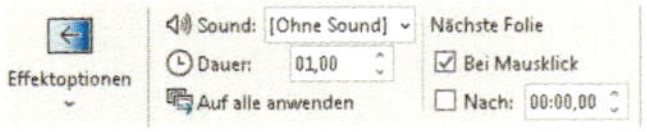

Sie können jeden Folienübergang mit einem Sound begleiten, können die Geschwindigkeit des Übergangs bestimmen.

Wichtig ist die Frage, wann bzw. wie die Folie gewechselt werden soll.

Erzählen Sie eine Geschichte? Dann sollten Sie den automatischen Folienübergang auswählen. (Bei der Angabe der Zeit denken Sie daran, dass 10 Sekunden ganz schön lang sein können.)

Sie erstellen einen Bericht und wissen nicht, wie schnell der Nutzer liest. Dann sollten Sie die Option **Bei Mausklick** wählen (oder die Haken ganz weglassen und auf die Seite davor eine interaktive Schaltfläche setzen). Soll die Steuerung der Präsentation über ein Menü erfolgen, darf kein Haken gesetzt werden.

Sie können noch entscheiden, ob die Übergänge für alle Folien gleich sein sollen oder ob jede Folie einen eigenen Übergang haben soll.

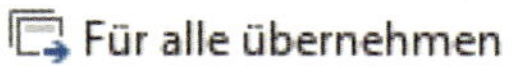

3.12 Formen einbinden

PowerPoint bietet Ihnen eine große Auswahl an verschiedenen Formen an. Sie finden diese im Register **Einfügen**. Die interaktiven Schaltflächen kennen Sie bereits.

Arbeitsablauf

- Zur Einbindung einer Form in eine PowerPoint-Folie suchen Sie die Form aus und klicken auf der Folie an der Stelle, an der die Form erscheinen soll. Dann ziehen Sie die Form mit der Maus auf.
- Möchten Sie Änderungen an der Form vornehmen, klicken Sie die Form mit der rechten Maustaste an. Es erscheint das nebenstehende Fenster. Sie können nun u. a. auswählen, ob Sie einen Text in die Form eingeben, die Schriftart ändern oder die Farbe der Form festlegen wollen.

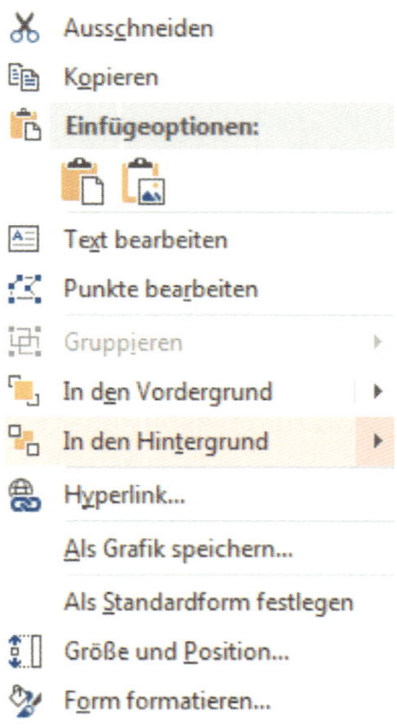

3.13 Diagramme erstellen

In PowerPoint können Diagramme erstellt werden. Im Register **Einfügen** finden Sie das Symbol:

Klicken Sie das Symbol an, geht das unten stehende Fenster auf.

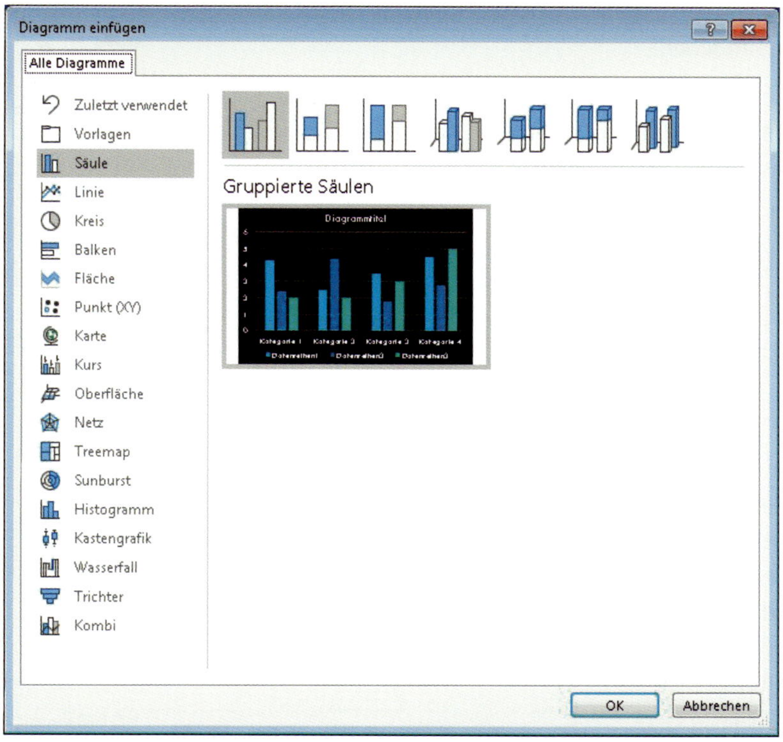

Nachdem Sie den Diagrammtyp ausgewählt und mit einem Doppelklick in die Folie eingefügt haben, teilt sich das Fenster und auf der rechten Seite des Fensters erscheint ein Excel-Bildschirm. Hier können Sie nun die erforderlichen Daten als Grundlage für das Diagramm eingeben. Haben Sie alle Daten eingegeben, schließen Sie die Excel-Datei.

3.14 WordArt

Eine weitere Möglichkeit, optische Effekte in den Schriftbereich zu bringen, ist die Arbeit mit WordArt.

Arbeitsablauf

- Klicken Sie das Symbol an, geht das nebenstehende Auswahlfenster auf.
- Wählen Sie eine WordArt-Form aus den nebenstehenden Beispielen aus, dann geben Sie den gewünschten Text ein.
- Möchten Sie danach noch Änderungen am Layout der WordArt-Form vornehmen, klicken Sie die Grafik mit der Maus an.
- Das PowerPoint-Menüband ändert sich und hat nun das unten abgebildete Aussehen. Sie können die Arten der Formen, die Formkontur und die Formeffekte verändern. So, wie Sie die Formen verändern können, so können Sie das auch mit Texten.

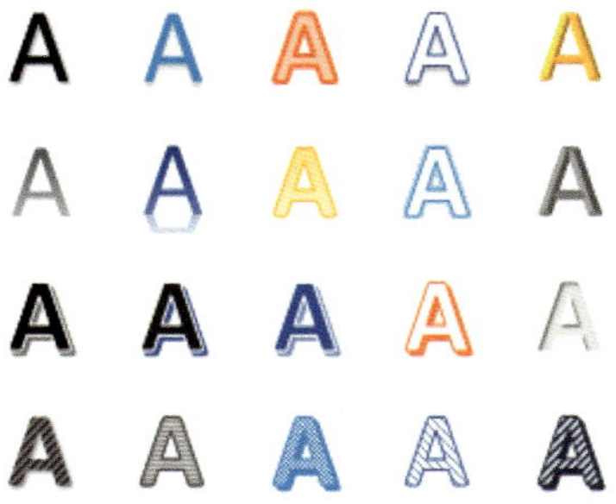

Probieren Sie die Arbeit mit WordArt einfach aus!

3.15 Medien einfügen

PowerPoint ermöglicht Ihnen, Medien während der Präsentation abspielen zu lassen. Sie können bestimmen, ob ein Sound per Mausklick gestartet werden soll oder automatisch mit Erscheinen einer Folie. Dabei ist es egal, ob Sie die von Windows vorgehaltenen Sounds nutzen oder eigene Sounds einspielen wollen.

Im Register **Einfügen** finden Sie die Schaltflächen:

Das Einfügen von Videos und Audios (Sounds) erfolgt auf die gleiche Art. Wie Medien eingebunden werden, wird hier am Beispiel der Einbindung eines Audio-Clips gezeigt.

Arbeitsablauf

- Klicken Sie den Drop-down-Pfeil des Audio-Symbols an.
- Wählen Sie nun die Option **Audio auf meinem Computer**.

- Wählen Sie nun eine Audio-Datei aus.
  In der Mitte der Folie erscheint nun ein Platzhalter für den Sound.

- Der Sound startet, wenn der Platzhalter während der Präsentation angeklickt wird.
- Wollen Sie Veränderungen an den Einstellungen vornehmen, klicken Sie den Platzhalter zunächst einmal an. Das PowerPoint-Menüband verändert sich. Es wird ergänzt durch die Audiotools **Format + Wiedergabe.**

- Im Bereich **Format** kann u. a. die Optik des Platzhalters verändert werden.

- Sound verändern Sie im **Wiedergabe**-Bereich der Audiotools.

- Probieren Sie die Möglichkeiten aus.

3.16 Eine Bildschirmpräsentation einrichten

Zum Schluss sollten Sie die Bildschirmpräsentation einrichten. Wie Sie dies tun, ist abhängig von der Art der Präsentation.

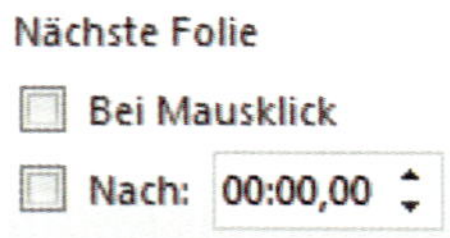

Haben Sie eine Präsentation erstellt, die über Menüs gesteuert wird, sollten Sie die Präsentation so einstellen, dass die Präsentation wirklich nur über die Links gesteuert werden kann. Sogenannte „wilde Klicks" irgendwo auf der Folie sollen ohne Wirkung bleiben. Im Register **Übergänge** sollten Sie das Häkchen **Bei Mausklick** entfernen.

Soll Ihre Präsentation automatisch ablaufen, müssen Sie die Zeiten einstellen, wie lange jede Folie angezeigt werden soll. Im Register **Bildschirmpräsentation** klicken Sie auf das nebenstehende Symbol.

Die PowerPoint-Ansicht verändert sich. Es wird die aktuelle Folie angezeigt und links oben am Bildschirm sehen Sie die nebenstehende Schaltfläche.

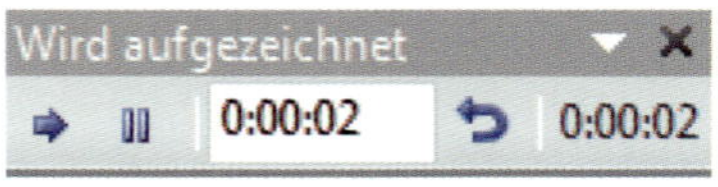

Die angezeigte Folie bleibt solange auf dem Bildschirm zu sehen, bis Sie den Pfeil links anklicken. Im mittleren Teil der Anzeige wird angezeigt, wie lange die aktuelle Folie zu sehen ist. Im rechten Teil der Anzeige wird die Gesamtlaufzeit der Präsentation angezeigt. Dann erscheint die nächste Folie auf dem Bildschirm. PowerPoint merkt sich, wann die Folienwechsel vollzogen wurden. Zum Abschluss werden Sie gefragt, ob Sie die Anzeigedauer abspeichern wollen.

Im Register **Bildschirmpräsentation** finden Sie die Möglichkeit, Voreinstellungen vorzunehmen. Schauen Sie sich die im folgenden Fenster angebotenen Möglichkeiten genau an und probieren Sie diese aus.

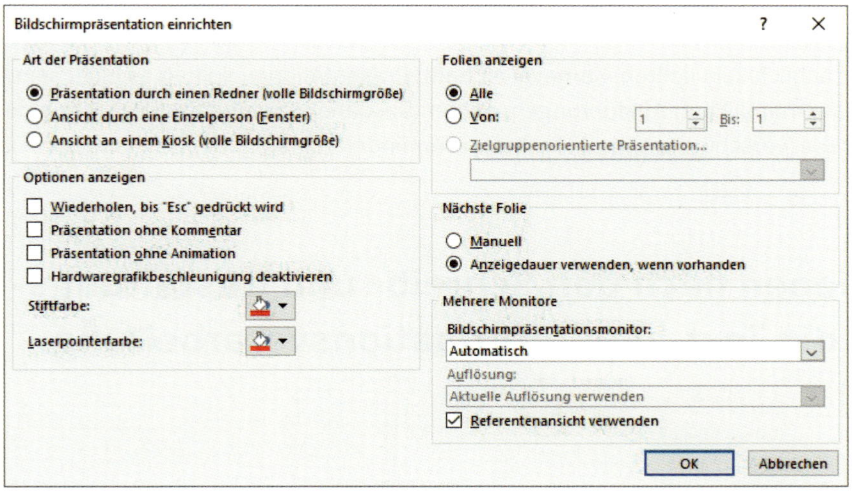

3.17 Ein Fotoalbum erstellen

Mit PowerPoint lassen sich auf einfache Art Fotoalben erstellen.

Arbeitsablauf

- Öffnen Sie eine neue Präsentation. Wählen Sie im Register **Einfügen** die Option Fotoalbum.
- Wählen Sie in dem Fenster die Schaltfläche **Datei/Datenträger**.

- Wählen Sie die Bilder aus, die im Fotoalbum erscheinen sollen, und bestätigen Ihre Wahl mit **Erstellen**.
- Für jedes Foto wird nun eine eigene Folie erstellt.

3.18 Anmerkungen zur Erstellung von Präsentationen

Bildschirmpräsentation sollen mündliche Vorträge unterstützen, sie sind kein Selbstzweck. Aus diesem Grund ist eine gründliche Planung äußerst wichtig. Die Präsentation hat die Aufgabe, durch ein gut gestaltetes Design den Vortrag zu unterstützen und zu visualisieren. Eine gute Struktur ist daher die Grundlage einer guten Präsentation, zu viel „Schnick-Schnack" kann störend wirken. Animationen sollten daher bewusst sparsam eingesetzt und Folienübergänge thematisch passend gewählt werden.

Berücksichtigen Sie bei der Planung Ihrer Präsentation, für welche Zielgruppe die Präsentation erstellt werden soll. Eine zu lange Präsentation kann ermüdend wirken. Achten Sie aber auch auf die räumliche Umgebung in der die Präsentation stattfinden soll. Ebenfalls zu beachten ist das Corporate Design Ihres Unternehmens/ Ihres Vereins.

Formulieren Sie die Inhalte der Folien kurz und prägnant. Ihre Zuhörer sollen Ihrem Vortrag „lauschen" und nicht durch langes Lesen der Folieninhalte von Ihrem Vortrag abgelenkt werden.

Verwenden Sie nicht zu viele Schriftarten, dies erzeugt Unruhe auf der Folie. Achten Sie darauf, dass auch die Personen in der letzten Reihe des Vortragssaales die Aussagen der Präsentation lesen können. Zu kleine Schriftgrade und störende grafische Hintergrundelemente sollten vermieden werden.

Denken Sie daran, dass Vorträge sachlich sein sollten. Karneval ist bunt, Präsentationen sollten es nicht sein. Bilder und Grafiken unterstützen die mündlichen Ausführungen. Achten Sie daher darauf, dass die Fotos eine gute Qualität aufweisen. Verwackelte/verschwommene Aufnahmen vermindern einen guten Gesamteindruck Ihrer Präsentation.

3.19 Präsentationen nach den Schreib- und Gestaltungsregeln für die Text- und Informationsverarbeitung (DIN 5008)

- Eine Bildschirmpräsentation unterstützt visuell einen Vortrag. Der Vortragende steuert die Präsentation nach dem Verlauf des Vortrages. Durch ein gut gestaltetes Foliendesign soll der Betrachter die Informationen schnell und strukturiert aufnehmen können.
- Folien sollen durch Dekorationen, 3-D-Effekte und andere Elemente den Betrachter nicht vom Wesentlichen ablenken. Darum sollten Folien textlich auch nicht überladen sein. Wichtig ist, dass genügend Freiflächen vorhanden sind, um die Konzentration auf das Wesentliche zu lenken. Zahleninformationen sollten strukturiert, z. B. in Tabellenform, dargestellt werden.
- Wenn Sie überlegen, wie Sie die Folie aufteilen, sollten Sie die Rahmenbedingungen beachten. Dazu gehören Anlass, räumliche Gegebenheiten, Vortragsdauer, Zielgruppe, Corporate Design, Inhalte, Möglichkeiten der Software.
- Sie sollten ein „unruhiges Schriftbild" vermeiden. Verzichten Sie darum auf mehr als zwei unterschiedliche Schriftarten. Die Schrift muss so groß sein, dass sie auch in der letzten Sitzreihe von den Zuhörern gut gelesen werden kann. Farben sollten Sie sinnvoll auswählen. Nur für die wichtigen Informationen sollten Sie die Schriftfarbe oder den Hintergrund verändern.
- Farben des Corporate Designs oder von Ihnen gewählte Farben, Farbwerte und Farbschemata sollten Sie auf allen Folien beibehalten. Die Überschriften sollten Sie aussagekräftig formulieren und in einem einheitlichen Stil layouten.
- Aus der Reihenfolge der Textelemente leitet der Betrachter die Wichtigkeit der Information ab. Wenn Sie die Aufteilung der Folie überlegen, sollten Sie die Sehgewohnheiten des Betrachters berücksichtigen. Aufzählungen sollten Sie nur stichwortartig aufführen. Lange Sätze können vom Betrachter nur langsam gelesen und aufgenommen werden. Es ist sinnvoll, Aufzählungen durch Aufzählungszeichen oder Nummerierungen zu kennzeichnen.
- Für Bilder und Grafiken sollten Sie nur hochwertige Fotos verwenden. Dabei ist das Copyright zu beachten.
- Animationen sollten Sie gut überlegt einsetzen. Sie sollen die Aufmerksamkeit des Betrachters besonders auf die animierten Elemente lenken. – Folienübergänge sollten thematisch passend – nach Möglichkeit wenig dominant in die Gesamtpräsentation eingebettet werden.
- Ein Handout (Handzettel) ergänzt die Bildschirmpräsentation. Angaben über die Firma, den Namen des Vortragenden, Ort, Zeit sowie Tabellen, Diagramme zum Thema sollten vorhanden sein. Sind die Folien der Bildschirmpräsentation abgebildet, sind sie zu nummerieren und zu erläutern. Die Schrift, Grafiken und Diagramme müssen auf den Folien zu erkennen sein. Das Handout kann noch weitere Informationen enthalten.

4 Tabellenkalkulation mit Excel

Alle benötigten Dateien können aus dem BuchPlusWeb heruntergeladen werden.

4.1 Grundlagen

4.1.1 Formatierungen

Zahlen formatieren

Zahlen werden in Excel im Register **Start** formatiert. Einige Formatierungsmöglichkeiten sind im Menüband bereits vorgegeben. Sie formatieren die Zahlen, indem Sie die entsprechende Zelle anklicken und danach auf das gewünschte Symbol klicken.

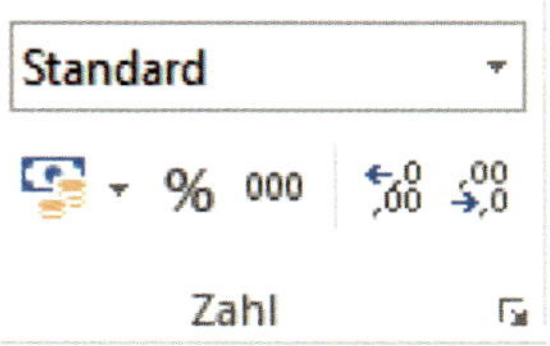

Arbeitsablauf und Anwendungsmöglichkeiten

A1	Formatieren Sie die Zahl als Prozentzahl.
A3	Formatieren Sie die Zahl als Prozentzahl mit zwei Dezimalstellen.
A5	Versehen Sie die Zahl mit Tausendertrennzeichen.
A7	Versehen Sie die Zahl mit zwei Dezimalstellen.
A9	Begrenzen Sie die Anzahl der Dezimalstellen auf zwei.
A11	Formatieren Sie die Zahl als Euro-Betrag. (Durch Anwählen des Drop-down-Pfeiles können Sie unter weiteren Buchhaltungsformaten auswählen.)

Zusätzliche Möglichkeiten der Zahlenformatierung finden Sie hier:

Texte formatieren

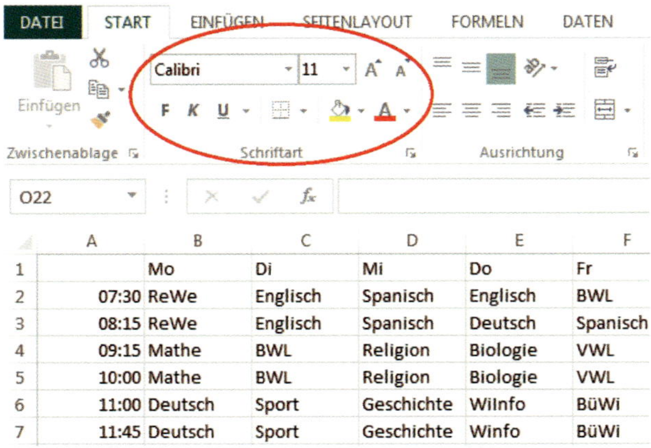

Textformate kennen Sie bereits aus Word. Die Excel-Symbole sind mit den Word-Symbolen weitgehend identisch.

Arbeitsablauf und Anwendungsmöglichkeiten

- Markieren Sie die Eintragungen in Spalte A und formatieren Sie in die Schriftart **Verdana 12**.

- Markieren Sie die Wochentage und formatieren Sie diese in Fettschrift.
- Markieren Sie die Zahlen in Spalte A und formatieren Sie diese kursiv.
- Markieren Sie die Wochentage und formatieren Sie diese unterstrichen.
- Markieren Sie die Wochentage und formatieren Sie diese in gelber Schrift.
- Vergrößern oder verkleinern Sie die Texteingaben nach Belieben.
- Zusätzliche Möglichkeiten der Textformatierung finden Sie hier:

Zellen formatieren

Arbeitsablauf und Anwendungsmöglichkeiten

- Markieren Sie die gesamte Tabelle und geben Sie den Zellen einen Rahmen.
- Markieren Sie die Wochentage und geben Sie den Zellen einen roten Hintergrund.
- Ändern Sie die Schriftfarbe der Wochentage in Gelb.
- Mit den Drop-down-Pfeilen neben den Symbolen können Sie unter anderem andere Rahmen auswählen, Linienarten und Linienfarben auswählen, andere Hintergrundfarben oder auch Schriftfarben bestimmen. Probieren Sie die Optionen aus.

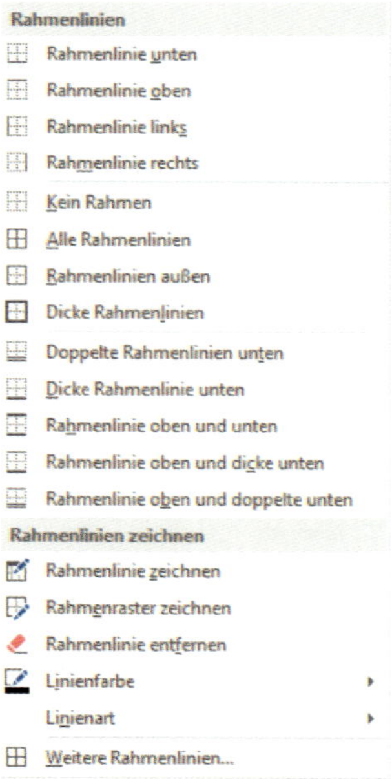

Zellen ausrichten

Es besteht die Möglichkeit, die Spaltenbreiten und die Ausrichtung der Eintragungen in den Zellen zu verändern. Sie können die Eintragungen schräg ausrichten oder die Zellen mit einem Einzug versehen. Aber es ist auch möglich, Zellen zu verbinden oder Zeilenumbrüche innerhalb einer Zelle vorzunehmen.

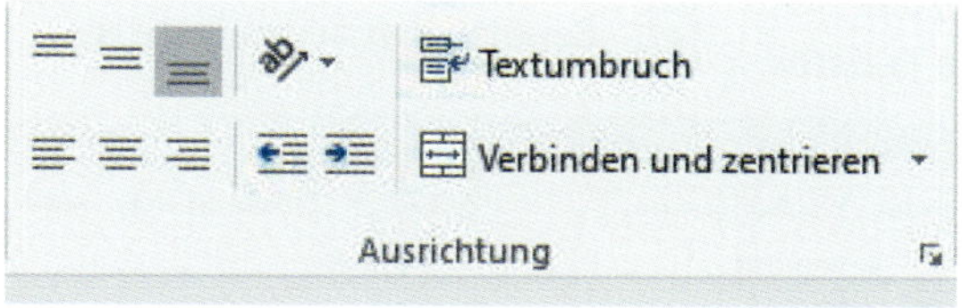

Arbeitsablauf und Anwendungsmöglichkeiten

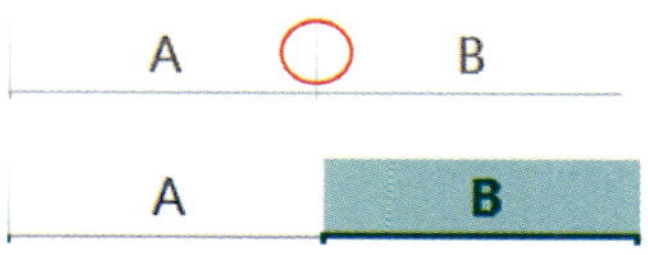

- Durch Doppelklick auf den Strich zwischen den zwei Spalten können Sie die Breite der Spalte auf die Länge der Eintragungen in den Zellen optimieren.
- Wenn Sie die Maus auf diesem Zwischenstrich festhalten, können Sie die Spaltenbreite selbst bestimmen.
- Durch Anklicken einer Spaltenüberschrift können Sie die Spalte auf eine bestimmte Breite einstellen, indem Sie die rechte Maustaste nutzen und mit der Option **Spaltenbreite** die Breite eingeben.
- Eintragungen können innerhalb einer Zelle ausgerichtet werden. Die Spalte A soll linksbündig ausgerichtet werden, die Spalte C horizontal zentriert. 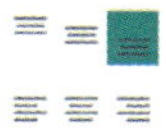
- Texte in Zellen können auch schräg angezeigt werden. Klicken Sie auf den Drop-down-Pfeil, werden die Optionen angezeigt. Formatieren Sie die Spaltenüberschriften in Schriftgröße 25. 
- Sie können mit den nebenstehenden Symbolen den Spalteneinzug vergrößern bzw. verkleinern. Vergrößern Sie den Spalteneinzug der Spalte A mit einem Klick. 
- Setzen Sie einen Zeilenumbruch in A1 zwischen Artikel und Nummer. 
- Verbinden Sie die Zellen B1 und C1, indem Sie die beiden Zellen mit der Maus markieren und das nebenstehende Symbol anklicken. 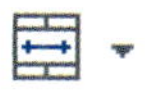

Zellen sortieren

In Excel gibt es eine einfache Möglichkeit, Tabellen nach bestimmten Kriterien zu sortieren.

Arbeitsablauf

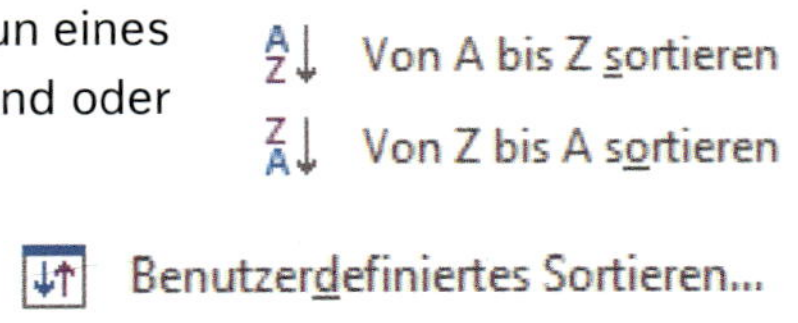

- Stellen Sie den Cursor in *eine* beliebige Zelle der Tabelle. Klicken Sie nun eines der nebenstehenden Symbole an, wird die Tabelle entweder aufsteigend oder absteigend sortiert.
- Möchten Sie nach mehreren Kriterien sortieren, nutzen Sie das nebenstehende Symbol. Klicken Sie es an, geht das folgende Fenster auf.
- Hier können Sie nun die Reihenfolge der Sortierkriterien bestimmen. Wenn Sie die Sortierbedingungen eingestellt haben, können Sie durch **Ebene hinzufügen** weitere Sortierebenen einbringen.

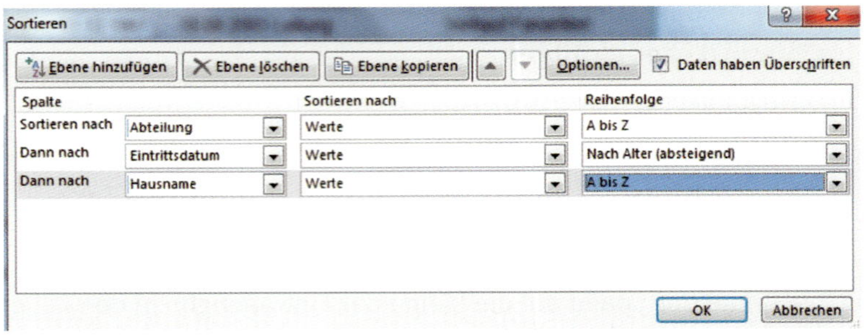

Vorsicht: Wenn Sie eine Zelle markieren, werden alle Daten in der Tabelle sortiert. Wenn Sie einen Zellbereich markieren und nehmen anschließend eine Sortierung vor, wird nur der markierte Bereich sortiert, der Rest der Tabelle wird nicht mitsortiert, das heißt, dass die Daten der Tabelle durcheinander geraten werden.

Zellen einfügen und löschen

Sie können in bestehende Tabellen zusätzliche Zellen und Spalten einfügen, aber auch löschen. Sie haben immer zwei Möglichkeiten des Löschens bzw. des Einfügens.

Arbeitsablauf

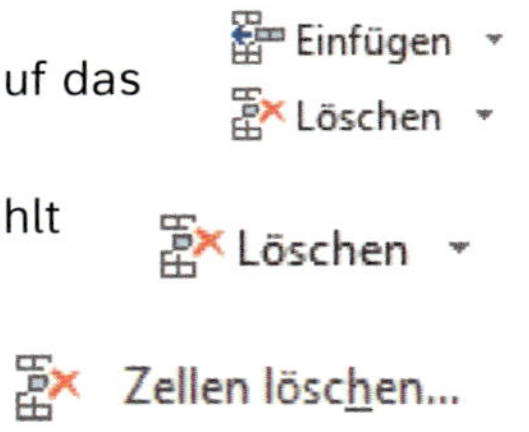

- Wollen Sie eine bestimmte Zelle löschen, klicken Sie diese an. Dann klicken Sie auf das Symbol *oder* Sie klicken die rechte Maustaste an.
- Es geht eines der nebenstehenden Fenster auf. Nachdem Sie **Zellen löschen** gewählt haben, erhalten Sie das folgende Auswahlfenster.
- Hier können Sie nun auswählen, auf welche Art gelöscht werden soll. Das Einfügen von Zellen erfolgt auf die gleiche Art.
- Wollen Sie eine oder mehrere Zeilen bzw. Spalten löschen bzw. einfügen, markieren Sie die Zeilen- bzw. Spaltenüberschriften mit der Anzahl von Zeilen oder Spalten.
- Gehen Sie danach genau wie oben vor.

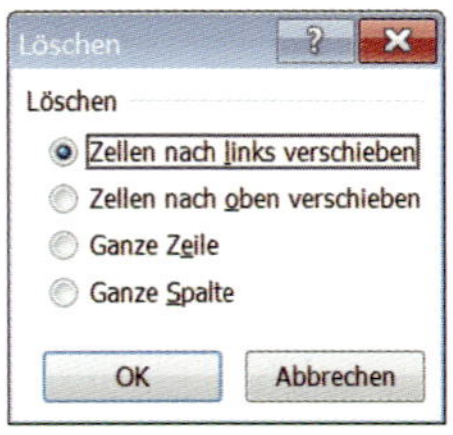

Tabellenblätter benennen, einfügen und löschen

Jede Tabelle besteht aus verschiedenen Tabellenblättern. Durch diese Tabellenblätter ist es möglich, eine gewisse Ordnung in die Arbeit mit Excel zu bekommen.

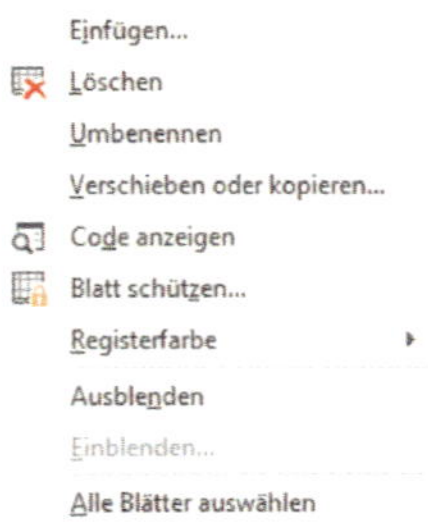

Es besteht die Möglichkeit, ...

- die Tabellenblattbezeichnung zu ändern,
- Tabellenblätter einzufügen,
- Tabellenblätter zu kopieren oder zu verschieben,
- Tabellenblätter zu löschen.

Arbeitsablauf und Anwendungsmöglichkeiten

Tabellenblattbezeichnung ändern

- Klicken Sie den Namen des zu ändernden Tabellenblattes mit einem Doppelklick an. Der Tabellenblatttitel verändert seine Optik.
- Nun können Sie den neuen Blattnamen eingeben. Danach bestätigen Sie die Eingabe mit **Enter** oder klicken einfach in eine beliebige Zelle des Tabellenblattes.

Tabellenblätter einfügen

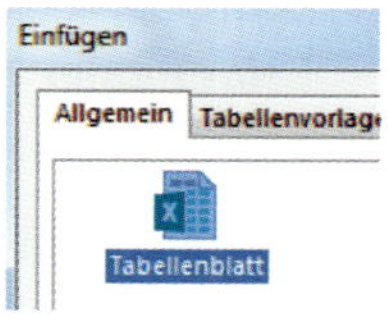

- Klicken Sie auf irgendeine Tabellenblattbezeichnung.
- Klicken Sie auf die rechte Maustaste, wählen Sie den Menüpunkt **Einfügen**.
- Im folgenden Bild wählen Sie nun **Tabellenblatt** aus.
- Nun können Sie dem Tabellenblatt einen neuen Namen geben. Die Vorgehensweise ist identisch mit der Vorgehensweise bei der Änderung von Tabellenblattnamen.

Tabellenblätter kopieren bzw. verschieben

- Klicken Sie auf das zu kopierende Tabellenblatt und die Tabellenblattbezeichnung.
- Klicken Sie auf die rechte Maustaste, wählen Sie den Menüpunkt **Verschieben/Kopieren**.
- Sie können nun entscheiden, an welche Stelle das Tabellenblatt verschoben bzw. an welcher Stelle die Kopie (Haken setzen!) erstellt werden soll.

Tabellenblätter löschen

- Klicken Sie die Tabellenblattbezeichnung des zu löschenden Tabellenblattes an.
- Klicken Sie nun auf die rechte Maustaste, wählen Sie den Menüpunkt **Löschen**.

Kopf- und Fußzeilen einrichten

Genau wie in Word können auch in Excel Kopf- und Fußzeilen eingerichtet werden. Im Register **Einfügen** finden Sie das Symbol **Kopf- und Fußzeile**.

Haben Sie dieses Symbol ausgewählt, erscheint das unten stehende Menüband:

Arbeitsablauf und Anwendungsmöglichkeiten

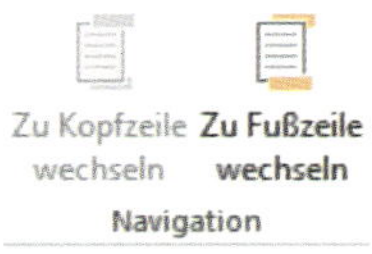

- Sie können nun verschiedene Inhalte auswählen, die die Kopfzeile beinhalten soll.
- Wollen Sie zwischen Kopf- und Fußzeile wechseln, nutzen Sie das nebenstehende Symbol.
- Probieren Sie die Möglichkeiten in einer neuen Datei aus.
- Haben Sie alle Eintragungen vorgenommen, können Sie wieder in die normale Seitenansicht wechseln. Klicken Sie hierzu irgendeine Zelle an. Dann klicken Sie die Schaltfläche **Tabelle** rechts unten auf der Seite an.

Seitenansicht einrichten

In der Symbolleiste für den Schnellzugriff können Sie unter anderem das Symbol für die Seitenansicht integrieren.

Arbeitsablauf und Anwendungsmöglichkeiten

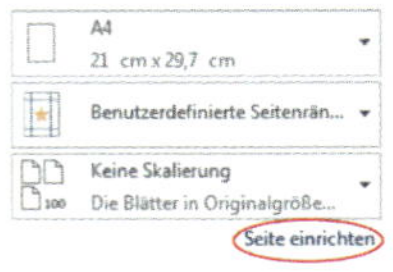

- Klicken Sie dieses Symbol an, erscheint die nebenstehende Auswahl. Wählen Sie nun **Seite einrichten**.
- Sie können nun die Seite nach verschiedenen Kriterien einrichten.
- Beim **Papierformat** empfiehlt es sich, gerade bei der Formelansicht, die Optionen **Querformat** und **Anpassen** einzustellen.
- Im Register **Blatt** sollten im Bereich **Drucken** die Häkchen bei **Gitternetzlinien** und bei **Zeilen- und Spaltenüberschriften** gesetzt werden.

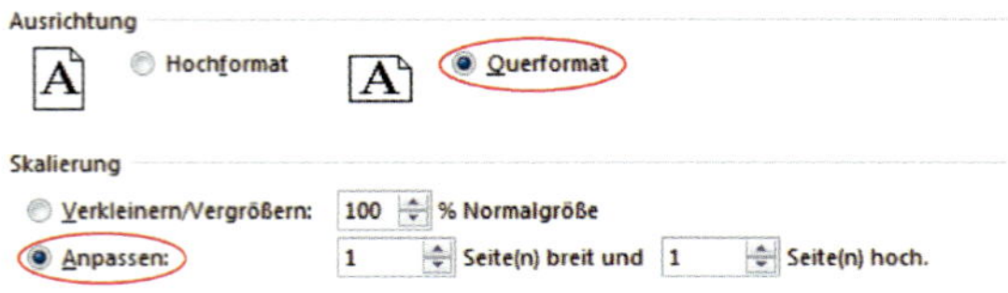

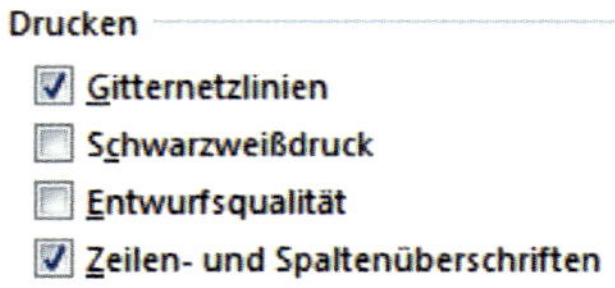

4.1.2 Grundrechenarten

Formeln zur Berechnung von Rechenaufgaben beginnen grundsätzlich mit dem Gleichheitszeichen (=).

Nach der Eingabe des Gleichheitszeichens werden die Zellen eingegeben, die bei der Berechnung berücksichtigt werden sollen. Dabei ist es unerheblich, ob die Zellbezeichnung über die Tastatur eingeben wird oder ob die Eingabe mit der Maus durch Anklicken der Zelle erfolgt.

Die Rechenzeichen zur Durchführung der Rechenoperationen finden Sie im rechten Teil der Tastatur, dem numerischen Tastaturblock.

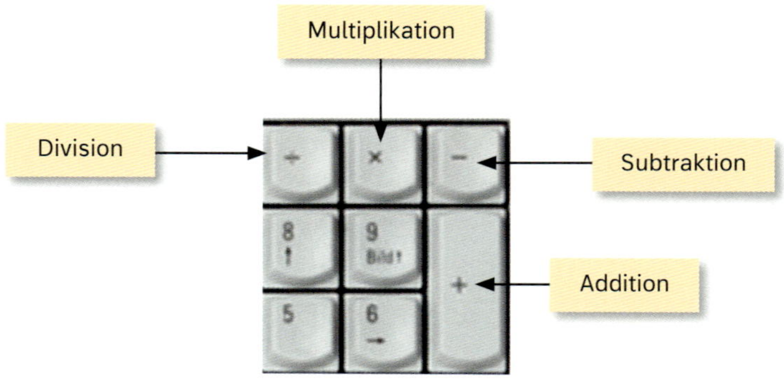

Arbeitsablauf und Anwendungsmöglichkeiten

		Eingabe
C1	Addieren Sie die Werte in A1 und B1.	=A1+B1
C2	Subtrahieren Sie den Wert in B2 von A2.	=A2-B2
C3	Multiplizieren Sie die Werte in A3 und B3.	=A3*B3
C4	Dividieren Sie den Wert in A4 durch den Wert in B4.	=A4/B4

Hinweis: Zur Addition größerer Zahlenbereiche kann auch die Funktion **Summe** benutzt werden. Das Summen-Symbol finden Sie im Kontextregister **Auto-Summe**.

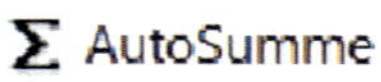

Situation 1

Ein Kunde kauft im Ladengeschäft der Blum Music4You KG die aufgeführten CDs.

Aufgaben

1. Ermitteln Sie den Gesamtbetrag, den der Kunde zu zahlen hat.
2. Der Kunde bezahlt mit einem 50-Euro-Schein. Geben Sie den Betrag ein!
3. Ermitteln Sie den Rückgabebetrag.
4. Formatieren Sie diese Zellen mit dem Euro-Zeichen.

Situation 2

Die Blum Music4You KG bezieht bei einem Lieferanten eine CD zu einem Stückpreis von 2,98 €.

Aufgaben

1. Ermitteln Sie, wie viel die Blum Music4You KG unter Berücksichtigung von Rabatt, Skonto und Bezugskosten für die CD bezahlen muss.
2. Stellen Sie in E4 den Bezug zur Zelle B5 her. Formatieren Sie die Zelle in Prozent.
3. Stellen Sie in E6 den Bezug zur Zelle B6 her. Formatieren Sie die Zelle in Prozent.
4. Nehmen Sie die vorgegebenen Berechnungen vor.
5. Formatieren Sie die Zellen in Euro.

4.1.3 Einfaches Kopieren von Zellen

Zellinhalte – sowohl Werte als auch Formeln – können in Excel kopiert werden.

Arbeitsablauf

- Um Kopien zu erstellen, können Symbole benutzt werden. Zunächst wird – nachdem die Zelle angeklickt wurde – die Zelle kopiert.

- Danach klicken Sie die Zelle an, die den Wert oder die Formel aufnehmen soll, und fügen den kopierten Inhalt ein.

- Liegen die Zellen nebeneinander, kann die Zellkopie auch mit Ausfüllkästchen durchgeführt werden. Sie klicken einfach das Ausfüllkästchen an, halten die linke Maustaste gedrückt und ziehen den Cursor in die Richtung, in die kopiert werden soll.
(**Achtung**: Es kann nicht diagonal kopiert werden, sondern nur gerade nach unten/unten rechts/inks!)

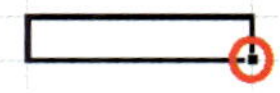

Aufgaben

A3	Ermitteln Sie die Summe aus den Zellen A1 und A2. Kopieren Sie dann mit dem Ausfüllkästchen die Formel nach rechts bis zur Zelle E3.
A6:B6	Markieren Sie die Zellen A6:B6. Erstellen Sie nun eine Kopie mit dem Ausfüllkästchen bis zur Zelle E6.
A7:B7	Wiederholen Sie den letzten Kopiervorgang für die Zellen A7:B7 bis zur Zelle E7. **Hinweis**: Excel erkennt den Wertunterschied zwischen den Zellen und schreibt den Wertunterschied fort.
A10:A13	Markieren Sie die Zellen A10:A13. Klicken Sie das Ausfüllkästchen der Zelle A13 an und ziehen Sie es bis nach E13.

Hinweis: Wie Sie sehen, kann Excel auch Listen kopieren. Manche Listen sind vorgegeben, man kann aber auch eigene Listen erstellen mit folgender Abfolge:

DATEI – Optionen – Erweitert – Benutzerdefinierte Listen bearbeiten

Situation 1

Ein Großkunde kauft im Ladengeschäft der Blum Music4You KG die aufgeführten CDs.

Aufgaben

1. Berechnen Sie den Gesamtpreis für die CDs „Alles Prima".
2. Berechnen Sie die Gesamtpreise der anderen CDs. Nutzen Sie den Vorteil des Kopierens.
3. Berechnen Sie die Summen der Stückzahlen und den Zahlbetrag.
4. Berechnen Sie den Durchschnittspreis je verkaufter CD je Stück.

Situation 2

Die Blum Music4You KG muss die Monatslöhne der neu eingestellten Aushilfen berechnen.

Aufgaben

1. Berechnen Sie die Monatslöhne der Aushilfen.
2. Ermitteln Sie die Gesamtsummen.
3. Berechnen Sie den durchschnittlichen Stundenlohn aller Aushilfen.

4.1.4 Kopieren von Zellen mit absoluter Adressierung

In Excel ist es möglich, zu kopierende Zellen festzusetzen (absolute Adressierung). Dies geschieht durch den Einsatz des Dollar-Zeichens vor der Zeilen- bzw. Spaltenangabe.

\$A\$2	Sowohl Zeile als auch Spalte sind absolut adressiert.
A\$2	Nur die Zeile ist absolut adressiert.
\$A2	Nur die Spalte ist absolut adressiert.

Im ersten Beispiel soll der Multiplikator in Zelle A2 nach unten kopiert werden. Würde man nicht absolut adressieren, würde bei einfachem Kopieren aus A2 ein A3, A4, A5. Also muss hier die Zeile absolut adressiert werden. Geben Sie in die Zelle C2 die Formel **=A\$2*B2** ein und kopieren Sie diese Formel mit dem Ausfüllkästchen nach unten. Schauen Sie sich die neuen Formeln in C3 und C4 an.

Im zweiten Beispiel soll der Multiplikator aus A8 nach rechts kopiert werden. Ohne absolute Adressierung würde sich die Zellbezeichnung in B8 und C8 ändern. Geben Sie in B9 deshalb **=\$A8*B8** ein und kopieren Sie die Formeln mit dem Ausfüllkästchen nach rechts. Schauen Sie sich auch hier die neuen Formeln in den Zellen C9 und D9 an.

Im dritten Beispiel soll der Multiplikator sowohl nach rechts als auch nach unten kopiert werden. Hier müssen also sowohl Zeile als auch Spalte absolut adressiert werden. Geben Sie deshalb in Zelle B16 **= \$B\$12*B14** ein. Kopieren Sie die Formel mit dem Ausfüllkästchen nach rechts. Dann lassen Sie die Maustaste los, den Bereich aber markiert. Klicken Sie nun das Ausfüllkästchen der Zelle D16 an und kopieren Sie die Formeln nach unten. Schauen Sie sich auch hier die neuen Formeln an.

Hinweis: Sie müssen das Dollar-Zeichen nicht mit der Hand eingeben. Mit der **F4**-Taste können die Dollarzeichen bei der Eingabe ebenfalls gesetzt werden.

Situation 1

Die Kunden der Blum Music4You KG erhalten Rückvergütungen auf die Verkaufspreise von Gitarren. In diesem Fall sollen die Rückvergütungen für die Gitarre „John Williams" berechnet werden.

Aufgaben

1. Berechnen Sie die verkauften Quartalsstückzahlen.
2. Berechnen Sie die Gesamtumsätze, die die einzelnen Kunden im ersten Quartal des Jahres getätigt haben, unter Verwendung des Stückpreises der Gitarre aus Zelle B1. (Denken Sie an die absolute Adressierung!)

3. Berechnen Sie die Provisionen, die die Kunden erhalten. Berücksichtigen Sie den Rückvergütungssatz aus Zelle B2. (Denken Sie an die absolute Adressierung!)
4. Berechnen Sie die Summen aus F6:F8 bzw. G6:G8.

Situation 2

Die Blum Music4You KG will die Gesamtportokosten für Standardbriefe der letzten Woche ermitteln.

Aufgaben

1. Berechnen Sie die Portokosten der einzelnen Wochentage. Berücksichtigen Sie dabei die in C1 angegebenen Kosten für einen Brief. (Denken Sie an die absolute Adressierung!)
2. Ermitteln Sie die Gesamtkosten für die Standardbriefe in dieser Woche.

4.1.5 Lernsituationen und Aufgaben

Situation 1

Die Energiekosten der Blum Music4You KG müssen auf die vier Filialen umgelegt werden. Die Kosten der einzelnen Energiearten und den Umlageschlüssel finden Sie in der Tabelle.

Aufgaben

1. Stellen Sie für die Filialen und die Anteile die **Bezüge** zu den oben stehenden Tabellen her. **(Hinweis:** Diese Eingaben dürfen aus den oben stehenden Tabellen **nicht** kopiert werden.)
2. Berechnen Sie unter Berücksichtigung der Jahreskosten (B2:B4) die Kostenanteile der Filialen und die Gesamtsummen.

Situation 2

In der Tabelle ist die Mitarbeiterentwicklung der Blum Music4You KG festgehalten.

Aufgaben

1. Ermitteln Sie die Gesamtzahlen der Mitarbeiter und Mitarbeiterinnen, die Veränderung der Mitarbeiterzahl im Vergleich zum Vorjahr sowie die Anteile der weiblichen bzw. männlichen Mitarbeiter.
2. Alle Prozentzahlen sollen im Prozentformat mit zwei Nachkommastellen formatiert werden.

Situation 3

Im Rahmen ihrer Finanzplaung erstellt die Blum Musik4You KG eine Umsatzanalyse.

Aufgaben

1. Ermitteln Sie die Quartalsumsätze in Spalte E.
2. Geben Sie die Veränderungen in Spalte F in Prozent an (Prozentformat mit zwei Nachkommastellen).
3. Der Umsatz der Filialen soll im zweiten Quartal um 10 % gegenüber dem ersten Quartal gesteigert werden.
4. Berechnen Sie die Summen der Spalten B bis H in Zeile 7.

Situation 4

Für ihre Einkäufe der CD „Simon & Garfunkel – 32 Great Songs“ erhalten die Kunden der Blum Music4You KG eine Rückvergütung.

Aufgabe

Erstellen Sie die Rückvergütungstabelle. (Beachten Sie, dass im Ausgabebereich nur Bezüge stehen dürfen!) Die Veränderungen sind in Prozent anzugeben.

4.2 Einfache Funktionen

4.2.1 Namen vergeben

Bei großen Tabellen kann man leicht den Überblick verlieren. Excel ermöglicht es, einzelne Zellen oder auch Zellbereiche zu benennen. Es gibt verschiedene Möglichkeiten, Namen zu vergeben.

Methode 1:
- Markieren Sie die Zelle A1.
- Tragen Sie den Namen *Betrag* im Namenfeld ein.

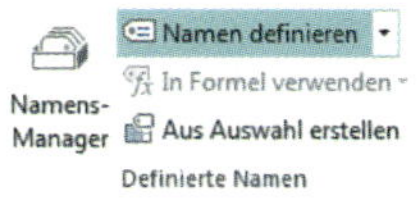

Methode 2:
- Markieren Sie die Zellen A3:C3.
- Wählen Sie das Register **Formeln** und hier **Namen definieren**.
- Geben Sie im Eingabefeld *Beträge* ein.

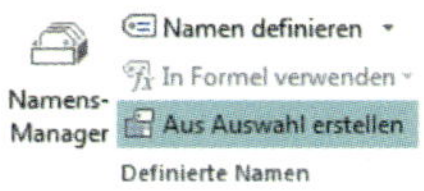

Methode 3:
- Markieren Sie die Zellen A6:D10.
- Wählen Sie das Register **Formeln** und hier **Aus Auswahl erstellen**.
- Lassen Sie die beiden Häkchen stehen; nicht löschen.

Im Namensmanager können die Namen vergeben, aber auch gelöscht oder die Namensbereiche bearbeitet werden.

- Mit der Taste **F3** kann man die vergebenen Namen anzeigen lassen.
- Namen sind **immer** absolut adressiert.
- Die Namen können wie Zelladressen verwendet werden.

Geben Sie in die bezeichneten Zellen die Formeln ein:

B1	=Betrag	D3	=Summe(Beträge)
B11	=Summe(Januar)	E7	=Summe(Veilchenweg)

Situation 1

Die Blum Music4You KG plant eine Sonderaktion. Einige CDs werden den Kunden mit 10 % Preisnachlass angeboten.

Aufgaben

1. Vergeben Sie Namen:

D2:D11	*Preis*
E2:E11	*Nachlass*
F2:F11	*Aktionspreis*

2. Verwenden Sie bei Eingabe der Formeln ausschließlich die vergebenen Namen.

Situation 2

Die Energiekosten der Blum Music4You KG müssen auf die Filialen umgelegt werden. Die Kosten der einzelnen Energiearten und den Umlageschlüssel finden Sie in der Tabelle.

Aufgabe

Lösen Sie die Aufgabe und verwenden Sie die Namen Gas, Wasser und Strom.

4.2.2 MAX, MIN, MITTELWERT, KGRÖSSTE, KKLEINSTE

Zahlenreihen können ohne großen Aufwand analysiert werden.

Es stellt kein Problem dar, aus einer Zahlenreihe den höchsten, niedrigsten oder auch den durchschnittlichen Wert zu ermitteln. Auch kann man den zweitgrößten oder den drittkleinsten Wert einer Zahlengruppe ausgeben lassen. Dies erfolgt durch Funktionen. Es soll angezeigt werden ...

... der höchste Wert einer Zahlengruppe	=MAX(Bereich)
... der niedrigste Wert einer Zahlengruppe	=MIN(Bereich)
... der durchschnittliche Wert einer Zahlengruppe	=MITTELWERT(Bereich)
... der X-höchste Wert einer Zahlengruppe	=KGRÖSSTE(Bereich;X)
... der X-niedrigste Wert einer Zahlengruppe	=KKLEINSTE(Bereich;X)

Hinweise:

- Das „X“ wird durch eine Zahl ersetzt. Will man die vierthöchste Zahl ausgeben lassen, muss eine 4 eingegeben werden. Soll die fünftkleinste Zahl ausgegeben werden, muss eine 5 eingegeben werden.
- Für den Bereich muss kein Name vergeben werden, eine normale Adressierung ist ausreichend. Allerdings hat die Vergabe von Namen in der Regel den Vorteil, dass die Formeln in Tabellen übersichtlicher sind.

Arbeitsablauf

		Eingabe
A1:F2	Vergeben Sie für diesen Bereich den Namen *Zahlen*.	
B4	Zeigen Sie den höchsten Wert aus dem Bereich *Zahlen* an.	=MAX(Zahlen)
B5	Zeigen Sie den niedrigsten Wert aus dem Bereich *Zahlen* an.	=MIN(Zahlen)
B6	Zeigen Sie den durchschnittlichen Wert aus dem Bereich *Zahlen* an.	=MITTELWERT(Zahlen)
B7	Zeigen Sie den zweithöchsten Wert aus dem Bereich *Zahlen* an.	=KGRÖSSTE(Zahlen;2)
B8	Zeigen Sie den drittkleinsten Wert aus dem Bereich *Zahlen* an.	=KKLEINSTE(Zahlen;3)

Situation 1

Der Blum Music4You KG liegen Warenbestände vor.

Hinweise:

Zur Berechnung des durchschnittlichen Warenbestands sind der Anfangsbestand und die Endbestände zu berücksichtigen.

$$\text{Lagerumschlagshäufigkeit} = \frac{\text{Wareneinsatz}}{\text{durchschnittlicher Lagerbestand}}$$

Aufgabe

Berechnen Sie mit den erlernten Funktionen den durchschnittlichen Lagerbestand, die Lagerumschlagshäufigkeit, den höchsten und den niedrigsten Lagerbestand.
(**Hinweis**: Die Vergabe von Namen wirkt bei dieser Aufgabe eher hinderlich.)

Situation 2

Die Wirtschaftsleistungen der Filialen der Blum Music4You KG sollen verglichen werden.

Aufgaben

1. Vergleichen Sie die Wirtschaftsleistungen mit den erlernten Funktionen.
2. Formatieren Sie die Veränderung in Prozent mit zwei Nachkommastellen.

4.2.3 ANZAHL, ANZAHL2, ANZAHLLEEREZELLEN

Excel bietet die Möglichkeit, zählen zu lassen. Auch dies erfolgt durch Funktionen.

Es soll gezählt werden ...

... die Anzahl der leeren Zellen in einem Bereich	=ANZAHLLEEREZELLEN(Bereich)
... die Anzahl der Zahlenwerte in einem Bereich	=ANZAHL(Bereich)
... die Anzahl der Eintragungen in einem Bereich	= ANZAHL2(Bereich)

Arbeitsablauf

		Eingabe
A1:D2	Vergeben Sie für diesen Bereich den Namen *Eintragungen*.	
B4	Geben Sie die Anzahl an Zahlen im Bereich aus.	=ANZAHL(Eintragungen)
B5	Geben Sie die Anzahl an Eintragungen im Bereich aus.	=ANZAHL2(Eintragungen)
B6	Geben Sie die Anzahl an leeren Zellen im Bereich aus.	=ANZAHLLEEREZELLEN(Eintragungen)

Situation

Die Filialen der Blum Music4You KG weisen folgende Monatsumsätze auf:

Aufgaben

1. Vergleichen Sie die Wirtschaftsleistungen der Filialen mit Funktionen.
2. Formatieren Sie die Anteile in Prozent mit zwei Nachkommastellen.

4.2.4 ZÄHLENWENN, ZÄHLENWENNS

Aus Zahlenreihen können unter Berücksichtigung von Kriterien auch bestimmte Eintragungen gezählt werden. Dies geschieht durch die Funktion:

=ZÄHLENWENN(Suchbereich;Suchkriterium)

Arbeitsablauf

		Eingabe
A2:A9	Vergeben Sie für diesen Bereich den Namen *Wertebereich*.	
E2		=ZÄHLENWENN(Wertebereich;D2)

Mehrere Kriterien können gleichzeitig abgefragt werden:

=ZÄHLENWENNS(Suchbereich1;Suchkriterium1;Suchbereich2;Suchkriterium2)

Arbeitsablauf

		Eingabe
A13:A21	Vergeben Sie für diesen Bereich den Namen *WT*.	
B13:B21	Vergeben Sie für diesen Bereich den Namen *MA*.	
F13		=ZÄHLENWENNS(WT;E13;MA;D13)
	Kopieren Sie die Daten nach F13 bis F15.	

Hinweis: Wird ein Suchkriterium nicht adressiert, sondern direkt eingegeben, muss es in Anführungszeichen (" ") gesetzt werden.

Situation 1

Die Geschäftsführung der Blum Music4You KG möchte die Mitarbeiterstruktur analysieren.

Aufgaben

1. Vergeben Sie die folgenden Namen:

B2:B14	*Alter*
C2:C14	*Geschlecht*
D2:D14	*Abteilung*

2. Analysieren Sie die Mitarbeiterstruktur mit Formeln.

Situation 2

Einige Mitarbeiter der Blum Music4You KG fallen häufig durch Krankheit aus.

Aufgaben

1. Vergeben Sie Namen für Zellbereiche.
2. Ermitteln Sie die Anzahl der Erkrankungen und der Arbeitstage mit Formeln.

4.2.5 SUMMEWENN, SUMMEWENNS

Aus Zahlenreihen können auch Summen unter Berücksichtigung verschiedener Kriterien ermittelt werden.

=SUMMEWENN(Bereich;Kriterien;Summe_des_Bereiches)

Arbeitsablauf

		Eingabe
A2:A9	Vergeben Sie für diesen Bereich den Namen *Wertebereich*.	
B2:B9	Vergeben Sie für diesen Bereich den Namen *Zahlen*.	
E2		=SUMMEWENN(Wertebereich;D2;Zahlen)
	Kopieren Sie nun die Formel aus E2 nach unten.	

Auch bei SUMMEWENN gibt es die Erweiterung: SUMMEWENNS.

=SUMMEWENNS(Summe_Bereich; Kriterienbereich; Kriterien1; Kriterienbereich2; Kriterien2)

Der Kriterienbereich ist nicht auf zwei Bereiche beschränkt, sondern kann erweitert werden.

Arbeitsablauf

		Eingabe
A13:A28	Vergeben Sie für diesen Bereich den Namen *Tage*.	
B13:B28	Vergeben Sie für diesen Bereich den Namen *MA*.	
C13:C28	Vergeben Sie für diesen Bereich den Namen *Umsatz*.	
G13		=SUMMEWENNS(Umsatz;Tage;F13;MA;E13)
	Kopieren Sie nun die Formel aus G13 nach unten.	

Situation 1

Folgende Umsatzübersicht über die Umsätze der Kunden der Blum Music4You liegt vor:

Aufgaben

1. Vergeben Sie die erforderlichen Namen.
2. Ermitteln Sie den Gesamtumsatz mit der Funktion.

Situation 2

Die Geschäftsleitung der Blum Music4You KG möchte Informationen über die Mitarbeiter und Mitarbeiterinnen erhalten.

Aufgabe

Vergeben Sie Namen und ermitteln Sie die fehlenden Werte.

4.2.6 MITTELWERTWENN, MITTELWERTWENNS

Aus Zahlenreihen können neben Summen auch Durchschnittswerte unter Berücksichtigung verschiedener Kriterien ermittelt werden. Der Funktionsaufbau der Funktionen MITTELWERTWENN/MITTELWERTWENNS ist identisch mit dem Aufbau der Funktionen SUMMEWENN/SUMMEWENNS.

=MITTELWERTWENN(Bereich;Kriterium;Mittelwert_Bereich)

=MITTELWERTWENNS(Mittelwert_Bereich;Kriterienbereich1;Kriterien1;Kriterienbereich2;Kriterien2)

Arbeitsablauf

		Eingabe
	Vergeben Sie wieder die Namen *Wertebereich, Zahlen, Tage, MA, Umsatz.*	
E2		=MITTELWERTWENN(Wertebereich;D2;Zahlen)
	Kopieren Sie nun die Formel aus E2 nach unten.	
G13		=MITTELWERTWENNS(Umsatz;Tage;F13;MA;E13)
	Kopieren Sie nun die Formel aus G13 nach unten.	

Situation 1

Die Nettoumsätze der Kunden der Blum Music4You KG sind bekannt.

Aufgabe

Berechnen Sie den durchschnittlichen Umsatz unter Verwendung von Namen.

Situation 2

Die Geschäftsleitung der Blum Music4You KG möchte Informationen über die Mitarbeiter und Mitarbeiterinnen erhalten.

Aufgabe

Vergeben Sie Namen und ermitteln Sie die fehlenden Werte.

4.2.7 Lernsituationen und Aufgaben

Situation 1

Die Umsätze der Filialen der Blum Music4You KG sollen genauer analysiert werden.

Aufgabe

Ermitteln Sie alle Ergebnisse unter Verwendung von Funktionen.

J3:J7	Geben Sie die Umsatzveränderung im Prozentformat mit zwei Nachkommastellen an.
K3:K6	Zählen Sie mit der Funktion, wie oft der Umsatz im Monat über 25.000,00 € liegt.

Situation 2

Die Umsätze der Kunden der Blum Music4You KG sollen genauer analysiert werden.

Aufgabe

Ermitteln Sie alle Ergebnisse unter Verwendung von Funktionen. Der Bonus ist abhängig vom durchschnittlichen Umsatz.

G4:G6	Geben Sie die Abweichung vom Durchschnitt der Bonuszahlungen im Prozentformat mit zwei Nachkommastellen an.

Situation 3

Die Telefonkosten in den Filialen der Blum Music4You KG wurden erfasst:

Aufgabe

Ermitteln Sie alle Ergebnisse unter Verwendung von Funktionen.

G5:G9	Der Kostenanteil soll in Prozent mit zwei Nachkommastellen angegeben werden.

Situation 4

Die Monatsverdienste der Mitarbeiter der Blum Music4You KG werden genauer analysiert.

Aufgabe

Ermitteln Sie alle Ergebnisse unter Verwendung von Funktionen.

4.3 Weitere Funktionen

4.3.1 RANG

Rangfolgen werden gebildet durch die Funktion:

=RANG(Zahl,Liste,Reihenfolge)

Sie können im Bereich Reihenfolge festlegen, wie die Rangfolge erstellt werden soll.

Bei Eingabe einer 0 erhält der höchste Wert den Rang 1, bei Eingabe einer 1 erhält der niedrigste Wert der Liste den Rang 1.

Arbeitsablauf

		Eingabe
D2:D19	Geben Sie dem Bereich den Namen *Lohngruppe*.	
E2	Die höchste Lohngruppe soll den Rang 1 erhalten.	=RANG(D2;Lohngruppe;0)
	Kopieren Sie die Formel aus E2 nach unten.	

Situation 1

Die Umsatzanteile der Filialen der Blum Music4You KG sollen ermittelt und eine Umsatzrangfolge der Filialen erstellt werden.

Aufgaben

1. Berechnen Sie den Gesamtumsatz und die Umsatzanteile. Die Umsatzanteile sollen im Prozentformat mit zwei Nachkommastellen formatiert werden.
2. Die Rangfolge des aktuellen Umsatzes soll aufgrund der Umsatzzahlen erstellt werden. Die Filiale mit dem höchsten Umsatz soll den Rang 1 erhalten.

Situation 2

In letzter Zeit häufen sich die Reklamationen bei der Blum Music4You KG. Claus Blum will wissen, welche Kunden die höchsten Reklamationsraten haben.

Aufgaben

1. Berechnen Sie die Gesamtzahl der Bestellungen und der Reklamationen.
2. Formatieren Sie die Anteile in Prozent mit zwei Nachkommastellen.
3. Erstellen Sie eine Rangfolge der Reklamationen anhand der Anteile. Der Kunde mit dem niedrigsten Anteil an Reklamationen soll den Rang 1 erhalten.

4.3.2 RUNDEN, AUFRUNDEN, ABRUNDEN

Es ist mit Excel möglich, Rundungen von Zahlen vorzunehmen. Man kann vorgeben, dass die Zahlen (Ergebnisse) aufgerundet, abgerundet oder nach mathematischen Rundungsregeln gerundet werden.

=RUNDEN(Zahl,Anzahl_Stellen)

=AUFRUNDEN(Zahl,Anzahl_Stellen)

=ABRUNDEN(Zahl,Anzahl_Stellen)

Hinweis: Runden Sie eine einfache Zahl, dann geben Sie die Anzahl der Nachkommastellen genau an. Runden Sie aber im Prozentformat, müssen Sie zu der Zahl der von Ihnen gewünschten Nachkommastellen zwei hinzurechnen.

Arbeitsablauf

		Eingabe
B2	Runden Sie die Zahl aus A2 auf zwei Nachkommastellen nach mathematischen Regeln auf.	=RUNDEN(A2;2)
C2	Runden Sie die Zahl aus A2 auf zwei Nachkommastellen auf.	=AUFRUNDEN(A2;2)
D2	Runden Sie die Zahl aus A2 auf zwei Nachkommastellen ab.	=ABRUNDEN(A2;2)
	Kopieren Sie nun die Formeln bis in Zeile 4.	

Hinweis: Wie Sie sehen, erhalten Sie in Zeile 4 nur ganze Prozentzahlen. Das liegt daran, dass das Prozentformat aussagt, dass Prozentzahlen bereits zwei Nachkommastellen beinhalten. Sollen Prozentzahlen mit Nachkommastellen angezeigt werden, muss in der Funktion eine um 2 erhöhte Zahl an Nachkommastellen angegeben werden.

Arbeitsablauf

		Eingabe
B4:D4	Ersetzen Sie die 2 in den Formeln jeweils durch eine 4.	=RUNDEN(A2;4) =AUFRUNDEN(A2;4) =ABRUNDEN(A2;4)

Situation 1

Die Kunden der Blum Music4You KG erhalten eine Rückvergütung auf ihren Monatsumsatz.

Aufgaben

C4:E4	Ermitteln Sie die Rückvergütung unter Berücksichtigung des Rückvergütungssatzes in Zelle B1.
	Kopieren Sie die Formeln der Zeile 4 nach unten.

Situation 2

Für die Filialen der Blum Music4You KG liegen der aktuelle Monatsumsatz und der Vorjahresumsatz vor.

Aufgaben

B6	Berechnen Sie den Gesamtumsatz aller Filialen.
C2:D5	Geben Sie die Umsatzanteile unter Berücksichtigung der vorgegebenen Rundungen aus.
F2:F5	Berechnen Sie die Umsatzveränderung jeder einzelnen Filiale gegenüber dem Vorjahr unter Berücksichtigung der vorgegebenen Rundung.

4.3.3 VERKETTEN

Texte wie auch Formeln können verbunden werden. Dazu stellt Excel die Funktion VERKETTEN bereit.

=VERKETTEN(Text1;Text2;Text3;...;TextX)

Es gibt aber auch die einfache Möglichkeit, Zellen durch das & zu verbinden.

Arbeitsablauf

		Eingabe
	Verbinden Sie die Zellen A1:D1 durch die Funktion VERKETTEN.	
F1	**Hinweis:** Die Leerzeichen zwischen den Zellbezügen sorgen für Leerzeichen zwischen den auszugebenden Wörtern.	=VERKETTEN(A1; " "; B1; " ";C1; " ";D1)
F3	Verbinden Sie die Zellen A3:D3 durch &.	=A3& " "&B3& " "&C3& " "&D3

Situation

Einige Kunden der Blum Music4You KG erhalten einen Rückgabebetrag.

Aufgaben

D2:D4	Berechnen Sie den Rückgabebetrag durch VERKETTEN mit dem Text „Der Rückgabebetrag beträgt ... €".
E2:E4	Verketten Sie das Ergebnis durch **&**.

4.3.4 Bedingte Formatierung

Zellen können so formatiert werden, dass sie bei bestimmten Situationen unterschiedliche Eigenschaften annehmen.

Gegeben ist der Wert in B1. Die Zellen B3:B7 sollen wie folgt formatiert werden:
- Ist der Zellwert größer als der in B1, soll die Zellenfüllung hellrot werden.
- Ist der Zellwert gleich dem in B1, soll die Zellenfüllung gelb werden.
- Ist der Zellwert kleiner als der in B1, soll die Zellenfüllung grün werden.

Arbeitsablauf

		Eingabe
B3:B5	Markieren Sie die Zellen.	
	Wählen Sie im Register **Start** die Schaltfläche **Bedingte Formatierung**.	
	Klicken Sie den Drop-down-Pfeil an.	
	Wählen Sie:	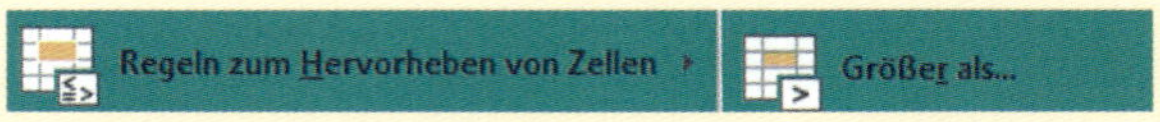
	Geben Sie die nebenstehenden Werte ein und bestätigen Sie mit **OK**!	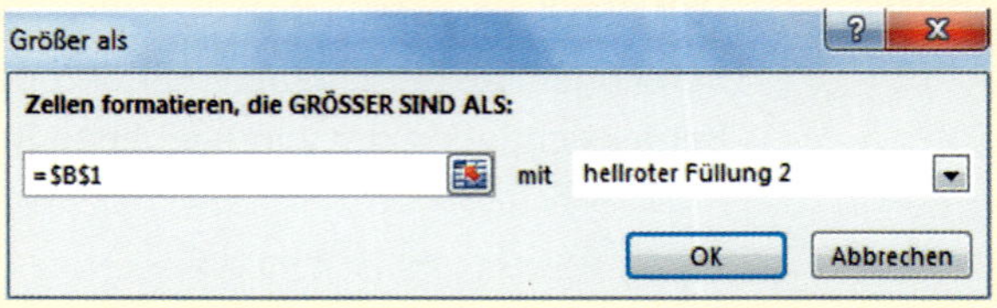
	Wiederholen Sie die Aktionen mit den Optionen **Gleich ...** und **Kleiner als ...**	

Hinweise:

- Die Formatierungen mit der **Bedingten Formatierung** sind sehr vielfältig.
- Mit der Option obere/untere Regel können Sie die oberen/unteren 3 (4, 5, 6 ...) Werte einer Zahlenreihe oder die Werte über/unter dem Durchschnitt markieren lassen.
- Durch Datenbalken, Farbskalen und Symbolsätze können Sie mit einfachen Mitteln Farbmarkierungen erstellen, auch Kombinationen der Markierungen sind möglich.

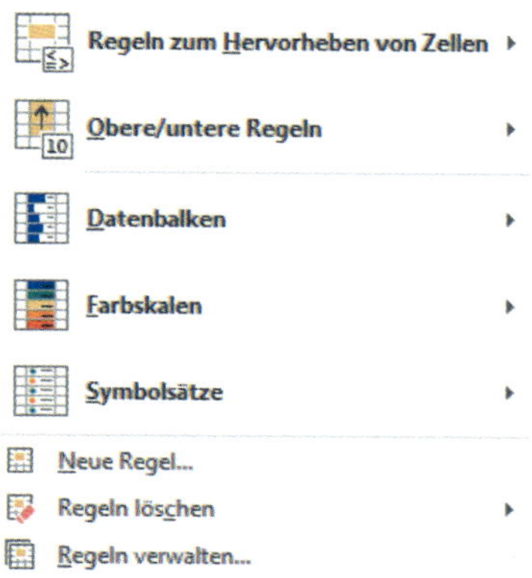

Situation 1

Claus Blum benötigt eine übersichtliche Darstellung der Monatsumsätze der Filialen der Blum Music4You KG nach verschiedenen Vorgaben.

Aufgaben

1. Die Monatsumsätze, die über dem Durchschnitt aller Umsätze liegen, sollen hellrot markiert werden.
2. Die Monatsumsätze, die unter dem Durchschnitt aller Umsätze liegen, sollen gelb markiert werden.
3. Jeweils die 3 größten und die 3 kleinsten Monatsumsätze sollen automatisch farblich markiert werden. Entscheiden Sie selbst über die Farben der Markierungen.

Situation 2

Aufgabe

Formatieren Sie die Werte mit den in der Zeile 1 vorgegebenen Markierungsmöglichkeiten.

4.3.5 Lernsituationen und Aufgaben

Situation 1

Die Tabelle listet die CDs auf, die in den Filialen der Blum Music4You KG innerhalb einer Woche verkauft wurden. Claus Blum erstellt anhand dieser Daten eine Umsatzstatistik und markiert die Ergebnisse.

Aufgaben

D2:D7	Ermitteln Sie unter Berücksichtigung der Umsatztabelle (A10:C34) und unter Verwendung der Funktion SUMMEWENN die verkauften Stückzahlen der CDs.
D2:D7	Die Stückzahlen sollen automatisch mit Datenbalken markiert werden. Die Farben der Datenbalken können Sie selbst bestimmen.
E2:E7	Ermitteln Sie die Umsätze. Runden Sie die Umsätze unter mathematischen Regeln auf ganze Euro-Beträge.
E2:E7	Die Umsätze, die über bzw. unter dem Durchschnitt liegen, sollen automatisch markiert werden.

Situation 2

Die Lohngruppen der Mitarbeiter der Blum Music4You KG sollen besser kenntlich gemacht werden.

Aufgabe

Kennzeichnen Sie die drei unteren und die drei oberen Lohngruppen jeweils farblich.

4.4 Einfache Bedingungsabfragen

4.4.1 Einfache WENN-Abfragen

In Excel besteht die Möglichkeit, alternative Ausgaben bei verschiedenen Bedingungen vorzunehmen.

Die Syntax der WENN-Abfrage lautet:

=WENN(BEDINGUNG;DANN;SONST)

Die Begriffe DANN und SONST werden nicht in die Formeln eingegeben, sondern durch Zahlen, Formeln oder Ausdrücke ersetzt. Die Bedingung und die Ausgabevarianten werden durch ; getrennt.

Sollen Texte abgefragt oder als Ergebnis ausgegeben werden, müssen diese in " " gesetzt werden.

Es ist auch möglich, abzufragen, ob ein Text nach einem anderen im Alphabet steht, da Buchstaben nach dem ASCII-Code aus 0 und 1 codiert werden.

Bei Abfragen sind die Bedingungszeichen zu beachten:

gleich	=
größer als	>
kleiner als	<
mindestens	>=
höchstens	<=

Arbeitsablauf

		Eingabe
C2	Der Kunde soll eine Rückvergütung von 10 % des Umsatzes erhalten, wenn der Umsatz mindestens 15.000,00 € beträgt.	=WENN(B2>=15000;10%;0)
D2	Multiplizieren Sie den Umsatz mit dem Rückvergütungssatz.	=B2*C2
	Kopieren Sie die Formeln aus C2 und D2 nach unten.	

Situation 1

Aushilfsmitarbeiter bei Blum Music4You KG erhalten unten stehende Stundensätze. Aushilfen, die am Samstag gearbeitet haben, erhalten einen Zuschlag von 15 % auf ihren Stundenlohn.

Aufgaben

E2:E8	Ermitteln Sie durch WENN-Abfrage, ob die Aushilfen einen Lohnzuschlag erhalten.
F2:F8	Berechnen Sie die an die Aushilfen auszuzahlenden Löhne.

Situation 2

Die Blum Music4You KG möchte ermitteln, ob ihren Kunden ein Bonus zusteht.

Aufgaben

F3:F5	Berechnen Sie die Gesamtjahresumsätze der Kunden.
G3:G5	Berechnen Sie mit der jeweiligen Funktion den durchschnittlichen Jahresumsatz der einzelnen Kunden.
H3:H5	Die Kunden erhalten einen Bonus, wenn der Gesamtjahresumsatz größer ist als 100.000,00 € ist.
I3:I5	Die Kunden erhalten einen Zusatzbonus, wenn der durchschnittliche Quartalsumsatz mindestens 30.000,00 € beträgt.

4.4.2 WENNFEHLER

Excel überprüft mit der Funktion WENNFEHLER, ob in dem zu berechnenden Bereich ein Text vorhanden ist.

=WENNFEHLER(Berechnung;Fehlerausgabe)

Arbeitsablauf

		Eingabe
E2	Addieren Sie die Werte in den Zellen B2:D2. Ist irrtümlich ein Text in eine Zelle eingegeben worden, soll „Eingabefehler" ausgegeben werden.	=WENNFEHLER(B2+C2+D2;"Eingabefehler")

Hinweis: WENNFEHLER funktioniert nicht mit der Funktion SUMME!

Situation 1

Aufgabe

E2:E4	Berechnen Sie den Quartalsumsatz der Kunden. Sollte es einen Eingabefehler geben, soll die Meldung: „Bitte alle Eingaben überprüfen!" erscheinen.

4.4.3 ISTTEXT, ISTKTEXT, ISTZAHL, ISTLEER

Mit Excel kann herausgefunden werden, ob ein Eintrag in einer Zelle eine Zahl (=Wert) ist, ob es (k)ein Text ist oder ob die Zelle eventuell leer ist. Hierfür stehen vier Funktionen zur Verfügung:

=ISTTEXT(Zelle)	Diese Funktion gibt an, ob der Eintrag ein Text ist.
=ISTKTEXT(Zelle)	Diese Funktion gibt an, ob der Eintrag kein Text ist.
=ISTZAHL(Zelle)	Diese Funktion gibt an, ob der Eintrag eine Zahl ist.
=ISTLEER(Zelle)	Diese Funktion gibt an, ob die Zelle leer ist.

Als Ausgabe erfolgt WAHR oder FALSCH.

Arbeitsablauf

		Eingabe
B3	Ermitteln Sie, ob der Zellinhalt ein Text ist.	=ISTTEXT(A3)
C3	Ermitteln Sie, ob der Zellinhalt kein Text ist.	=ISTKTEXT(A3)
D3	Ermitteln Sie, ob der Zellinhalt eine Zahl ist.	=ISTZAHL(A3)
E3	Ermitteln Sie, ob der Zellinhalt leer ist.	=ISTLEER(A3)

Kopieren Sie alle Formeln bis Zeile 6.

Situation 1

Die Geschäftsleitung der Blum Music4You KG möchte die Umsatzanteile der einzelnen Filialen wissen.

Aufgabe

C2:C5	Ermitteln Sie die Umsatzanteile der einzelnen Filialen am Gesamtumsatz.
	Wurde kein Umsatz erzielt, soll die Zelle, in der der Anteil berechnet wird, frei bleiben!

Situation 2

Die Geschäftsleitung der Blum Music4You KG möchte die Quartalsumsätze der einzelnen Filialen berechnen.

Aufgabe

E4:E9	Ermitteln Sie die Quartalsumsätze der einzelnen Filialen am Gesamtumsatz. Ist keine Filiale angegeben, soll die Zelle, in der der Quartalsumsatz berechnet wird, frei bleiben!

4.4.4 Lernsituationen und Aufgaben

Situation 1

Kunden der Blum Music4You KG haben im letzten Monat das Tonstudio für Aufnahmen genutzt. Claus Blum verschafft sich einen finanziellen Überblick über die Nutzung des Tonstudios.

Aufgaben

B4:B6	Ermitteln Sie aus der Tabelle A10:B20 die Anzahl der Nutzungen des Tonstudios durch jeden einzelnen Kunden unter Verwendung der Funktion ZÄHLENWENN.
C4:C6	Ermitteln Sie unter Verwendung der Funktion SUMMEWENN die Anzahl der Nutzungsstunden des Tonstudios durch jeden einzelnen Kunden.
	Berechnen Sie die Gesamtkosten der Studionutzung jedes Kunden.
	Übersteigen die Gesamtkosten 1.000,00 €, erhält der Kunde einen Rabatt von 10 % auf die Gesamtkosten.

Situation 2

Die Mitarbeiter der Blum Music4You KG erhalten Prämien.

Aufgaben

Berechnen Sie die Prämien auf der Grundlage folgender Bedingungen:

D2:D5	Wenn der Umsatz größer als 20.000,00 € ist, dann soll die Prämie 340,00 € betragen.
E2:E5	Wenn der Umsatz mindestens viermal so hoch ist wie die Gehaltssumme aller Mitarbeiter, dann soll die Prämie 2 % vom Umsatz betragen.
F2:F5	Wenn keine der beiden anderen Prämien erreicht wird, soll die Prämie 100,00 € betragen.

Situation 3

Die in Situation 2 ermittelte Prämie für den Veilchenweg wird auf die Mitarbeiter verteilt.

Aufgaben

B2	Übernehmen Sie die in Situation 2 ermittelte Prämie durch Zellbezug.
C4:C6	Ist die Prämie höher als 300,00 €, erhält jeder Mitarbeiter 100,00 €. Der Rest wird in Abhängigkeit der Lohngruppe verteilt. Ist die Prämie niedriger, erhält jeder Mitarbeiter 1/3 der Prämie als Anteil.

Situation 4

Die Mitarbeiter der Blum Music4You KG werden am Geschäftserfolg beteiligt.

Aufgaben

C2:C11	Mitarbeiter, die dem Unternehmen länger als 10 Jahre angehören, erhalten eine Sonderprämie (F16).
D2:D11	Die Summe der Sonderprämien ist von der Gesamtprämie abzuziehen. Der verbleibende Rest der Prämie wird nach der Betriebszugehörigkeit verteilt.
B13:B16	Die Formeln sind unter Verwendung der Funktionen zu erstellen.
E2 : E11	Es ist die Gesamtprämie für jeden einzelnen Mitarbeiter zu berechnen.
F2:F11	Der Anteil des Einzelnen an der Gesamtprämie ist in Prozent mit zwei Nachkommastellen zu formatieren.
F2:F11	Der höchste und der niedrigste Anteil sollen mit der bedingten Formatierung automatisch markiert werden.

4.5 Datums- und Zeitberechnungen

4.5.1 HEUTE, JETZT, WOCHENTAG, TAG, MONAT, JAHR

Mit Excel können Zeitberechnungen jeder Art durchgeführt werden. Hierbei helfen die folgenden Funktionen:

=HEUTE()	Diese Funktion gibt das heutige Datum aus.
=JETZT()	Diese Funktion gibt das heutige Datum in Verbindung mit der aktuellen Uhrzeit aus.

Arbeitsablauf

		Eingabe
A2	Geben Sie das heutige Datum aus.	=HEUTE()
A4	Geben Sie das heutige Datum in Verbindung mit der aktuellen Uhrzeit aus.	=JETZT()

Es ist möglich, aus einem Datum den Wochentag ermitteln zu lassen.

=WOCHENTAG(Datum)	Diese Funktion gibt den Tag als Ziffer zwischen 1 (=Sonntag) und 7 (=Samstag) aus.

Durch Formatierung kann der Tag auch mit Buchstaben ausgegeben werden:

Format – Zellen – Benutzerdefiniert – Typ: tttt bzw. ttt

Arbeitsablauf

		Eingabe
B2	Zeigen Sie den Wochentag als laufende Ziffer an.	=WOCHENTAG(A2)
C2	Formatieren Sie die Zelle benutzerdefiniert: tttt	=B2
D2	Formatieren Sie die Zelle benutzerdefiniert: ttt	=B2

Die Datumsangaben können in ihre Bestandteile zerlegt werden.

=TAG(Datum)	Diese Funktion gibt den Tag des Datums aus.
=Monat(Datum)	Diese Funktion gibt den Monat des Datums aus.
=JAHR(Datum)	Diese Funktion gibt das Jahr des Datums aus.

Arbeitsablauf

		Eingabe
B4	Geben Sie den heutigen Tag als Datum aus.	=TAG()
C4	Geben Sie den Monat des heutigen Datums aus.	=MONAT()
D4	Geben Sie das Jahr des heutigen Datums aus.	=JAHR()

Situation 1

Die Auszubildende Franceska Klein legt eine Geburtstagsliste der Mitarbeiterinnen und Mitarbeiter der Blum Music4You KG an.

Aufgaben

C2:C8	Ermitteln Sie den Wochentag des Geburtstages.
D2:D8	Isolieren Sie den Tag.
E2:E8	Isolieren Sie den Monat.
	Sortieren Sie die ganze Tabelle: 1. Kriterium: Monat, 2. Kriterium: Tag

Situation 2

Ein Kunde der Blum Music4You KG erhält einen Nachlass von 10 % auf die Ware, die er am Mittwoch gekauft hatte.

Aufgaben

C2:C8	Ermitteln Sie durch WENN-Abfrage unter Verwendung der Funktion WOCHENTAG, ob dem Kunden ein Nachlass zusteht.
D2:D8	Berechnen Sie den Zahlbetrag.

4.5.2 Berechnung von Zeitabständen, TAGE360, DATEDiF

Excel verwaltet Daten wie laufende Zahlen. Der 01.01.1900 ist der Tag 1, der 02.01.1900 ist der Tag 2. Der 31.12.1900 ist der Tag 365.

Um die laufende Zahl eines Tages zu erhalten, müssen Sie das Datum umformatieren (Format – Zellen – Zahlen – Standard).

Arbeitsablauf

		Eingabe
B3	Ermitteln Sie das Datum des heutigen Tages.	=HEUTE()
C2	Stellen Sie einen Bezug zu B2 her.	=B2
C2	Formatieren Sie die Zelle als Standardzahl.	
	Kopieren Sie die Formeln nach unten.	

Wenn Sie die Daten als laufende Zahl behandeln, besteht die Möglichkeit, Zeitabstände zu berechnen. Die Daten werden voneinander subtrahiert. Das Ergebnis wird immer als Datum ausgegeben, das Sie nachträglich als Standardzahl formatieren müssen.

Hinweis: Im Falle einer Ausleihe muss +1 addiert werden, da hier der erste Tage der Ausleihe mitgerechnet wird.

B4	Die zeitliche Differenz soll zwischen den Daten in B2 und B3 berechnet werden. Formatieren Sie die Zelle als Standardzahl.	=B3-B2

Bei Aufgaben zur Zinsrechnung der deutschen Methode muss die Funktion TAGE360 benutzt werden.

=TAGE360(Ausgangsdatum,Enddatum)

B5	Berechnen Sie die Zinstage zwischen dem heutigen Datum und dem Datum in B2.	=TAGE360(B2;B3)

Zur Ermittlung von Zeitabständen kann auch die undokumentierte Funktion DATEDIF (Ausgangsdatum;Enddatum;"Abstandseinheit") genutzt werden. Für „Abstandseinheit" können die Variablen „D" für Tag, „M" für Monat oder „Y" für Jahre eingesetzt werden.

Situation 1

Die Blum Music4You KG hat ein Darlehen aufgenommen.

Aufgaben

B6	Ermitteln Sie die Zinstage.
B7	Berechnen Sie die Zinsen.

Situation 2

Die Geschäftsführung der Blum Music4You KG möchte wissen, wie alt die Mitarbeiter sind.

Aufgaben

C3:C12	Berechnen Sie das Alter der Mitarbeiter in Tagen.
D3:D12	Berechnen Sie das Alter der Mitarbeiter in Monaten.
E3:E12	Berechnen Sie das Alter der Mitarbeiter in Jahren.

4.5.3 STUNDE, MINUTE, SEKUNDE, Berechnung von Zeitabständen

So wie sich Datumsangaben in Excel zerlegen lassen, so kann auch die Uhrzeit zerlegt werden.

=STUNDE(Uhrzeit)	Diese Funktion gibt die Stunde der Zeitangabe aus.
=MINUTE(Uhrzeit)	Diese Funktion gibt die Minute der Zeitangabe aus.
=SEKUNDE(Uhrzeit)	Diese Funktion gibt die Sekunde der Zeitangabe aus.

Arbeitsablauf

		Eingabe
B1	Geben Sie die Stunde der Zeitangabe aus.	=STUNDE(A1)
B2	Geben Sie die Minute der Zeitangabe aus.	=MINUTE(A1)
B3	Geben Sie die Sekunde der Zeitangabe aus.	=SEKUNDE(A1)

Zeitdifferenzen werden durch einfache Subtraktion berechnet.

Arbeitsablauf

		Eingabe
E3	Ermitteln Sie den Zeitabstand zwischen den beiden Uhrzeiten.	=E2-E1
F3	Formatieren Sie F3 als *Standard*.	=E3

Unabhängig davon, mit welchen Zeiten Sie rechnen, erscheint immer eine Zahl zwischen 0 und 1. Für Excel hat ein Tag den Wert 1, eine Stunde also den Wert 1/24.

Wollen Sie also Multiplikationen mit Uhrzeiten vornehmen, zum Beispiel um einen Tageslohn zu berechnen, müssen Sie die ermittelte Zeitdifferenz mit 24 multiplizieren, um das richtige Ergebnis zu erhalten.

Sollen Stundenwerte angezeigt werden, die größer als 24 Stunden sind, müssen diese Werte als Uhrzeit 37:30:55 formatiert werden: Zellen formatieren – Zahlen – Uhrzeit

F3	Formatieren Sie F3 als *Standard*.	=E3*24

Situation 1

Die Tagesverdienste der Aushilfen der Blum Music4You KG sind zu berechnen.

Aufgaben

E2:E6	Ermitteln Sie die geleistete Arbeitszeit der Aushilfen.
F2:F6	Berechnen Sie die Tagesverdienste der Aushilfen.
F7	Berechnen Sie mit der Funktion den durchschnittlichen Tageslohn der Aushilfen.
F8	Ermitteln Sie den durchschnittlichen Stundenlohn der Aushilfen.

Situation 2

Die Blum Music4You KG berechnet die Arbeitszeit des Mitarbeiters Warke.

Aufgaben

F4:F9	Ermitteln Sie die Anwesenheitsdauer.
G4:G9	Ermitteln Sie die geleistete Arbeitszeit.
H4:H9	Ermitteln Sie die geleistete Arbeitszeit.
H10:H11	Ermitteln Sie die Wochenarbeitszeit und den Wochenlohn des Mitarbeiters Warke.

Hinweis: Denken Sie daran, dass die Uhr von 23:59 Uhr auf 00:00 Uhr springt.

4.5.4 Lernsituationen und Aufgaben

Situation 1

Claus Blum nutzte während einer Geschäftsreise einige Sportanlagen. Ihn interessieren die Gesamtkosten seiner Reise, aber auch die Aufwendungen für die einzelnen Sportanlagen.

Aufgaben

F2	Ermitteln Sie die Anzahl der Nächte, die Herr Blum im Hotel verbracht hat.
H2	Berechnen Sie die Gesamtkosten der Übernachtungen.
E5:E7	Berechnen Sie die Mietzeiten der Sportanlagen, die Herr Blum genutzt hat.
F5:F7	Jede angefangene Stunde muss voll bezahlt werden. Nutzen Sie die Funktion AUFRUNDEN, um die Stundenanzahl als ganze Zahl darzustellen.
H5:H7	Berechnen Sie die Kosten für die Miete der einzelnen Sportanlagen.
H9	Ermitteln Sie den Rechnungsbetrag.

Situation 2

Die Mitarbeiter der Blum Music4You KG sollen eine Prämie erhalten. Mitarbeiter, die länger als 10 Jahre im Betrieb sind, erhalten eine Sonderzahlung von 200,00 €, die anderen Mitarbeiter eine Sonderzahlung von 50,00 €.

Aufgaben

C2:C8	Ermitteln Sie die Betriebszugehörigkeit unter Berücksichtigung des aktuellen Datums.
D2:D8	Ermitteln Sie mit einer WENN-Abfrage die Höhe der Sonderzahlung.

Situation 3

Die Blum Music4You KG hat freie Gelder bei verschiedenen Banken angelegt. Die Zinsen der Einlagen sollen ermittelt werden.

Aufgaben

D2:D6	Ermitteln Sie die Zinstage.
E2:E6	Auf Einlagen ab 3.000,00 € zahlt die Bank 3 % Zinsen, auf die anderen Einlagen 1 % Zinsen. Ermitteln Sie den für die Einlage gültigen Zinssatz mit der WENN-Funktion.
F2:F6	Berechnen Sie die Zinsen.
F2:F6	Markieren Sie den höchsten und den niedrigsten Zins automatisch.

Situation 4

Verschiedene Kunden der Blum Music4You KG sind ihren Zahlungsverpflichtungen nicht nachgekommen. Die Verzugszinsen sind zu berechnen.

Aufgaben

D2:D4	Rechnungen sind nach dem BGB nach 30 Tagen fällig. Ermitteln Sie die Fälligkeitstage.
F2:F4	Errechnen Sie die Zeitspanne zwischen dem Fälligkeitstermin und dem heutigen Datum.
G2:G4	Den Kunden werden 8 % Verzugszinsen berechnet.
H2:H4	Kunden, bei denen der Zeitraum der Fälligkeit 50 Tage überschritten hat, sollen eine Mahnung erhalten.

4.6 Erweiterte Abfragen

4.6.1 Verknüpfte WENN-Abfragen

Bedingungen können verknüpft werden. Die Grund-Syntax der WENN-Abfrage =WENN(BEDINGUNG;DANN; SONST) bleibt bestehen. Sollen alle Bedingungen gültig sein, erfolgt die Verknüpfung durch das Schlüsselwort ***UND.*** Soll nur eine von mehreren Bedingungen gültig sein, erfolgt die Verknüpfung durch das Schlüsselwort ***ODER.***

Die zusammengehörenden Bedingungen werden durch () verknüpft.

=WENN(UND(BEDINGUNG;BEDINGUNG;...BEDINGUNG);DANN;SONST)

=WENN(ODER(BEDINGUNG;BEDINGUNG;...BEDINGUNG);DANN;SONST)

Arbeitsablauf

		Eingabe
D2	Auf alle Sampler, die im Normalpreis teurer sind als 10,00 €, soll es einen Rabatt von 10 % geben.	=WENN(UND(A2="Sampler";C2>10);10% *C2;0)
E2	Auf alle CDs der Interpreten Achim Reichel und Bruce Springsteen gibt es 5 % Rabatt.	=WENN(ODER(A2="Bruce Springsteen";A2="Achim Reichel");5%*C2;0)
F2	Berechnen Sie den Aktionspreis.	=C2-D2-E2

Situation 1

Erfolgreiche Mitarbeiterinnen und Mitarbeiter im Verkauf erhalten zum Jahresende ein kleines Geschenk.

Aufgaben

D2:D7	Ermitteln Sie das Alter der Mitarbeiter unter Berücksichtigung des heutigen Datums.
E2:E7	Ermitteln Sie die Betriebszugehörigkeit der Mitarbeiter unter Berücksichtigung des heutigen Datums.
F2:F7	Mitarbeiter, die älter als 30 Jahre sind und mindestens 10 Jahre dem Unternehmen angehören, erhalten ein Geschenk.

Situation 2

Die Kunden der Blum Music4You KG sollen klassifiziert werden. Jeder Kunde kann nur einer Gruppe angehören. Die Zugehörigkeit zu einer Gruppe wird durch ein X gekennzeichnet.

Aufgaben

Klassifizieren Sie die Kunden.

D3:D5	Kunden der Gruppe A waren bereits vor dem Jahr 2000 Kunden und erzielen einen durchschnittlichen Jahresumsatz von mehr als 100.000,00 €.
E3:E5	Kunden der Gruppe B waren vor dem Jahr 2000 Kunden und erzielen einen durchschnittlichen Jahresumsatz von höchstens 100.000,00 €.
F3:F5	Die anderen Kunden werden der Kundengruppe C zugeordnet.
D6:F6	Mithilfe einer Funktion soll die Anzahl der Mitglieder der Gruppen A, B und C ermittelt werden.

4.6.2 Verschachtelte WENN-Abfragen

In Excel besteht die Möglichkeit, nicht nur zwei Alternativen, sondern bis zu acht Alternativen abzufragen. Man spricht hier von einer verschachtelten WENN-Abfrage. Die Syntax der WENN-Abfrage =WENN (BEDINGUNG;DANN;SONST) bleibt bestehen. Allerdings wird bei der verschachtelten WENN-Abfrage der SONST-ZWEIG durch eine neue WENN-Abfrage ersetzt.

=WENN(BEDINGUNG1;DANN1;WENN(BEDINGUNG2;DANN2;SONST))

Am Ende der Formel müssen genau so viele schließende Klammern stehen, wie WENNS in der Formel vorkommen.

Alternativ besteht seit EXCEL 2016 die Möglichkeit, mit der Funktion WENNS zu arbeiten. Der Funktionsaufbau lautet wie folgt: = WENNS (Bedingung; dann: Bedingung; dann).

Hinweis: Beachten Sie bei der Erstellung der Formel, immer vom größten zum kleinsten Wert oder vom kleinsten zum größten Wert zu gehen. Fangen Sie niemals in der Mitte an. Welche von beiden Möglichkeiten benutzt wird, ist unbedeutend. Lassen Sie sich von dem Arbeitsablauf leiten.

Arbeitsablauf

		Eingabe
B5	Geben Sie den Namen des Kunden aus, der den höheren Umsatz gemacht hat. Ist der Umsatz gleich groß, geben Sie als Ergebnis „keiner von beiden“ aus.	=WENN(B2>B3;A2; WENN(B2=B3;“keiner von beiden“;A3))
B6		= WENNs(B2=>B3.A2; B2>B3; keiner von beiden; B2<B3A3)

Situation 1

Einige Kunden zahlen bei Veranstaltungen der Blum Music4You KG verschiedene Preise: Vollzahler 12,00 €, Studenten und Rentner 6,00 €, Kinder 4,00 €.

Aufgaben

B2:B5	Ermitteln Sie die Eintrittspreise mit einer geschachtelten WENN-Funktion. Nutzen Sie beide Möglichkeiten.

Situation 2

Die Mitarbeiter der Filiale „Veilchenweg“ erhalten Umsatzbeteiligungen. Diese Umsatzbeteiligungen sind abhängig vom Umsatz und von der Betriebszugehörigkeit.

Aufgaben

C4:C6	Wenn der Umsatz (B1) über 30.000,00 € beträgt, erhält jeder Mitarbeiter 2 % vom Umsatz. Liegt der Umsatz über 20.000,00 €, erhält jeder Mitarbeiter 1,5 % vom Umsatz. Beträgt der Umsatz mindestens 10.000,00 €, erhält jeder Mitarbeiter 1 % vom Umsatz. Bei einem niedrigeren Umsatz gehen die Mitarbeiter leer aus.
D4:D6	Berechnen Sie die Betriebszugehörigkeit unter Berücksichtigung des heutigen Datums.
E4:E6	Der Faktor, der bei der Berechnung der Umsatzbeteiligung berücksichtigt wird, ist abhängig von der Betriebszugehörigkeit. Gehört der Mitarbeiter länger als 15 Jahre dem Betrieb an, erhält er die doppelte Umsatzbeteiligung; gehört er dem Betrieb länger als 10 Jahre an, erhält er die einfache Umsatzbeteiligung; ist er kürzer im Betrieb beschäftigt, erhält er die halbe Umsatzbeteiligung.

4.6.3 Lernsituationen und Aufgaben

Situation 1

Die Zahlungseingänge der Blum Music4You KG werden geprüft.

Aufgaben

D4:D7	Ermitteln Sie die Differenz zwischen Rechnungsbetrag und Zahlungsbetrag sowie den Skontobetrag auf den Rechnungsbetrag.
F4:F7	Vergleichen Sie die Abzüge, die die Kunden hätten vornehmen dürfen, mit den zulässigen Skontoabzügen. Haben die Kunden zu viel Skonto abgezogen, soll die Bemerkung ***Nachforderung*** ausgegeben werden. Wurde zu wenig abgezogen, soll ***Gutschrift*** ausgegeben werden. In allen anderen Fällen soll das Feld leer bleiben.

Situation 2

Die bei Blum Music4You KG eingegangenen Angebote sind zu vergleichen.

Aufgaben

C6:E9	Berechnen Sie die Einkaufspreise, die Rabattsätze, die Rabatte und die Gesamtkosten der einzelnen Anbieter unter Berücksichtigung der Angaben in der Tabelle. Die Rabattsätze sind durch eine WENN-Abfrage zu ermitteln.
B10	Ermitteln Sie das günstigste Angebot unter Verwendung einer geeigneten Funktion.
E10	Geben Sie den günstigsten Anbieter mit einer WENN-Abfrage aus.

Situation 3

Claus Blum vergleicht die Umsätze, die die Filialen der Blum Music4You KG im letzten Quartal erzielt hatten.

Aufgaben

B6	Berechnen Sie den Gesamtumsatz der Filialen.
C2: C5	Berechnen Sie den Anteil der Filialen am Gesamtumsatz (zwei Nachkommastellen).
D2:D5	Bei jeder Filiale, die mehr als 50.000,00 € Umsatz erreicht hat, soll der Text ***Sehr Gut*** erscheinen, bei einem Umsatz über 30.000,00 € soll der Text ***Gut*** erscheinen, bei jedem anderen soll die Zelle leer bleiben.
E2:E5	Um eine Sonderzahlung von 5 % vom Umsatz zu erhalten, müssen folgende Bedingungen erfüllt werden: Der Umsatz der Filiale muss größer als 40.000,00 € sein und der prozentuale Anteil der Filiale am Gesamtumsatz muss größer als 35 % sein. Ist der Umsatzanteil größer als 25 %, erhält die Filiale eine Sonderzahlung von 2 % vom Umsatz.

Situation 4

Claus Blum stellt genauere Untersuchungen über die Monats- und Quartalsumsätze der Filialen an.

Aufgaben

	Berechnen Sie die Spalten A:D und H.
E13:E17	Sollte der Umsatz angestiegen sein, geben Sie ***Anstieg*** aus.
F13:F17	Die Mitarbeiter der Filialen erhalten eine Umsatzprovision von 10 % des Umsatzzuwachses.
G13:G17	Die Mitarbeiter der Filialen erhalten eine Sonderprovision von 1 % des Umsatzes, wenn der Zuwachs mindestens 4 % beträgt. Beträgt der Zuwachs mindestens 6 %, erhalten sie 2 % Provision auf den Umsatz.

4.7 Verweise

4.7.1 Einfacher SVERWEIS

Die Verzweigungsmöglichkeiten der WENN-Abfrage sind auf acht „WENNs" begrenzt. Bei mehrfachen Antwortoptionen wird eine Bereichsabfrage durchgeführt. Die Syntax lautet

=SVERWEIS(Suchkriterium;Suchtabelle;Spalte)

Die Suchtabellen sollten aufsteigend sortiert sein, um eine richtige Ausgabe zu erhalten. Wenn keine Sortierung vorliegt oder ein bestimmter Wert gesucht wird, muss die SVERWEIS-Funktion um die Option falsch erweitert werden:

=SVERWEIS(Suchkriterium;Suchtabelle;Spalte;falsch)

Dies gilt sowohl bei der Suche nach Zahlen als auch bei der Suche nach Begriffen. Es empfiehlt sich, für die Suchtabelle einen Name zu vergeben.

Arbeitsablauf

		Eingabe
A2:B6	Vergeben Sie den Namen *Provisionssatz*.	
D2:E10	Vergeben Sie den Namen *Gitarren*.	
B13	Geben Sie den Provisionssatz aus, der den Umsätzen entspricht.	=SVERWEIS(A13;Provisionssatz;2)
	Kopieren Sie die Formel aus B13 nach unten.	
E16	Geben Sie den Preis der in E15 angegebenen Gitarre aus.	=SVERWEIS(E15;Gitarre;2;falsch)

Situation 1

Der Monatsverdienst einiger Mitarbeiterinnen und Mitarbeiter der Blum Music4You KG ist zu ermitteln.

Aufgabe

Ermitteln Sie Monatsverdienste der Mitarbeiter aus der in den Zellen A2:B11 stehenden Lohngruppenliste.

Situation 2

Aus der CD-Liste der Blum Music4You KG werden die Preise der CDs ermittelt.

Aufgabe

Ermitteln Sie aus der CD-Liste die Preise der CDs mithilfe der CD-Titel.

4.7.2 SVERWEIS über mehrere Spalten

Abfragen können über mehrere Spalten durchgeführt werden. Die Syntax lautet:

=SVERWEIS(Suchkriterium;Suchtabelle;Spalte)

=SVERWEIS(Suchkriterium;Suchtabelle;Spalte;falsch)

Der Kriterienbereich ist nicht auf zwei Bereiche beschränkt, sondern kann erweitert werden.

Arbeitsablauf

		Eingabe
A7:H15	Vergeben Sie für diesen Bereich den Namen *Gitarren*.	
D1	Geben Sie die Artikelbezeichnung aus.	=SVERWEIS(B1;Gitarren;3;falsch)
F1	Geben Sie das Holz des Korpus aus.	=SVERWEIS(B1;Gitarren;5;falsch)
H1	Geben Sie das Holz des Halses aus.	=SVERWEIS(B1;Gitarren;6;falsch)
	Kopieren Sie die Formeln aus D1, F1 und H1 nach unten.	

Situation 1

Die Geschäftsleitung der Blum Music4You KG möchte, dass die Personaldaten der Mitarbeiter nach Eingabe der Personalnummer angezeigt werden.

Aufgaben

D1:D3 F1:F3 H1:H3	Ermitteln Sie mit der SVERWEIS-Funktion die Formeln, die bewirken, dass nach Eingabe der Personalnummer in B1:B3 die Hausnamen, Geburtsdaten und Lohngruppen der Mitarbeiter angezeigt werden.

Situation 2

Die Blum Music4You KG möchte, dass die Gesamtbezahlung der Mitarbeiter automatisch ermittelt wird.

Aufgaben

F2	Ermitteln Sie das Grundgehalt der Mitarbeiter der Lohngruppe und der Gehaltsstufe. Die Formel soll so gestaltet werden, dass jedes Gehalt für jede Gehaltsstufe automatisch angezeigt wird.
G2	Je Leitungspunkt erhalten die Mitarbeiter eine Prämie von 3 % auf das Grundgehalt.
	Kopieren Sie die Formeln nach unten.

4.7.3 WVERWEIS

Der WVERWEIS entspricht dem SVERWEIS. Während beim SVERWEIS innerhalb einer Spalte ein Wert gesucht wird, wird beim WVERWEIS innerhalb einer Zeile ein Wert gesucht.

=WVERWEIS(Suchkriterium;Suchtabelle;Spalte)

=WVERWEIS(Suchkriterium;Suchtabelle;Spalte;falsch)

Für den Aufbau der Suchtabellen gelten die gleichen Regeln wie beim SVERWEIS.

Arbeitsablauf

		Eingabe
B1:J2	Vergeben Sie den Namen *Gitarren*.	
B7:F8	Vergeben Sie den Namen *Provisionssatz*.	
B5	Geben Sie den Preis der in B4 angegebenen Gitarre aus.	=WVERWEIS(B4;Gitarren;2;falsch)
B11	Geben Sie den Provisionssatz aus, der den Umsätzen entspricht.	=WVERWEIS(A11;Provisionssatz;2)
	Kopieren Sie die Formel aus B11 nach unten.	

Situation 1

Die Geschäftsleitung der Blum Music4You KG möchte, dass die Personaldaten der Mitarbeiter nach Eingabe der Personalnummer angezeigt werden.

Aufgabe

B2:B3	Ermitteln Sie den Hausnamen und die Abteilung des Mitarbeiters nach der Personalnummer aus der Personaltabelle.
	Kopieren Sie die Formeln nach rechts.

Situation 2

Die Geschäftsführung der Blum Music4You KG möchte eine komfortable Lösung für die Anzeige des Monatsumsatzes der einzelnen Filialen.

Aufgabe

G8	Ermitteln Sie den Umsatz unter Berücksichtigung der Filiale und des Monats.

Hinweis: Sie müssen zur Lösung dieser Aufgabe eine zusätzliche Tabelle erstellen, sodass die Ausgabe automatisch erscheint.

4.7.4 Lernsituationen und Aufgaben

Situation 1

Die Quartalsabrechnung für die Aushilfen der Blum Music4You KG muss erstellt werden.

Aufgaben

A15	Der Name des Mitarbeiters soll durch Bezug im Ausgabebereich erscheinen.
B15	Berechnen Sie die Gesamtstunden des Mitarbeiters im Quartal.
C15	Berechnen Sie die Grundvergütung des Mitarbeiters. Der Stundenlohn ist abhängig von der Tarifgruppe des Mitarbeiters. Die Tarifdaten können Sie der Tabelle entnehmen. Verwenden Sie die SVERWEIS-Funktion.
D15	Die Gratifikation 1 wird nach einer Staffelung bezahlt, wenn der Mitarbeiter mindestens fünf Jahre dem Unternehmen angehört. Die Daten entnehmen Sie der Tabelle. Verwenden Sie die SVERWEIS-Funktion.
E15	Die Gratifikation 2 wird in Höhe von 50,00 € gezahlt, wenn der Mitarbeiter mehr als 100 Stunden im Quartal gearbeitet hat. Bei mindestens 80 gearbeiteten Stunden werden noch 20,00 € gezahlt.
F15	Die Gratifikation 3 von 10,00 € wird dem Mitarbeiter zugebilligt, wenn er weder Gratifikation 1 noch Gratifikation 2 erhalten hat.
G15	Berechnen Sie das Quartalsentgelt des Mitarbeiters.
	Kopieren Sie die Formeln aus B15:G15 nach unten.

Situation 2

Die Preisstruktur der Blum Music4You KG wird neu organisiert. Single-CDs von Solo-Interpreten sollen künftig 8,99 € kosten, Doppel-CDs von Solo-Interpreten 11,99 €, Sampler als Single-CDs 9,99 € und als Doppel-CDs 12,99 €.

Aufgaben

B2	Ermitteln Sie den Interpreten unter Verwendung der SVERWEIS-Funktion.
C2	Ermitteln Sie den Titel unter Verwendung der SVERWEIS-Funktion.
D2	Ermitteln Sie den Verkaufspreis der CD unter Verwendung der SVERWEIS-Funktion.
	Kopieren Sie die Formeln B2:D2 nach unten.
D6	Berechnen Sie den Gesamtpreis, den der Kunde zu zahlen hat.

Situation 3

Die Abrechnung für die Aushilfen der Blum Music4You KG ist zu erstellen.

Aufgaben

E1:F1 E6:F6	Ermitteln Sie den Namen des Mitarbeiters mit Bezug auf die in B1 bzw. B6 angegebene Personalnummer mit der SVERWEIS-Funktion. In den verbundenen Zellen soll sowohl der Vorname als auch der Name des Mitarbeiters stehen.
F2 F7	Ermitteln Sie mit der SVERWEIS-Funktion den Lohn des Mitarbeiters unter Berücksichtigung der gearbeiteten Stunden (B2).
F3 F8	Ermitteln Sie mit der SVERWEIS-Funktion das Kilometergeld des Mitarbeiters unter Berücksichtigung der gefahrenen Kilometer (B3).
F4 F9	Berechnen Sie die Gesamtzahlung an den Mitarbeiter.

Situation 4

Die Blum Music4You KG hat verschiedene Geldbeträge zu unterschiedlichen Konditionen angelegt. Eine Anlage als Termingeld ist nur dann möglich, wenn der Anlagebetrag mindestens 10.000,00 € und der Anlagezeitraum mindestens 90 Tage beträgt. Es müssen also beide Bedingungen zutreffen. In allen anderen Fällen ist es möglich, bei der Bank den Geldbetrag als Spareinlage zu einem geringeren Zinssatz zu anzulegen.

Aufgaben

B5	Ermitteln Sie die Zinstage.
B6	Ermitteln Sie mit der SVERWEIS-Funktion und der WENN-Funktion den Zinssatz für die Geldanlage.
B7	Berechnen Sie die Zinsen für die Geldanlage.
	Kopieren Sie die Formeln aus B5:B7 nach rechts.
B7:E7	Markieren Sie den höchsten und den niedrigsten Kapitalertrag durch eine Bedingte Formatierung.
E9	Ermitteln Sie mit der Funktion ZÄHLENWENN die Anzahl der Geldanlagen, die mehr als 400,00 € Zinsen erbringen.

4.8 Diagramme erstellen

Es gibt keine bessere Möglichkeit, als Diagramme Zahlen zu veranschaulichen.

Vom Grundsatz her gibt es nur 3 Diagrammarten, die zu ganz bestimmten Zwecken eingesetzt werden:

- Kreisdiagramme (zur Darstellung von Anteilen)
- Säulendiagramme (zur Darstellung von absoluten Größen)
- Liniendiagramme (zur Darstellung von Entwicklungen)

Alle anderen Diagrammarten sind nur Ableitungen oder Kombinationen der drei genannten Diagrammtypen.

4.8.1 Kreisdiagramme erstellen

Die Filialen der Blum Music4You KG haben die nebenstehenden Umsätze erzielt.

	A	B
1	Filiale	Umsatz
2	Veilchenweg	130.480,00 €
3	Domplatz	116.450,00 €
4	Deutz	128.540,00 €
5	Kalk	123.560,00 €

Markieren Sie nun die Zellen A1:B5.

Wählen Sie aus dem Register **EINFÜGEN** die Gruppe **DIAGRAMME** und hier die Icons

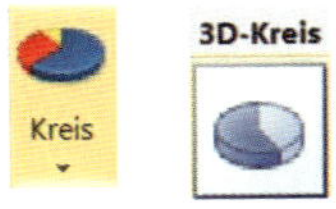

Sofort wird Ihnen von EXCEL ein Diagramm angeboten, das aber noch nicht vollständig ist und daher noch bearbeitet werden muss.

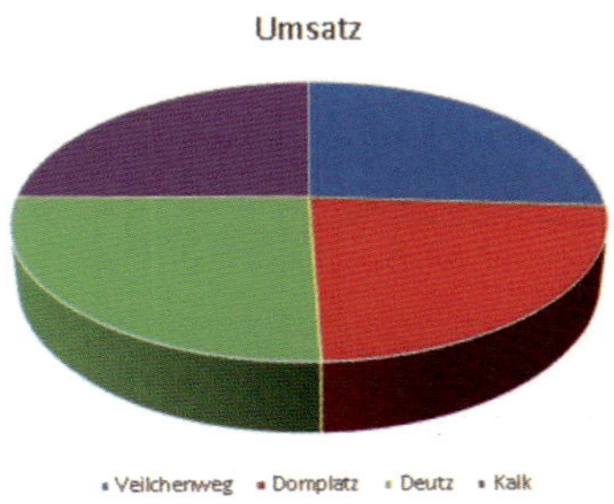

Markieren Sie den Rahmen und Diagramms und wählen dann das Register **DIAGRAMMENTWURF** aus. (Alternativ: Doppelklick auf den Rahmen des Diagramms.)

Im Bereich **Diagrammlayouts** kann die Optik des Diagramms verändert werden. Sie können über die Position der Diagrammüberschrift, der Legende und das Vorhandensein eventueller Datenbeschriftungen entscheiden. Probieren Sie die verschiedenen Möglichkeiten und die Variationen aus.

Gleichzeitig geht im rechten Bereich des Bildschirms ein Fenster auf, das Möglichkeiten der optischen Veränderung des Diagramms ermöglicht. Testen Sie die verschiedenen Möglichkeiten.

4.8.2 Säulendiagramme erstellen

Genauso einfach wie das Erstellen von Kreisdiagrammen geht das Erstellen von Säulendiagrammen.

Markieren Sie wieder die Zellen A1:B5 und klicken Sie nun auf das Icon

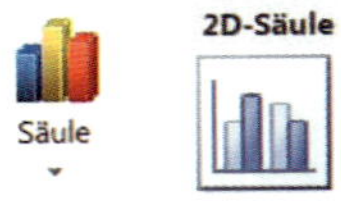

Wählen Sie nun den 2D-Säulentyp der links oben steht.
(Hinweis: 3D-Säulentypen zeigen falsche Werte an!)

Es erscheint das folgende Diagramm, das allerdings noch bearbeitet werden kann/muss.

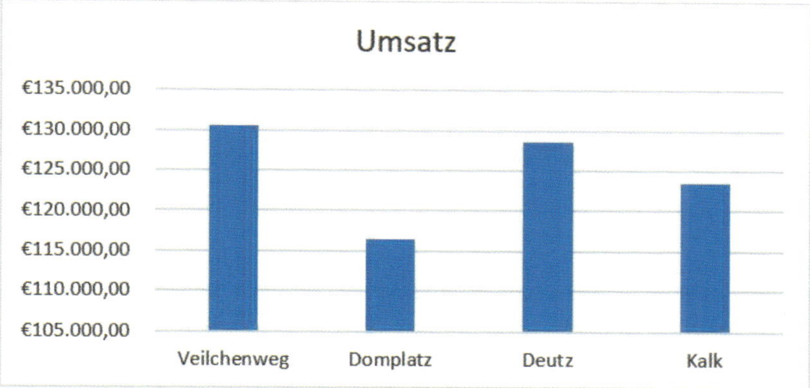

Wie beim Kreisdiagramm können Sie auch hier im Bereich **DIAGRAMMELEMENT HINZUFÜGEN** Änderungen am Diagramm durchführen.

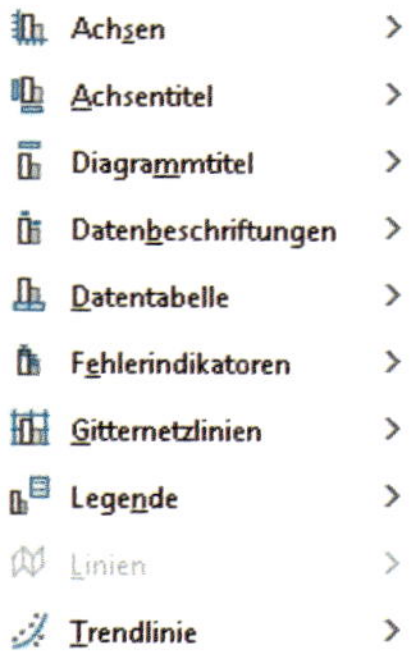

Sie können die Achsen bezeichnen, Achsentitel hinzufügen, ...

Probieren Sie die verschiedenen Möglichkeiten aus.

Wie auch bei der Bearbeitung des Kreisdiagramms geht auf der rechten Bildschirmseite ein Fenster auf, das verschiedene Bearbeitungsmöglichkeiten des Diagramms ermöglicht.

Möchten Sie den Abstand der Säulen voneinander verändern, markieren Sie eine Säule. Wählen Sie im rechten Bereich des Bildschirms das nebenstehende Icon DATENREIHENOPTIONEN. Durch die Option ABSTANDSBREITE können Sie den Abstand zwischen den Säulen nach Bedarf verändern.

4.8.3 Zahlenreihen hinzufügen

Interessant werden Diagramme, wenn man Zahlenreihen einander gegenüberstellt. Vervollständigen Sie Ihr Diagramm mit den nebenstehenden Zahlen.

	A	B	C	D	E
1	Filiale	Umsatz Qu. 1	Umsatz Qu. 2	Umsatz Qu. 3	Umsatz Qu. 4
2	Veilchenweg	130.480,00 €	132.604,00 €	130.208,00 €	131.088,00 €
3	Domplatz	116.450,00 €	128.159,00 €	133.856,00 €	120.572,00 €
4	Deutz	128.540,00 €	130.846,00 €	122.806,00 €	133.046,00 €
5	Kalk	123.560,00 €	130.265,00 €	134.798,00 €	130.692,00 €

Da Sie ja bereits ein fertiges Säulendiagramm erstellt haben, wäre es unsinnig die ganze Arbeit noch einmal durchzuführen. Wählen Sie im Register **DIAGRAMMENTWURF** die Gruppe **DATEN**. Wählen Sie das Icon

Das nebenstehende Fenster geht auf.

Sie können nun die neuen Datenreihen hinzufügen. Wählen Sie nun im linken Bereich des Fensters die Option **HINZUFÜGEN**.

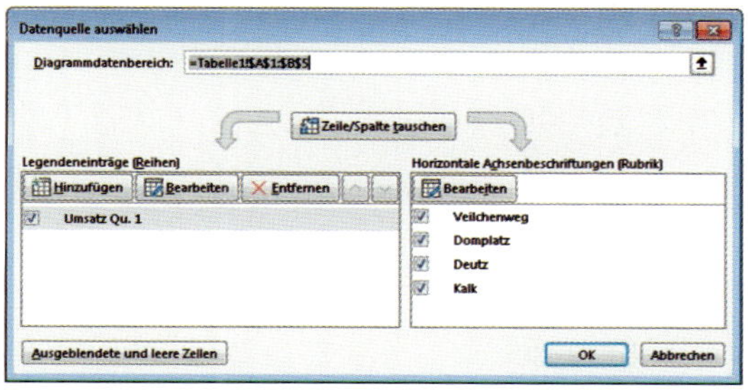

Es geht ein weiteres Fenster auf. Hier markieren Sie für REIHENNAME die Datenüberschrift Zelle C1, danach für die REIHENWERTE die Zellen C2:C5. Wenn gewünscht, können Sie einen Reihennamen auch per Hand eingeben. Zum Abschluss bestätigen Sie mit OK.

Wiederholen Sie die Vorgehensweise für die beiden noch fehlenden Datenreihen.

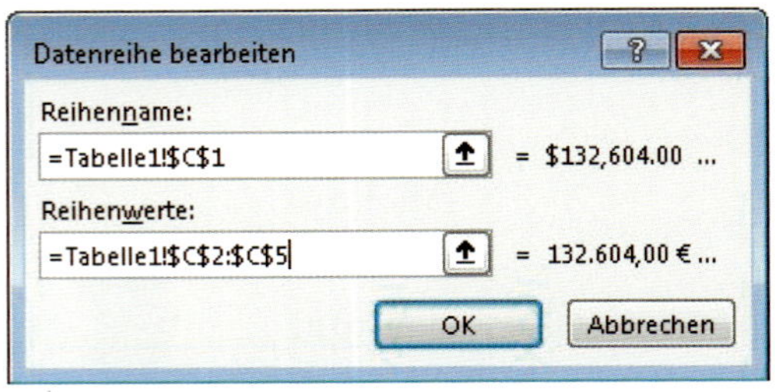

Vergessen Sie nicht, eine Legende hinzuzufügen, damit der Nutzer weiß, welche Säule für welche Daten steht. Ihr Diagramm könnte wie folgt aussehen:

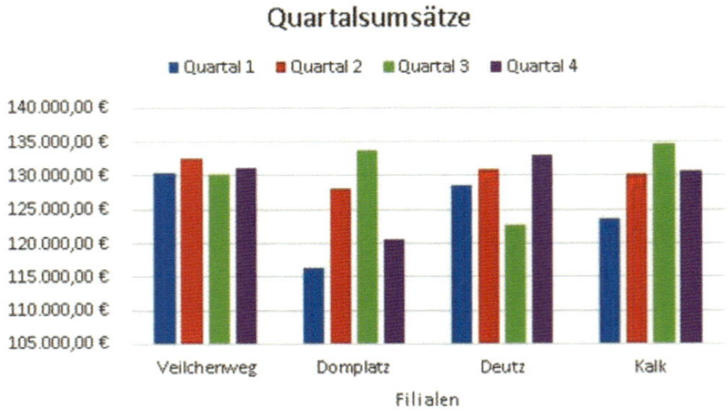

4.8.4 Balkendiagramme und Liniendiagramme erstellen

Die Erstellung von Balken – und Liniendiagrammen wird genauso durchgeführt wie die Erstellung von Kreisdiagrammen oder Säulendiagrammen.

4.8.5 Diagrammtyp ändern

Wenn gewünscht, kann der Diagrammtyp eines bereits erstellten Diagramms ohne Probleme geändert werden. Im Register **DIAGRAMMENTWURF** Bereich **TYP** wählen Sie das nebenstehende Icon. Nun werden Ihnen die anderen Diagrammtypen angeboten. Wählen Sie den gewünschten Diagrammtyp aus. Den Rest macht EXCEL für Sie. Sollte Ihnen etwas nicht gefallen, bearbeiten Sie das neue Diagramm mit den oben besprochenen Möglichkeiten.

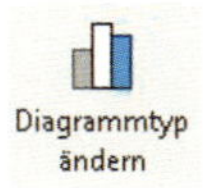

Unterstützt werden Sie dabei von der Möglichkeit, mit einem einfachen Klick auf das nebenstehende Icon, die Zeilen- und Spalten im Diagramm zu vertauschen.

4.8.6 Diagramme verändern

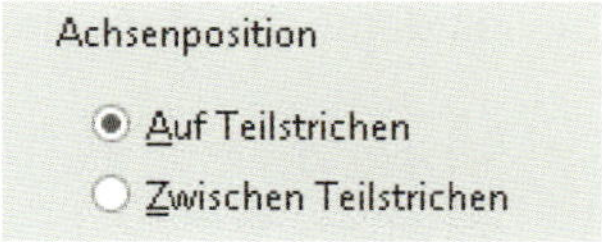

Das Problem beim gerade erstellten Liniendiagramm ist, dass die Größenachse zwischen den Teilstrichen schneidet. Um dies zu verhindern, klicken Sie doppelt auf die Primär horizontalen Achsenbeschriftung. Es geht rechts ein Fenster auf. Wählen Sie im Bereich Achsenposition die Option *Auf Teilstrichen*. Nun beginnen die Linien auf der Y-Achse.

Genauso einfach sind im Liniendiagramm sogenannte Trendlinien einzufügen. Im Bereich **DIAGRAMMELEMENT HINZUFÜGEN** finden Sie die Option, Trendlinien hinzuzufügen. So können Sie die Art der Trendlinie auswählen oder auch auswählen, für welche Daten die Trendlinie angezeigt werden soll.

Möchten Sie die Zahlenintervalle auf der Größenachse verändern, klicken Sie doppelt in diesem Bereich. Wieder geht rechts ein Fenster auf. Hier können Sie die Werte der Größenachse festlegen. Dieses Vorgehen gilt für alle auch für Balken- und Säulendiagrammen.

Möchten Sie in einem Diagramm Farben verändern, klicken Sie eine Linie (Säule, Balken, Kreissegment bei den anderen Diagrammarten an. Es geht wieder rechts das Fenster auf. Klicken Sie nun auf den Farbtopf. Jetzt können Sie die Farbe des Elements ändern. Es ist auch möglich, im Balken-, Säulen- oder Kreisdiagrammen eine Musterfüllung einzusetzen oder die Balken/Säulen/Kreissegmente mit Bildern zu füllen.

Möchten Sie dem Diagramm einen Kommentar hinzufügen, wählen Sie im Register **EINFÜGEN** im Bereich Text das nebenstehende Icon. Ziehen Sie das Textfeld auf, wie Sie es bereits in WORD gelernt haben. Nun können Sie eine ergänzende Information oder einen Kommentar eingeben und das Textfeld genauso bearbeiten wie in WORD.

4.8.7 Verbunddiagramme (Kombidiagramme) erstellen

Es gibt in Excel die Möglichkeit, ganz unterschiedliche Zahlenwerte in Diagrammen dazustellen. Umsätze in Stück bewegen sich in ganz anderen Zahlendimensionen als Umsätze in Euro.

Um ein Diagramm mit derart unterschiedlichen Werten zu erstellen, markieren Sie in der Bespieltabelle die Zellen A3:B6. Im Register **EINFÜGEN** wählen Sie nun im Bereich **DIAGRAMME** die Option **EMPFOHLENE DIAGRAMME** und hier den Reiter **ALLE DIAGRAMME** und danach die Option **KOMBI**. Sie können hier bestimmen, welche Datenreihe als Säule und welche als Linie angezeigt werden soll. Außerdem können Sie entscheiden, welche Daten auf der Primär- und welche auf der Sekundärachse angezeigt werden sollen. Im Anschluss daran fügen Sie noch Diagrammtitel, Legendenbezeichnungen, Legendenposition und die Achsenbeschriftungen hinzu und fertig ist Ihr Diagramm.

4.8.8 Lernsituationen und Aufgaben

Umsatzdaten der Blum Music 4 You sollen grafisch aufbereitet werden.

Situation 1

- Ermitteln Sie die Gesamtjahresumsätze der Kunden in Spalte F.
- Erstellen Sie aus den errechneten Summen ein 3D-Kreisdiagramm.
- Geben Sie dem Diagramm eine aussagefähige Überschrift.
- Verzichten Sie auf eine Legende.
- Beschriften Sie die Kreissegmente außerhalb des Kreises mit dem Namen und dem Prozent-Anteil am Gesamtumsatz (Prozentformat mit 2 Nachkommastellen)
- Verändern Sie die Farben der Segmente wie folgt:
- Ikabo GmbH: grau, Elke Jung: schwarz, Josef Huber: gelb
- Ziehen Sie das Segment der Ikabo GmbH aus dem Kreis.
- Fügen Sie ein Textfeld ein.
- Geben Sie 2 Maßnahmen an, durch die Umsätze gesteigert werden könnten.

Situation 2

- Erstellen Sie ein gruppiertes Balkendiagramm. Die Namen der Kunden sollen auf der vertikalen Primärachse stehen.
- Geben Sie dem Diagramm eine aussagefähige Überschrift.
- Ordnen Sie die Legende oben an.
- Die Werte auf der horizontalen Achse sollen erst ab 15.000 angezeigt werden. Das Hauptintervall soll 15.000 betragen.
- Die Werte sollen ohne Währungszeichen und ohne Nachkommastelle angezeigt werden.

Situation 3

- Erstellen Sie ein gestapeltes Säulendiagramm. Die Namen der Kunden sollen in der Legende stehen.
- Geben Sie dem Diagramm eine aussagefähige Überschrift.
- Die Werte sollen innerhalb des Diagramms angezeigt werden.
- Ordnen Sie die Legende oben an.
- Die Abstandsbreite zwischen den Säulen soll auf 50 verringert werden.
- Beschriften Sie die Achsen.
- Die Werte an den Achsen sollen ohne Währungszeichen und ohne Nachkommastelle angezeigt werden.

Situation 4

- Erstellen Sie ein Liniendiagramm mit Datenpunkten.
- Die Namen der Kunden sollen in der Legende stehen.
- Ordnen Sie die Legende oben an.
- Geben Sie dem Diagramm eine aussagefähige Überschrift.
- Die Werte sollen innerhalb des Diagramms ohne Währungssymbol und ohne Nachkommastelle angezeigt werden.
- Die Linien sollen auf den Teilstrichen schneiden.
- Beschriften Sie die Achsen.
- Die Werte an den Achsen sollen mit Währungszeichen und mit 2 Nachkommastellen angezeigt werden.

4.9 Übergreifende Lernsituationen und Aufgaben

Gesamtsituation 1

Es sollen die Erträge des Tonstudios der Blum Music4You KG analysiert werden. Im Tabellenblatt „Auswertung" sollen alle Ergebnisse ausgewiesen werden.

- Die Namen der Kunden (Spalte B) sollen durch einen SVERWEIS aus dem Tabellenblatt „Kunden" übernommen werden.
- Unter Verwendung der Funktionen ZÄHLENWENN und SUMMEWENN sollen die Nutzungen in den Spalten C und D ermittelt werden.
- Die zu zahlenden Grundkosten (SPALTE E), die Kosten für die genutzten Stunden (Spalte F) und die Höhe der Umsatzsteuer (Spalte G) sind unter Bezug auf die Angaben auf dem Tabellenblatt „Kosten des Tonstudios" zu berechnen.
- Der Rechnungsbetrag (Spalte H) ergibt sich aus den bereits ermittelten Angaben.
- Erstellen Sie aus den ermittelten Werten ein Diagramm nach dem folgenden Vorbild:

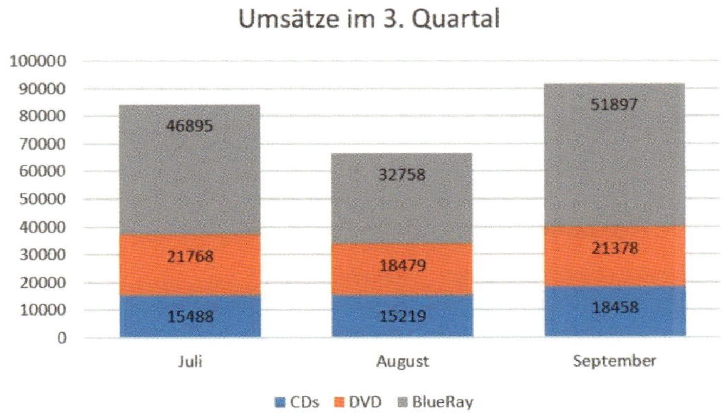

Gesamtsituation 2

Einmal wöchentlich werden die CD-Verkaufszahlen der Blum Music4You KG zusammengestellt.

- Im Tabellenblatt „Auswertung" sollen in Spalte F die Verkäufe der einzelnen Albumtitel unter Verwendung der Funktion SUMMEWENN und den Angaben aus dem Tabellenblatt „Verkäufe" zusammengefasst werden.
- Der aktuelle Bestand soll in Spalte G ermittelt werden.
- Sollte der Meldebestand unterschritten werden, soll in Spalte J die Bestellmenge unter Verwendung der Funktion WENN ermittelt werden.
- In den Zellen C29:C32 sollen die Verkaufszahlen je Warengruppe unter Verwendung der Funktion SUMMEWENN ermittelt werden.
- In den Zellen D29:D32 ist der prozentuale Anteil (Prozentformat mit 2 Nachkommastellen) für jede Verkaufsgruppe zu ermitteln.
- Erstellen Sie aus den ermittelten Verkaufszahlen C29:C32 ein Säulendiagramm nach dem untenstehenden Muster.

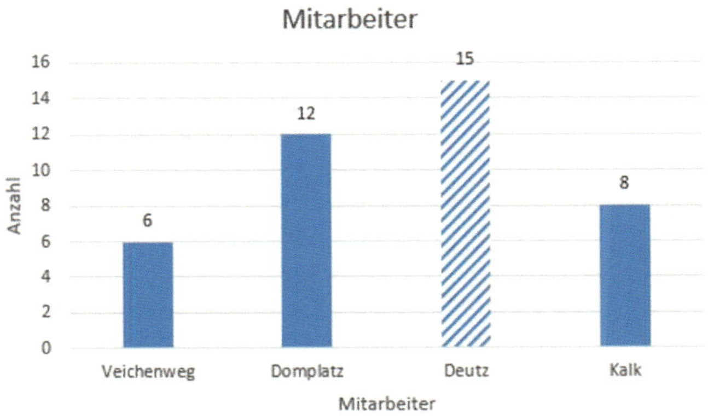

Gesamtsituation 3

Die Umsatzzahlen der Kunden der Blum Music4You KG soll analysiert werden.

- Im Tabellenblatt „Auswertung“ sollen in den Spalten B, C und D unter Verwendung der Suchfunktion aus dem Tabellenblatt „Kunde“ der Name und die Anschrift des Kunden übernommen werden. Ist die Kundennummer nicht vorhanden, sollen die Zellen leer bleiben.
- Unter Verwendung der Funktion ZÄHLENWENN soll in Spalte F die Anzahl der Bestellungen jedes einzelnen Kunden ermittelt werden. Nehmen Sie hierzu Bezug auf das Tabellenblatt „Umsätze“.
- Unter Verwendung der Funktion SUMMEWENN soll in Spalte G der Gesamtwert der Bestellungen jedes einzelnen Kunden ermittelt werden. Nehmen Sie hierzu Bezug auf das Tabellenblatt „Umsätze“.
- Ermitteln Sie die Zelle E11 die Gesamtzahl der Bestellungen.
- Ermitteln Sie die Zelle F11 den Gesamtwert aller Bestellungen.
- Berechnen Sie in Spalte G den Wert je Bestellung je Kunde.
- Berechnen Sie in Spalte H die Anteile der einzelnen Kunden an der Anzahl aller Bestellungen (Prozentformat, 2 Nachkommastellen).
- Berechnen Sie in Spalte I die Anteile der einzelnen Kunden am Gesamtwert aller Bestellungen (Prozentformat, 2 Nachkommastellen).
- Sollte ein Kunde einen Umsatz von unter 5.000 EUR erzielt haben, soll in Spalte J die Bemerkung „Kontakt“ aufnehmen. In allen anderen Fällen soll die Zelle leer bleiben.
- Erstellen Sie ein Diagramm, das Anteile der Kunden an der Anzahl und am Gesamtwert der Bestellungen zeigt. Orientieren Sie sich dabei an folgendem Muster:

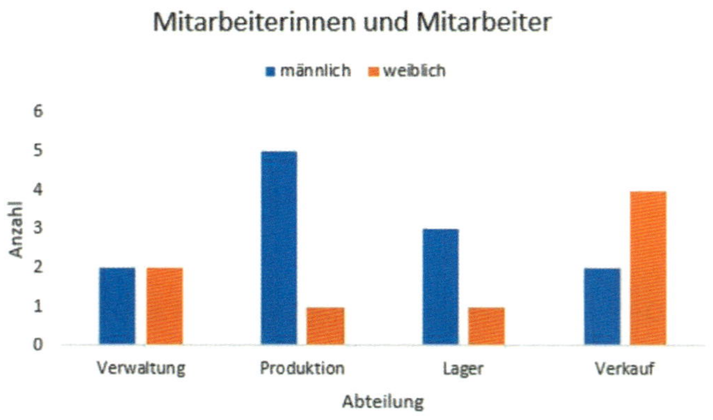

4.10 Mit Daten arbeiten

4.10.1 Eine Datei mit der Datenmaske einrichten

Die Daten der Mitarbeiter der Blum Music4You KG sollen erfasst und bearbeitet werden. Hierzu muss zunächst eine Datei als Informationsgrundlage erstellt werden.

Arbeitsablauf

- Öffnen Sie eine neue Excel-Mappe.
- Weisen Sie dem Tabellenblatt *Tabelle 1* den Namen MITARBEITER zu.
- Geben Sie in Zeile 1 die Datenfelder (=Spaltenüberschriften) ein.

	A	B	C	D	E	F	G	H
1	Personalnummer	Hausname	Vorname	Geburtsdatum	Eintrittsdatum	Funktion	Abteilung	Lohngruppe

- Stellen Sie den Cursor auf die Zelle A1!
- Wählen Sie die Tastenkombination **ALT + N**, nach der Meldung geben Sie die Tastenkombination **ALT + M** ein und bestätigen die Meldung mit **OK**.
- Nun öffnet sich die nebenstehende Datenmaske.
- Geben Sie die unten stehenden Daten mithilfe dieser Datenmaske ein.
- Nach Eingabe eines jeden Datensatzes schaffen Sie mit Anklicken der Option **Neu** Platz für den nächsten Datensatz.
- Schließen Sie die Datenmaske, wenn Sie alle Datensätze eingegeben haben.
- Sie können die Datei in Zukunft direkt oder über die Datenmaske bearbeiten.

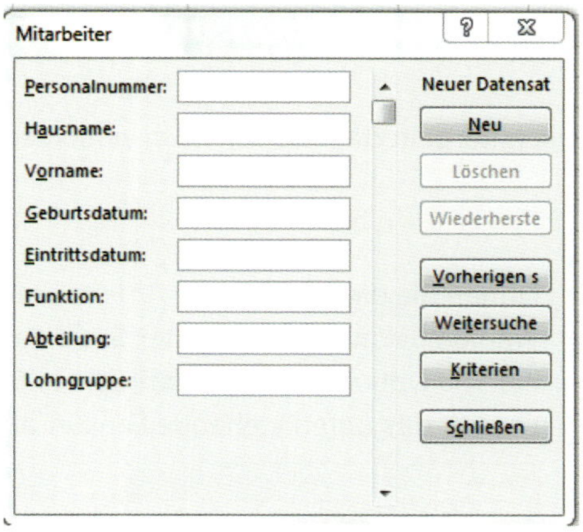

	A	B	C	D	E	F	G	H
1	Personalnummer	Hausname	Vorname	Geburtsdatum	Eintrittsdatum	Funktion	Abteilung	Lohngruppe
2	1000	Blum	Claus	18.02.1971		Geschäftsführer	Geschäftsführung	10
3	1100	Thule	Iris	21.01.1975	10.04.2000	Leitung	Verwaltung	9
4	1110	Zegon	Egzone	29.12.1990	26.10.2010	Finanzen	Verwaltung	7
5	1120	Krömer	Karolin	20.08.1968	28.02.2005	Beschaffung	Verwaltung	5
6	1121	Schlüssel	Katja	19.02.1966	11.04.2009	Beschaffung	Verwaltung	5
7	1150	Klein	Franceska	02.01.1997	01.09.2013	Auszubildende/r	Verwaltung	1
8	1200	Hüpper	Fabian	08.08.1963	10.02.2008	Leitung	Produktion Gitarren	9
9	1210	Raub	Adrian	02.12.1977	05.05.1997	Produktion	Produktion Gitarren	7
10	1211	Guhl	Steffen	11.01.1982	17.04.2003	Produktion	Produktion Gitarren	7

4.10.2 Mit der Datenmaske arbeiten

Mitarbeiterdaten sollen unter Verwendung der Datenmaske geändert werden.

Arbeitsablauf

- Öffnen Sie die Datei *4.10.1 Arbeiten mit der Datenmaske.*
- Öffnen Sie die Datenmaske mit den Tastenkombinationen **ALT + N** und **ALT + M**.
- Es erscheint die nebenstehende Datenmaske mit dem ersten Datensatz.
- Sie sollen nun Veränderungen in dieser Datei vornehmen.
- Sie suchen den entsprechenden Datensatz, indem Sie die Schaltfläche **Kriterien** auswählen und in die nun leeren Datenfelder das Suchkriterium eingeben.

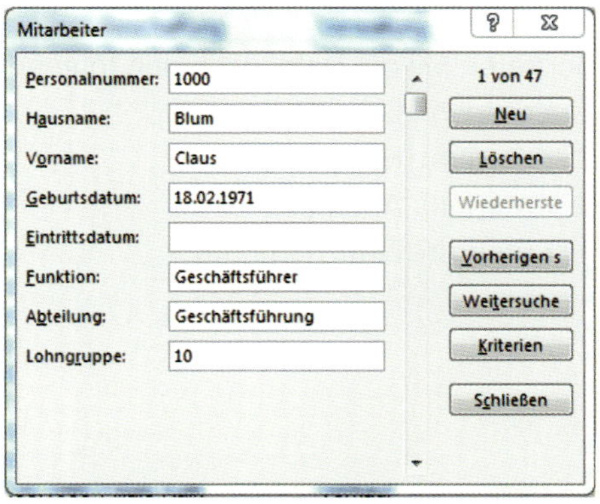

- Danach wählen Sie die Schaltflächen **Vorherigen Suchen** bzw. **Weitersuchen**, bis Sie den gewünschten Datensatz gefunden haben.
- Die neuen Daten geben Sie in das entsprechende Textfeld ein.

Änderung 1:	Bei der Mitarbeiterin Katja Schlüssel ist irrtümlicherweise ein falsches Geburtsdatum eingetragen worden. Richtiger Eintrag: 19.02.1958.
Änderung 2:	Irmgard Möbius wird in die Filiale Domplatz versetzt.
Änderung 3:	Fitore Norino soll eine Gehaltserhöhung erhalten und wird zukünftig nach Lohngruppe 6 bezahlt.
Änderung 4:	Jochen Malder hat gekündigt. Löschen Sie den Datensatz.

Für die folgenden Aufgaben benötigen Sie weiterhin die Datei *5.9.2 Arbeiten mit der Datenmaske.* Allerdings sollen die Aufgaben ohne Einsatz der Datenmaske gelöst werden.

4.10.3 Sortieren einer Datei

Die Mitarbeitertabelle soll nach verschiedenen Kriterien sortiert werden.

Arbeitsablauf

- Öffnen Sie die Datei *4.10.1 Arbeiten mit der Datenmaske.*
- Wählen Sie aus dem Register **Start** das nebenstehende Symbol und hier die Option **Benutzerdefiniertes Sortieren**.
- Es geht das unten stehende Fenster auf.

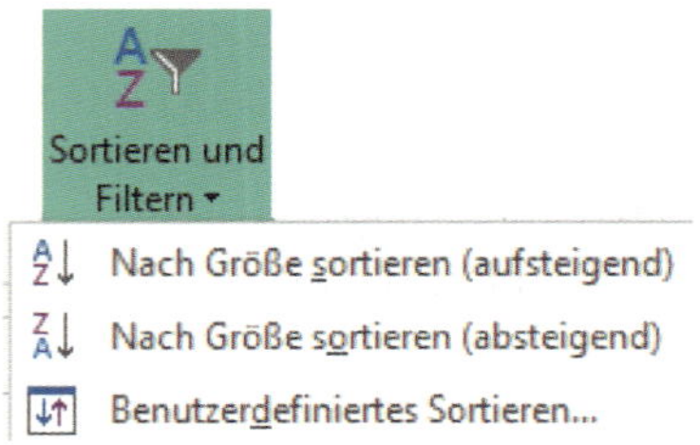

- Sortieren Sie die Tabelle nach der Lohngruppe und nach der Größe absteigend.
- Fügen Sie eine Sortierebene hinzu.

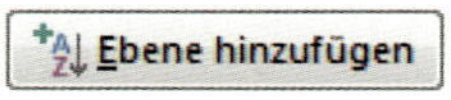

- Fügen Sie ein zweites Sortierkriterium hinzu: Eintrittsdatum, nach Alter absteigend.

Aufgaben

Nutzen Sie weiterhin die Datei *5.9.2 Arbeiten mit der Datenmaske*.

Sortieren Sie die Datei nach den folgenden Kriterien:
1. Kriterium: Eintrittsdatum
2. Kriterium: Hausname
3. Kriterium: Abteilung
4. Kriterium: Eintrittsdatum

4.10.4 Gültigkeitskriterien für Datenfelder festlegen

In Excel ist es möglich, Fehleingaben durch Gültigkeitskriterien zu minimieren. Es soll sichergestellt werden, dass im Bereich LOHNGRUPPEN nur die Ziffern 1 bis 10 eingegeben werden können.

Arbeitsablauf

- Öffnen Sie die Datei *9.2 Arbeiten mir der Datenmaske*.
- Öffnen Sie ein neues Tabellenblatt mit dem Namen „Liste“.
- Geben Sie hier untereinander die Ziffern 1 - 10 und den Buchstaben A ein. („A“ steht für Aushilfe). Benennen Sie den Bereich mit den Namen „Lohn“.
- Markieren Sie nun im Tabellenblatt „Mitarbeiter“ die Spalte H (LOHNGRUPPE).
- Wählen Sie danach aus dem Register **DATEN** aus dem Bereich **Datentools** die Option **Datenüberprüfung** und danach nochmals **Datenüberprüfung**.

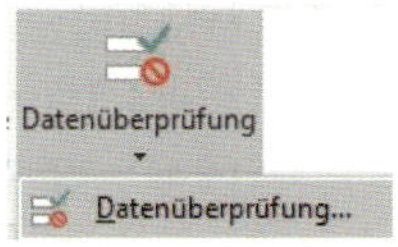

- Im nun aufgehenden Fenster wählen Sie im Bereich GÜLTIGKEITSKRITERIEN/ZULASSEN die Option LISTE und als Quelle den Bereich LOHN ein.

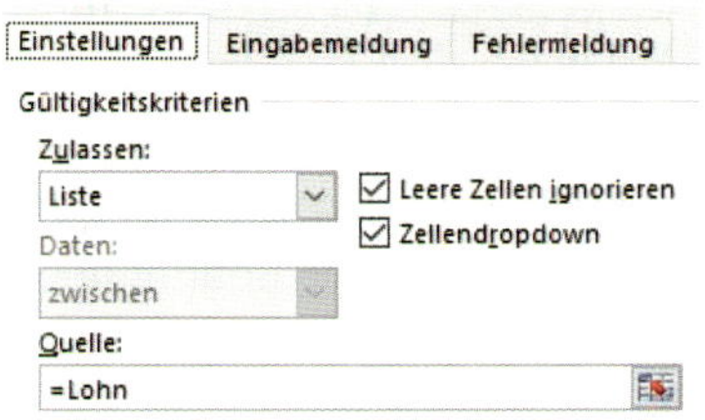

Nun kann keine Fehleingabe mehr erfolgen, da beim Anklicken einer neuen Zelle ein Dropdownpfeil erscheint und Sie nur noch die vorgegebenen Zeichen eingeben können.

Sie können im Gültigkeitskriterien auch per Hand Datenarten/Datengrenzen vorgeben. In diesem Fall sollten aber auch Eingabemeldungen und Fehlermeldungen eingegeben werden, um dem Nutzer Hinweise auf die Eingabekriterien zu geben. Probieren Sie im Bereich Fehlermeldung auch die Wirkung der Typen, Stopp, Warnung und Informationen aus.

4.10.5 Der Datenfilter

Die Auswertung einer Datenbank kann durch den Datenfilter erfolgen.

Arbeitsablauf

- Öffnen Sie die Datei *4.10.2 Mit Daten arbeiten*.
- Stellen Sie den Cursor in irgendeine Zelle innerhalb der Tabelle.
- Wählen Sie nun im Register **Daten** das Symbol: Filtern

- Excel wandelt die Kopfzeile der Tabelle mit den Feldnamen in Drop-down-Listen um.

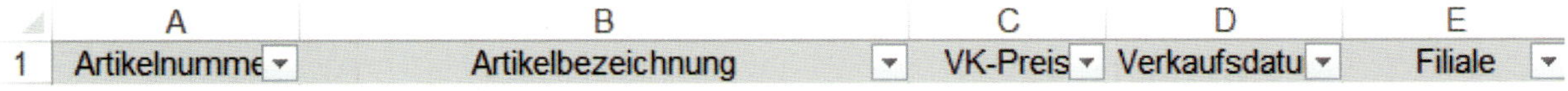

- Durch Anwahl eines Drop-down-Pfeils werden die Feldinhalte ohne Duplikate angezeigt. Sie können nun den Feldinhalt auswählen, der angezeigt werden soll.
- Sollen nur die Umsätze der Filiale Kalk angezeigt werden, klicken Sie in Zelle E1 auf den Drop-down-Pfeil und wählen hier Kalk aus. Danach bestätigen Sie Ihre Auswahl mit **OK**.

- Es werden Ihnen nun die Umsätze der Filiale Kalk angezeigt.
- Wenn ein Filter gesetzt wurde, wird dies durch das Filtersymbol neben dem Drop-down-Pfeil angezeigt.

- Wollen Sie die gesamte Tabelle wieder sehen, klicken Sie den Drop-down-Pfeil wieder an und wählen nun die Option **Alles Auswählen**.
- Es können auch kombinierte Abfragen erstellt werden, indem Auswahlen über verschiedene Datenfelder vorgenommen werden.

Aufgaben

1. Alle Umsätze von 0,3-l-Bechern sollen angezeigt werden.
2. Alle Umsätze der Filiale Domplatz am 07.09.2019 sollen angezeigt werden.
3. Alle Artikel sollen angezeigt werden, die am 08.09.2019 in der Filiale Veilchenweg verkauft wurden und teurer als 15,00 € sind. (**Hinweis**: Nutzen Sie den ZAHLENFILTER beim Setzen der Bedingung für den Preis.)

4.10.6 Mit dem erweiterten Datenfilter (Spezialfilter) arbeiten

Durch die Nutzung des erweiterten Filters kann der Kriterienbereich in das Tabellenblatt eingetragen werden.

Die Datenausgabe der gefilterten Einträge kann direkt an einer anderen Stelle erfolgen. Der Vorteil an dieser Methode ist, dass der Nutzer einen Überblick über die verwendeten Suchkriterien hat und diese schnell und einfach nach seinen Wünschen ändern kann.

Arbeitsablauf

- Öffnen Sie die Datei *4.10.2 Mit Daten arbeiten.*
- Fügen Sie fünf Zeilen vor den Spaltenüberschriften ein.
- Kopieren Sie die Spaltenüberschriften in die erste Zeile.
- Ihre Tabelle sollte jetzt das folgende Aussehen haben:

	A	B	C	D	E
1	Artikelnummer	Artikelbezeichnung	VK-Preis	Verkaufsdatum	Filiale
2					
3					
4					
5					
6	Artikelnummer	Artikelbezeichnung	VK-Preis	Verkaufsdatum	Filiale
7	20003	Becher 0,3 Liter	2,35 €	05.09.2019	Veilchenweg
8	20080	Rucksack	22,90 €	05.09.2019	Veilchenweg

- Alle Umsätze der Filiale Veilchenweg sollen am 07.09.2019 angezeigt werden.
- Geben Sie die unten stehenden Daten entsprechend der Vorgabe ein:

	A	B	C	D	E
1	Artikelnummer	Artikelbezeichnung	VK-Preis	Verkaufsdatum	Filiale

- Wählen Sie im Register **Daten** die Option **Filtern** – **Erweitert**.

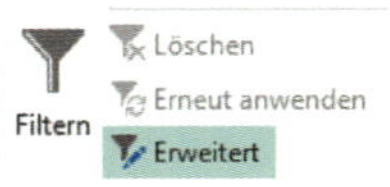

- Es geht das nebenstehende Fenster auf.
- Geben Sie die Einträge in den **Listenbereich** und in den **Kriterienbereich** durch Markieren der Zellen ein.
- Die Ergebnisliste soll an der gleichen Stelle gefiltert werden.
- Bestätigen Sie Ihre Eingaben mit **OK**.

	A	B	C	D	E
1	Artikelnummer	Artikelbezeichnung	VK-Preis	Verkaufsdatum	Filiale
2				07.09.2019	Veilchenweg
3					
4					
5					
6	Artikelnummer	Artikelbezeichnung	VK-Preis	Verkaufsdatum	Filiale
61	20005	Fanschal - lang	9,99 €	07.09.2019	Veilchenweg
62	20006	Cap	5,90 €	07.09.2019	Veilchenweg
63	20007	Flaschenöffner	6,49 €	07.09.2019	Veilchenweg

- Das Ergebnis der Abfrage sollte so aussehen:
- Es werden nur noch die Datensätze angezeigt, die jedem geforderten Kriterium entsprechen. Eine entsprechende Auswahl kennen Sie bereits durch die WENN-UND-Auswahl.

	A	B	C	D	E
1	Artikelnummer	Artikelbezeichnung	VK-Preis	Verkaufsdatum	Filiale
2		Mütze			
3		Cap			

- Es besteht auch die Möglichkeit, Datensätze auszuwählen, die nur einem der geforderten Kriterien entsprechen – ähnlich der WENN-ODER-Auswahl. Hierzu müssen die Kriterien in verschiedene Zeilen geschrieben werden.
- Der Kriterienbereich wird entsprechend erweitert:

Aufgaben

1. Alle Umsätze von 0,3-l-Bechern sollen angezeigt werden.
2. Alle Umsätze der Filiale Domplatz am 07.09.2019 sollen angezeigt werden.

4.10.7 Datenbankfunktionen

In Excel gibt es auch Funktionen, mit denen speziell Datenbanken untersucht werden können. Der Aufbau der Datenbankfunktionen ist immer gleich:

=DBFUNKTION(DATENBANK;FELD;SUCHKRITERIEN)

Arbeitsablauf

- Öffnen Sie die Datei *4.10.2 Mit Daten arbeiten.*
- Verändern Sie die Tabelle, sodass sie das folgende Aussehen hat:

	A	B	C	D	E	F	G
1	Artikelnummer	Artikelbezeichnung	VK-Preis	Verkaufsdatum	Filiale		Anzahl:
2							Höchster VK-Preis:
3							Niedrigster VK-Preis:
4							Summe aller Umsätze:
5							Durchschnitt aller Umsätze:
6	Artikelnummer	Artikelbezeichnung	VK-Preis	Verkaufsdatum	Filiale		

- Es sollen nun verschiedene statistische Informationen zum Thema „VK-Preis“ ermittelt werden. Geben Sie die folgenden Formeln ein:

H1	=DBANZAHL(A6:E114;“VK-Preis“;A1:E2)
H2	=DBMAX(A6:E114;“VK-Preis“;A1:E2)
H3	=DBMIN(A6:E114;“VK-Preis“;A1:E2)
H4	=DBSUMME(A6:E114;“VK-Preis“;A1:E2)
H5	=DBMITTELWERT(A6:E114;“VK-Preis“;A1:E2)

- Ihre Ergebnisse sollten so aussehen:

- Geben Sie nun einzelne Kriterien wie die Artikelbezeichnung oder die Filiale ein, erhalten Sie die unter

	A	B	C	D	E	F	G	H
1	Artikelnummer	Artikelbezeichnung	VK-Preis	Verkaufsdatum	Filiale		Anzahl	108
2							Höchster VK-Preis	22,90 €
3							Niedrigster VK-Preis	2,35 €
4							Summe aller Umsätze	785,42 €
5							Durchschnitt aller Umsätze	7,27 €

  diesem Kriterium gefilterten Umsatzzahlen.
- Das Ergebnis könnte so aussehen:

	A	B	C	D	E	F	G	H
1	Artikelnummer	Artikelbezeichnung	VK-Preis	Verkaufsdatum	Filiale		Anzahl	7
2		Rucksack					Höchster VK-Preis	22,90 €
3							Niedrigster VK-Preis	22,90 €
4							Summe aller Umsätze	160,30 €
5							Durchschnitt aller Umsätze	22,90 €

4.10.8 Teilergebnisse erstellen

Die Geschäftstätigkeit der Filialen der Blum Music4You KG soll weiter analysiert werden. Hierzu sollen Teilergebnisse erstellt werden.

Arbeitsablauf

- Öffnen Sie die Datei *4.10.2 Mit Daten arbeiten.*
- Sortieren Sie die Datei nach dem Datenfeld **Filiale**.
- Stellen Sie den Cursor auf eine beliebige Zelle innerhalb der Tabelle.
- Wählen Sie im Register **Daten** das Symbol:

- Es geht das unten stehende Fenster auf. Geben Sie Daten entspreche[…] stätigen Sie die Eingaben mit **OK**.
- Links neben der Tabelle hat sich die Ansicht verändert.
- Klicken Sie auf die **2**, wird die Anzeige der Datei verkürzt und Sie erhalten die folgende Ansicht.

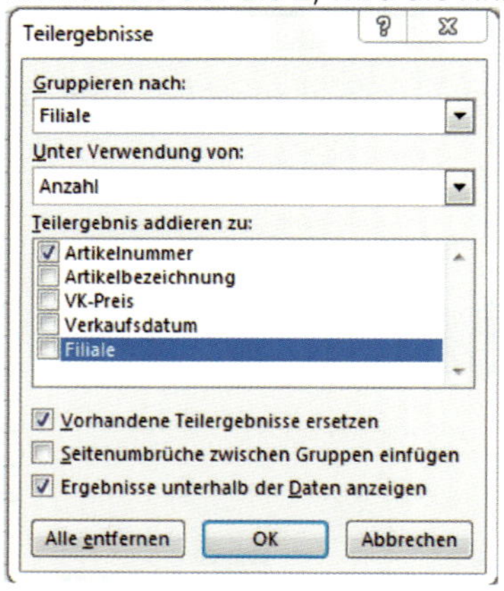

1 2 3	A
1	Artikelnummer
2	20020
3	20050
4	20070
5	20071
6	20021
7	20007
8	20020

- Durch die Verwendung der Funktion **Anzahl** haben Sie den Befehl gegeben, die Anzahl der verkauften Artikel zu zählen.

1 2 3	A	B	C	D	E
1	Artikelnummer	Artikelbezeichnung	VK-Preis	Verkaufsdatum	Filiale
+ 29	27				**Deutz Anzahl**
+ 47	17				**Domplatz Anzahl**
+ 84	36				**Kalk Anzahl**
+ 113	28				**Veilchenweg Anzahl**
− 114	108				**Gesamtanzahl**

- Klicken Sie die **1** an, wird die Ansicht noch weiter verkürzt und nur noch die Gesamtanzahl der verkauften Artikel angezeigt.
- Sie können durch Anklicken der Ziffern **2** oder **3** die Ansichten wieder wechseln.

- Die Aufstellung der Teilergebnisse soll weiter verfeinert werden. Stellen Sie den Cursor wieder auf eine beliebige Zelle innerhalb der Tabelle.
- Klicken Sie noch einmal auf das Symbol: Teilergebnis
- Es geht wieder das unten stehende Fenst
- Geben Sie Daten entsprechend der Vorgaben ein.

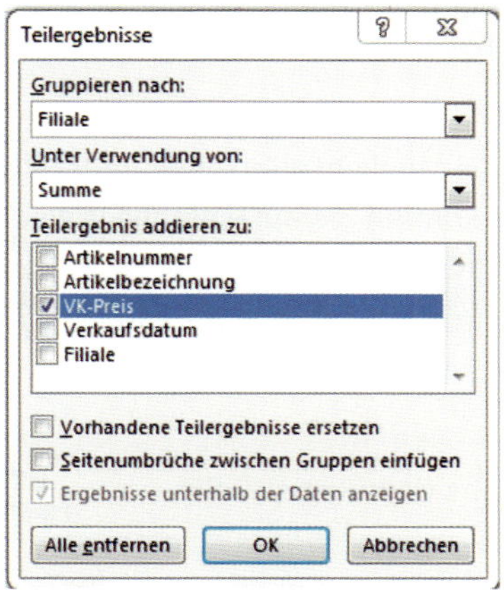

- Achten Sie darauf, dass der Haken bei **Vorhandene Teilergebnisse ersetzen** entfernt werden muss.
- Bestätigen Sie die Eingaben mit **OK**.
- Klicken Sie auf die **3** wird diese Anzeige der Datei erzeugt.

	A	B	C	D	E
1	Artikelnummer	Artikelbezeichnung	VK-Preis	Verkaufsdatum	Filiale
29			203,75 €		**Deutz Ergebnis**
30	27				**Deutz Anzahl**
48			64,30 €		**Domplatz Ergebnis**
49	17				**Domplatz Anzahl**
86			276,56 €		**Kalk Ergebnis**
87	36				**Kalk Anzahl**
116			240,81 €		**Veilchenweg Ergebnis**
117	28				**Veilchenweg Anzahl**
118			785,42 €		**Gesamtergebnis**
119	108				**Gesamtanzahl**

Aufgaben

1. Öffnen Sie die Datei *4.10.2 Mit Daten arbeiten*.
2. Gruppieren Sie die Datei nach dem Verkaufsdatum. Es sollen die Anzahl der Verkäufe und der Gesamtumsatz für jeden Verkaufstag angezeigt werden.

4.10.9 PIVOT-Tabellen erstellen

Eine ganz andere Art der Analyse von Daten ergibt sich aus der Möglichkeit, sämtliche Informationen einer Tabelle in einer interaktiven Tabelle zusammenzufassen und die jeweils zu vergleichenden Datengruppen anzeigen zu lassen. Die übrigen Datengruppen werden ausgeblendet oder bei Bedarf dem sichtbaren Bereich hinzugefügt. Durch Verschieben einzelner Datengruppen in der Tabelle erhält man eine andere – unter Umständen übersichtlichere – Sichtweise auf die Daten.

Am Beispiel des Umsatzberichts der Filialen der Blum Music4You KG sollen die Möglichkeiten einer interaktiven PIVOT-Tabelle dargestellt werden. Durch die Erstellung einer PIVOT-Tabelle können Sie auf einfache Weise die unterschiedlichen Datengruppen anordnen und zum Vergleich gegenüberstellen.

Arbeitsablauf

- Öffnen Sie die Datei *4.10.2 Mit Daten arbeiten.*
- Markieren Sie eine beliebige Zelle innerhalb der Tabelle und klicken Sie aus dem Register **Einfügen** das nebenstehende Symbol an.

- Es geht das unten stehende Fenster auf. Da Sie den Cursor bereits in die Tabelle gestellt haben, gibt Excel den Bereich vor, für den die PIVOT-Tabelle erstellt werden soll. Sie müssen lediglich noch eingeben, wo die PIVOT-Tabelle erstellt werden soll.

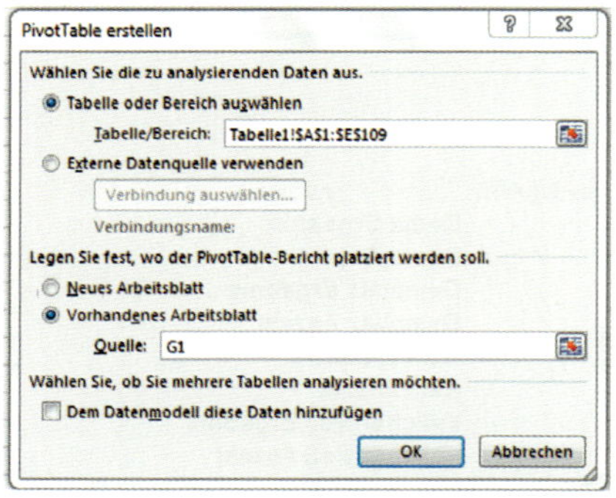

- Auf dem rechten Teil des Bildschirms erscheint das unten stehende Fenster: Im oberen Teil des Fensters werden die vorhandenen Datenfelder angezeigt.

- Diese können durch Ziehen in die unten stehenden Bereiche verschoben werden.

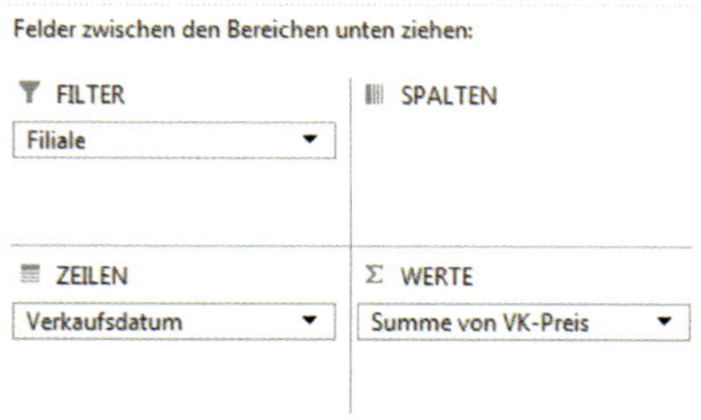

- Während Sie die Arbeiten vornehmen, können Sie beobachten, wie sich die Ansicht der PIVOT-Tabelle verändert. Am Ende sollte Ihre PIVOT-Tabelle aussehen wie nebenstehend abgebildet.

Filiale	Kalk
Zeilenbeschriftungen	**Summe von VK-Preis**
05.09.2019	70,44
06.09.2019	43,92
07.09.2019	56,62
08.09.2019	41,27
09.09.2019	64,31
Gesamtergebnis	**276,56**

- Möchten Sie nur das Ergebnis einer einzigen Filiale sehen, wählen Sie mit dem Drop-down-Pfeil in H1 die Filiale aus.
- Möchten Sie die Analyse noch erweitern, klicken Sie die PIVOT-Tabelle an.
- In jeden der vier Bereiche der PIVOT-Tabelle kann jedes Datenfeld gezogen werden. Allerdings kann kein Datenfeld gleichzeitig in zwei Bereichen stehen.
- Möchten Sie spezielle Auskünfte zu den Umsätzen an bestimmten Tagen haben, klicken Sie das Datum mit einem Doppelklick an.
- Es erscheint das nebenstehende Fenster. Sie können nun das Datenfeld auswählen und mit **OK** bestätigen.
- Es erscheint die unten stehende PIVOT-Tabelle.

Filiale	Kalk
Zeilenbeschriftungen	**Summe von VK-Preis**
05.09.2019	70,44
06.09.2019	43,92
07.09.2019	56,62
08.09.2019	41,27
09.09.2019	64,31
Gesamtergebnis	**276,56**

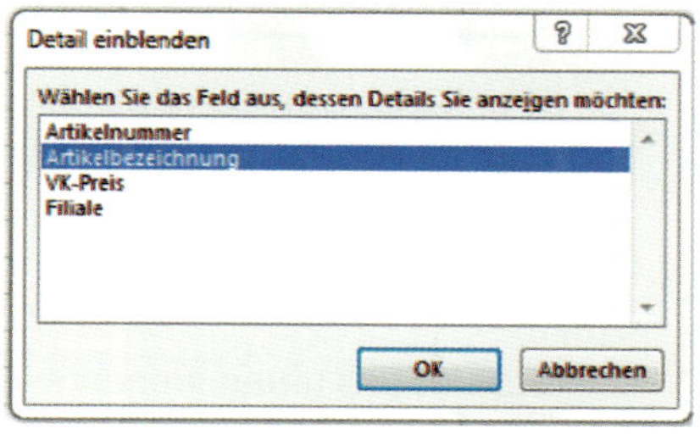

Filiale	Kalk
Zeilenbeschriftungen	**Summe von VK-Preis**
⊞**05.09.2019**	**70,44**
⊞**06.09.2019**	**43,92**
⊟**07.09.2019**	**56,62**
Armband	3,39
Becher 0,3 Liter	2,35
Fanschal - lang	9,99
Rucksack	22,9
T-Shirt	17,99
⊞**08.09.2019**	**41,27**
⊞**09.09.2019**	**64,31**
Gesamtergebnis	**276,56**

- Wollen Sie Datenfelder aus der PIVOT-Tabelle entfernen, ziehen Sie die Datenfelder aus den Bereichen heraus in die Feldliste.

PIVOT-Tabellen sind extrem vielseitig. Probieren Sie die verschiedenen Möglichkeiten aus.

4.10.10 Konsolidieren von Tabellen

Das Konsolidieren von Tabellen hilft, Zahlen zu analysieren, die auf verschiedene Bereiche verteilt sind und zu einem Gesamtergebnis zusammengeführt werden sollen.

Unten stehend sehen Sie vier Tabellen, in denen die Absatzmengen der verkauften Artikel aus den Filialen der Blum Music4You KG aufgelistet sind.

- Erstellen Sie die folgenden vier Tabellen und benennen Sie diese mit den Filialnamen. Lassen Sie die Dateien geöffnet.

4.10.10 Domplatz

	A	B
1	Artikelbezeichnung	Stückzahl
2	Armband	44
3	Becher 0,3 Liter	78
4	Becher 0,5 Liter	115
5	Cap	73
6	Fanschal - kurz	58
7	Fanschal - lang	97
8	Flaschenöffner	118
9	Hut	25
10	Mütze	42
11	Rucksack	38
12	Schlüsselband	78
13	T-Shirt	84

4.10.10 Deutz

	A	B
1	Artikelbezeichnung	Stückzahl
2	Armband	58
3	Becher 0,3 Liter	74
4	Becher 0,5 Liter	62
5	Cap	43
6	Fanschal - kurz	78
7	Fanschal - lang	32
8	Flaschenöffner	45
9	Hut	23
10	Mütze	25
11	Rucksack	14
12	Schlüsselband	78
13	T-Shirt	53

4.10.10 Veilchenweg

	A	B
1	Artikelbezeichnung	Stückzahl
2	Armband	63
3	Becher 0,3 Liter	37
4	Becher 0,5 Liter	63
5	Cap	28
6	Fanschal - kurz	53
7	Fanschal - lang	67
8	Flaschenöffner	128
9	Hut	12
10	Mütze	34
11	Rucksack	9
12	Schlüsselband	96
13	T-Shirt	35

4.10.10 Kalk

	A	B
1	Artikelbezeichnung	Stückzahl
2	Armband	35
3	Becher 0,3 Liter	46
4	Becher 0,5 Liter	86
5	Cap	57
6	Fanschal - kurz	112
7	Fanschal - lang	43
8	Flaschenöffner	98
9	Hut	18
10	Mütze	37
11	Rucksack	21
12	Schlüsselband	65
13	T-Shirt	67

- Öffnen Sie nun eine neue leere Excel-Datei und wählen im Register **Daten** die Option: Konsolidieren
- Es erscheint das unten stehende Fenster. Hier müssen die zu konsolidierenden Daten eingetragen werden.

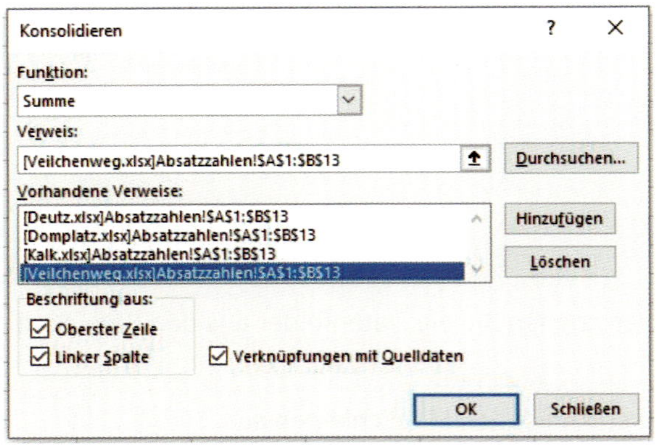

- Mit der Optionen **Durchsuchen** und **Hinzufügen** werden die Zelladressen angegeben.
- Achten Sie darauf, die Haken im unteren Teil des Fensters zu setzten.
- Bestätigen Sie Ihre Eingaben nun mit **OK**.
- Es erscheint die nebenstehende Konsolidierungstabelle.
- Klicken Sie das nebenstehende Symbol an, werden die Daten aufgeschlüsselt. Die Einzelergebnisse stehen nun oberhalb des Gesamtergebnisses. +
- Wollen Sie diese Ansicht wieder schließen, klicken Sie auf: −
- Die Tabellen der Filialen sind nun mit der Konsolidierungstabelle verknüpft.
- Auch aus den geschlossenen Filialtabellen kann die Konsolidierungstabelle Informationen ziehen.

	A	B	C
1			Stückzahl
6	Armband		200
11	Becher 0,3 Liter		235
16	Becher 0,5 Liter		326
21	Cap		201
26	Fanschal - kurz		301
31	Fanschal - lang		239
36	Flaschenöffner		389
41	Hut		78
46	Mütze		138
51	Rucksack		82
56	Schlüsselband		317
61	T-Shirt		239

	A	B	C
1			Stückzahl
6	Armband		200
7		Deutz	74
8		Domplatz	78
9		Kalk	46
10		Veilchenweg	37
11	Becher 0,3 Liter		235

Aufgaben

1. Verändern Sie in den vier Filialtabellen einige Umsatzzahlen und schließen Sie diese Dateien.
2. Schließen Sie die Konsolidierungsdatei.
3. Öffnen Sie die Konsolidierungsdatei wieder.
4. Klicken Sie auf die Schaltfläche **Inhalt aktivieren** der Sicherheitswarnung.
5. Sie sehen, dass sich die Konsolidierungsergebnisse verändert haben.

5 E-Mail-Korrespondenz mit Outlook

5.1 E-Mail

Microsoft-Outlook ist ein E-Mail-Programm. Im geschäftlichen Schriftverkehr ersetzen E-Mails häufig die Geschäftsbriefe. Die äußere Form einer E-Mail sollten Sie ähnlich wie einen Geschäftsbrief gestalten. Wie in Geschäftsbriefen wählen Sie den einzeiligen Zeilenabstand. Eingabefehler müssen Sie unbedingt vermeiden. Formulierungen, die in Geschäftsbriefen üblich sind, sollten Sie auch hier verwenden. Um Nachfragen zu vermeiden, sollten Sie die Kommunikationsverbindungen immer aufführen.

E-Mail-Adresse

Eine E-Mail-Adresse enthält nach DIN 5008 den Namen des Empfängers, das @-Zeichen, den Provider (Anbieter oder Name des Unternehmens) und das Länderkennzeichen. Zur Trennung der Angaben verwenden Sie nur Punkte oder Bindestriche. Dazu diese Beispiele:

- thomas.mueller@t-online.de
- elke-gross@aol.com
- elke-gross@winklers.de
- info@westfalia.com
- eva.mueller@westfalia.com

Betreff – Anrede

Ein Betreff ist in E-Mails zwingend vorgeschrieben. Fehlt der Betreff, kann Ihre Nachricht automatisch im Spam-Ordner landen. Sie setzen den Betreff in das vorgesehene Feld.

Im Textfeld beginnen Sie mit einer Anrede. Setzen Sie eine übliche Anrede ein. Saloppe Anreden, z. B. „Hallo ...", sind gegenüber Unbekannten nicht angebracht, unter Geschäftspartnern aber üblich.

E-Mail-Text

Den Text gliedern Sie – wie in Geschäftsbriefen üblich – in Absätze. Dabei sollten Sie den Sinnzusammenhang beachten. Den Text erfassen Sie ohne Worttrennungen, weil der Zeilenumbruch durch die Software des Empfängers gesteuert wird und sich der jeweiligen Fenstergröße anpasst.

Abschluss der E-Mail

Wie in Geschäftsbriefen endet auch die E-Mail mit einem Abschluss. Die einzelnen Teile eines solchen Abschlusses trennen Sie durch Leerzeilen voneinander. Vor und nach dem Gruß sowie der Firma lassen Sie je eine Leerzeile. Danach bleibt wiederum eine Leerzeile bis zum Namen des Bearbeiters.

In Geschäftsbriefen müssen Sie auch Zusätze aufführen. Nach dem Namen des Bearbeiters führen Sie nach einer Leerzeile die Kommunikationsverbindungen auf. Dazu gehören beispielsweise Telefon, Telefax, E-Mail-Adresse und Internetadresse. Auch wenn der Empfänger die E-Mail-Adresse kennt, sollten Sie sie trotzdem aufführen, weil E-Mails oft von einem anderen Anschluss versandt werden.

Die Postanschrift, der Sitz der Gesellschaft, die Hausanschrift, der Name des Geschäftsführers, des Vorstandes, Aufsichtsrates und die Handelsregisternummer müssen aus rechtlichen Gründen aufgeführt werden.

Der Abschluss einer geschäftlichen E-Mail sollte so gestaltet werden:

Freundliche Grüße

Blum Music4You KG

i. A. Maria Schulz

E-Mail: schulz@muisc4youkg.de
Internet: www.muisc4youkg.de
Telefon: 0221 386760-30
Telefax: 0221 386760-31

Postanschrift: Postfach 52 15 79, 50667 Köln
Sitz/Hausanschrift: Veilchenstraße 19, 50677 Köln
Geschäftsführer: Claus Blum
Handelsregister HRB 47 111 beim Amtsgericht Köln

5.2 Outlook-Bildschirm

Öffnen Sie das Programm Outlook, erscheint der Bildschirm mit dem Register **Start** und dem **Posteingang.**

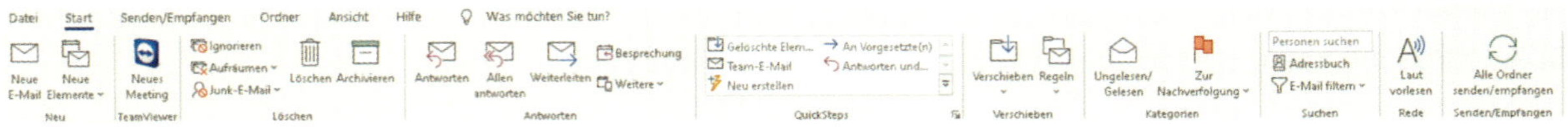

5.3 Aufrufen einer E-Mail

Zum Öffnen der E-Mail klicken Sie die E-Mail an.

5.4 Erstellen und Versenden einer E-Mail

Zum Erstellen einer E-Mail klicken Sie **Neue E-Mail** an. Es öffnet sich ein Fenster, in das Sie die E-Mail-Adresse, den Betreff, den Text und den Abschluss der E-Mail einsetzen.

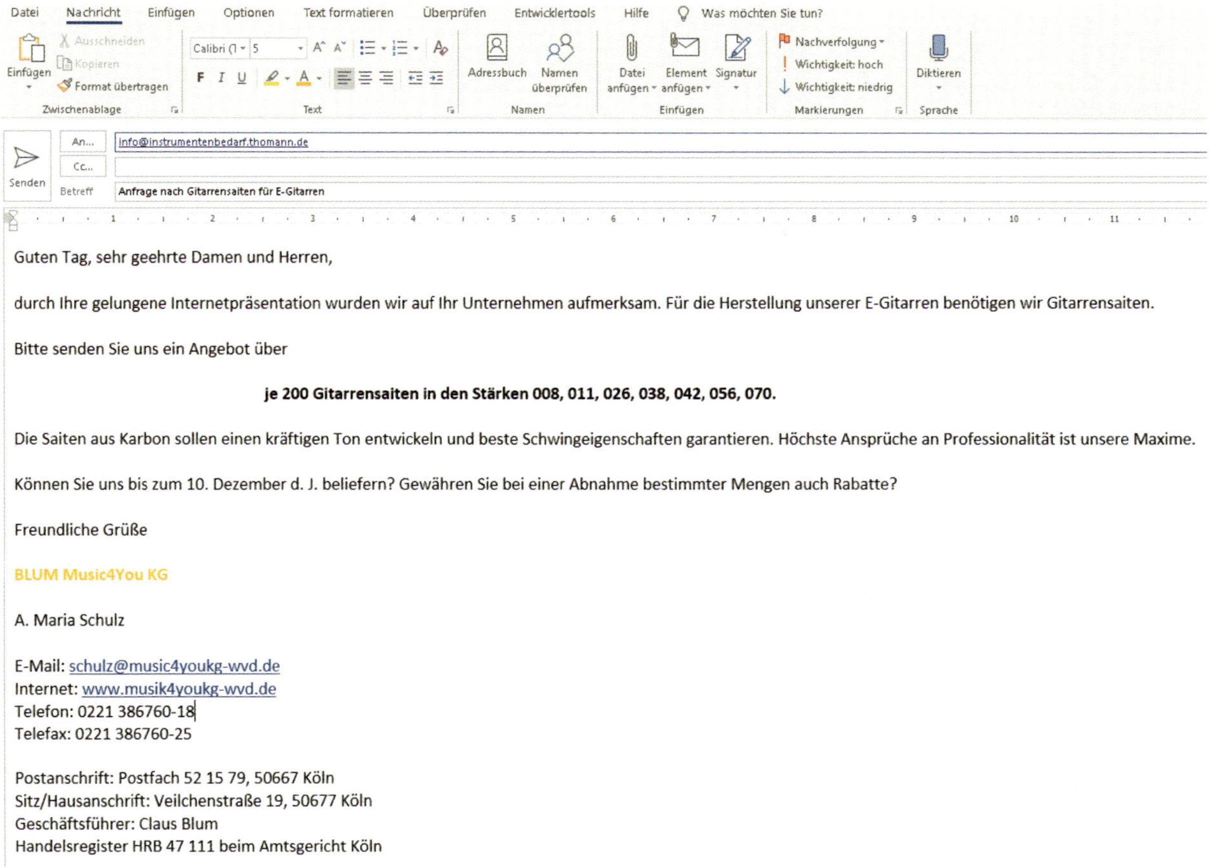
An... info@instrumentenbedarf.thomann.de

Cc...

Betreff Anfrage nach Gitarrensaiten für E-Gitarren

Guten Tag, sehr geehrte Damen und Herren,

durch Ihre gelungene Internetpräsentation wurden wir auf Ihr Unternehmen aufmerksam. Für die Herstellung unserer E-Gitarren benötigen wir Gitarrensaiten.

Bitte senden Sie uns ein Angebot über

je 200 Gitarrensaiten in den Stärken 008, 011, 026, 038, 042, 056, 070.

Die Saiten aus Karbon sollen einen kräftigen Ton entwickeln und beste Schwingeigenschaften garantieren. Höchste Ansprüche an Professionalität ist unsere Maxime.

Können Sie uns bis zum 10. Dezember d. J. beliefern? Gewähren Sie bei einer Abnahme bestimmter Mengen auch Rabatte?

Freundliche Grüße

BLUM Music4You KG

A. Maria Schulz

E-Mail: schulz@music4youkg-wvd.de
Internet: www.musik4youkg-wvd.de
Telefon: 0221 386760-18
Telefax: 0221 386760-25

Postanschrift: Postfach 52 15 79, 50667 Köln
Sitz/Hausanschrift: Veilchenstraße 19, 50677 Köln
Geschäftsführer: Claus Blum
Handelsregister HRB 47 111 beim Amtsgericht Köln

Zum Versenden der E-Mail klicken Sie **Senden** an.

Arbeitsablauf

Programm Outlook aufrufen – Neue E-Mail – E-Mail erfassen – Senden

Anlagen beifügen

Wollen Sie einer E-Mail eine Datei beifügen, klicken Sie im Register **Nachricht** in der Gruppe **Einfügen** auf **Datei anfügen**. Sie wählen nun die gewünschte Datei aus und klicken auf **Einfügen**. Die Datei erscheint nun unter dem Betreff. Oft ist es zweckmäßig, Textdateien als PDF-Dateien zu versenden.

Weitere Empfänger

Um die E-Mail an mehrere Empfänger senden zu können, führen Sie hinter Cc... die E-Mail-Adressen weiterer Empfänger auf.

Antworten

Wollen Sie dem Empfänger direkt auf die E-Mail antworten, klicken Sie im Register **Start** in der Gruppe **Antworten** die Funktion **Antworten** oder **Allen Antworten** an. Sie können die E-Mail auch an einen anderen Empfänger weiterleiten. Dazu klicken Sie auf **Weiterleiten**.

5.5 Signatur erstellen

Für den Abschluss Ihrer E-Mail erstellen Sie eine Signatur. Wenn Sie eine neue E-Mail erstellen, erscheint der Signaturbaustein auf dem Bildschirm.

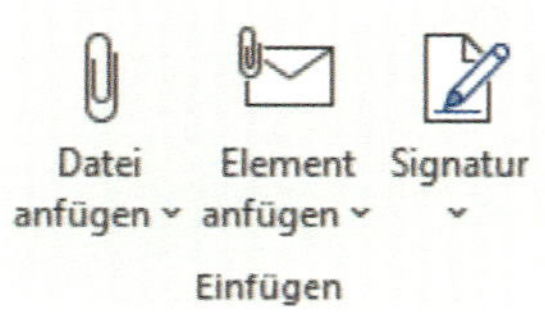

Zum Erstellen einer Signatur klicken Sie im Register **Nachricht** in der Gruppe **Einfügen** die Funktion **Signatur** an. Danach aktivieren Sie **Signaturen.**

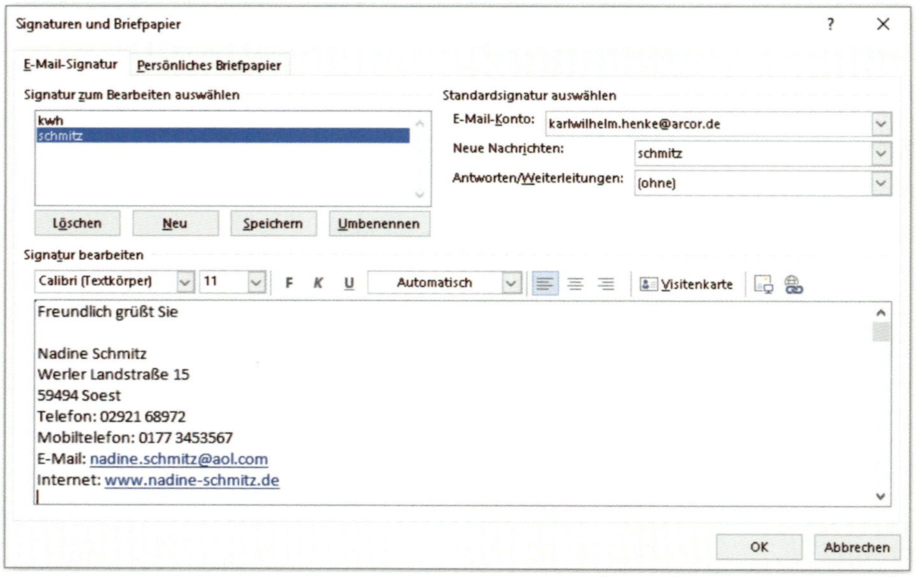

Sie klicken auf **Neu** und geben den Namen für die Signatur ein. Danach erfassen Sie den Abschluss der E-Mail und klicken auf **Speichern.**

Arbeitsablauf

Register Nachricht – Gruppe Einfügen: Signatur – Signaturen – Neu – Baustein erfassen – Speichern

5.6 Kontakte anlegen

Kontakt für einen Empfänger

Empfänger können Sie in ein Adressbuch aufnehmen, um die E-Mail-Adresse nicht immer wieder neu eingeben zu müssen. Dazu klicken Sie im Register **Start** auf **Neue Elemente – Kontakt**.

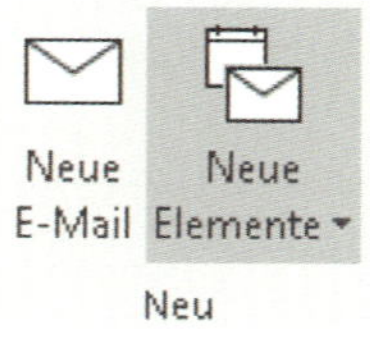

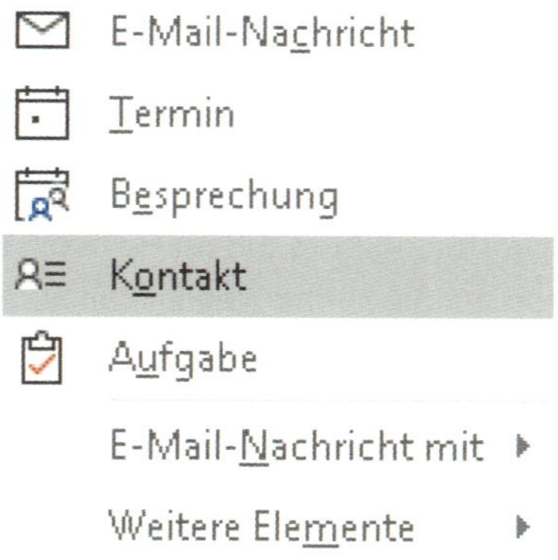

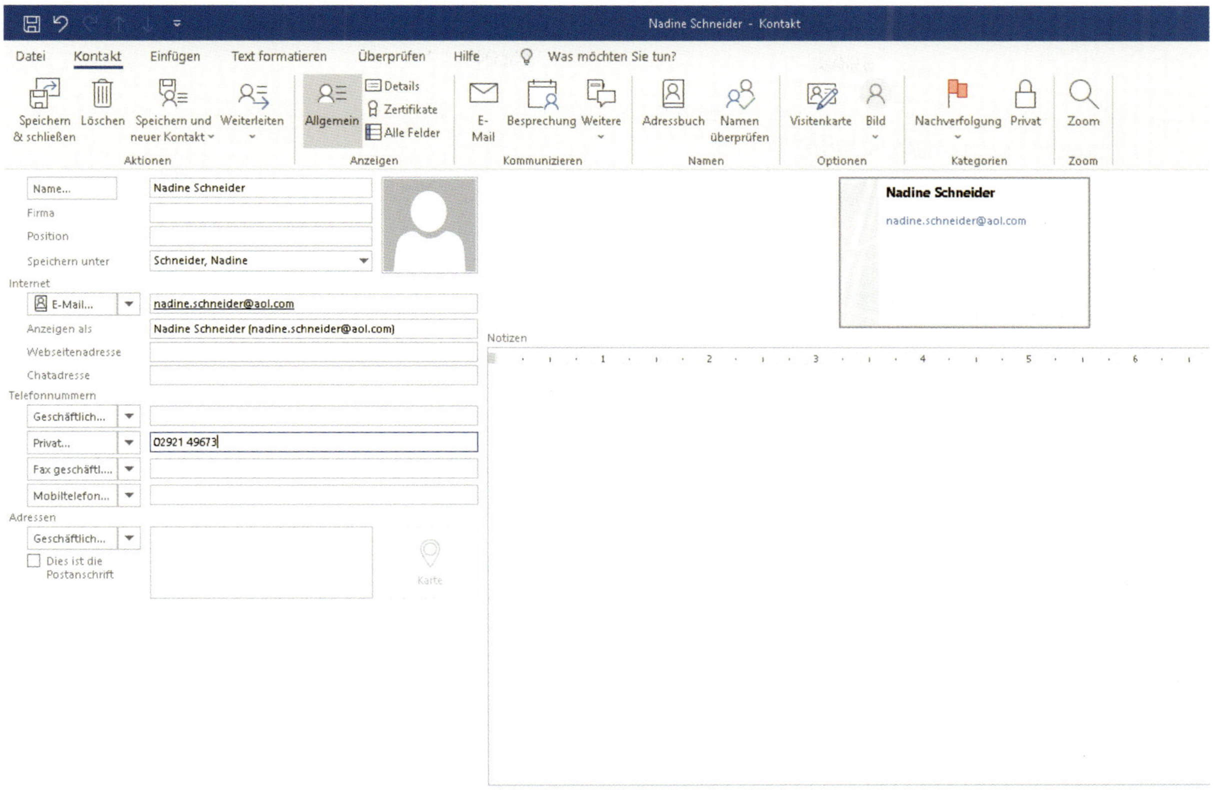

Sie geben in dem Fenster **Kontakt** den Namen, E-Mail-Adresse, Telefonnummern und weitere Informationen ein. Nachdem Sie alle Informationen erfasst haben, klicken Sie **Speichern und schließen** an. Die Kontaktdaten können Sie zu einer Datenbank erweitern.

Arbeitsablauf

Register Start – Neue Elemente – Kontakt – Namen und weitere Informationen eingeben – Speichern und schließen

E-Mail mit Kontaktadresse erstellen

Im Register **Start** klicken Sie **Neue E-Mail** an. Es öffnet sich das Fenster zum Erstellen der E-Mail. In dem Register **Nachricht** klicken Sie **Adressbuch** an. Danach wählen Sie eine oder mehrere E Mail-Adressen aus, klicken auf **An** und danach auf **OK**. Die E-Mail-Adresse ist automatisch eingefügt.

Arbeitsablauf

Register Start – Neue E-Mail – Register Nachricht – Adressbuch – E-Mail-Adresse anklicken – An – OK

Kontakt mit Kontaktgruppen

Wollen Sie eine Kontaktgruppe anlegen, klicken Sie im Register **Start** zuerst auf **Neue Elemente** und danach auf **Weitere Elemente**. Nun aktivieren Sie **Kontaktgruppe**.

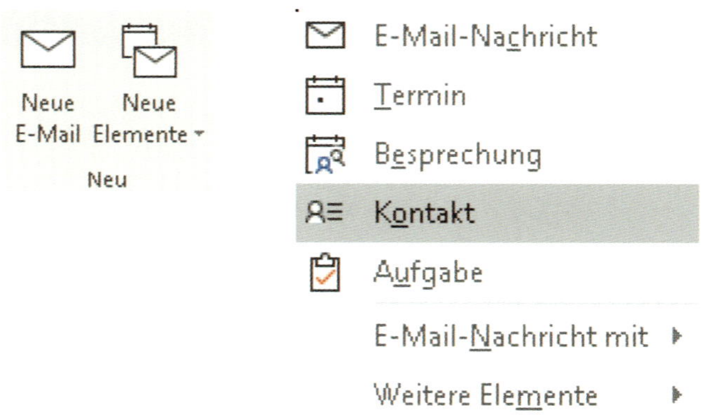

Sie geben den Namen der Kontaktgruppe ein und danach **Mitglieder hinzufügen**. Sie entscheiden sich für E-Mail-Adressen aus dem Adressbuch und aktivieren die Funktion **Aus Adressbuch**.

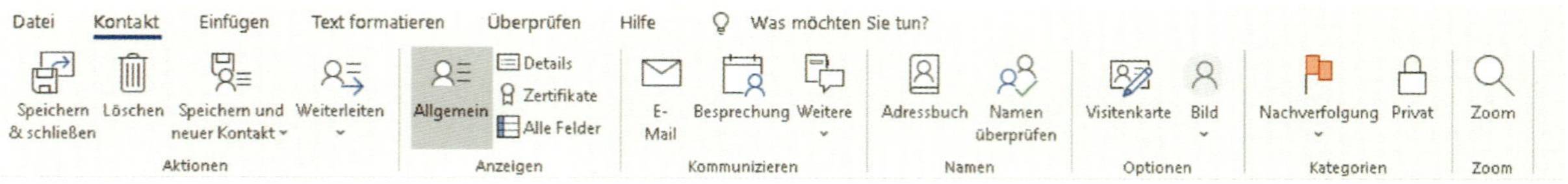

Sie klicken die E-Mail-Adresse, **Mitglieder** und **OK** an. Sie beenden die Eingabe mit **Speichern und schließen**.

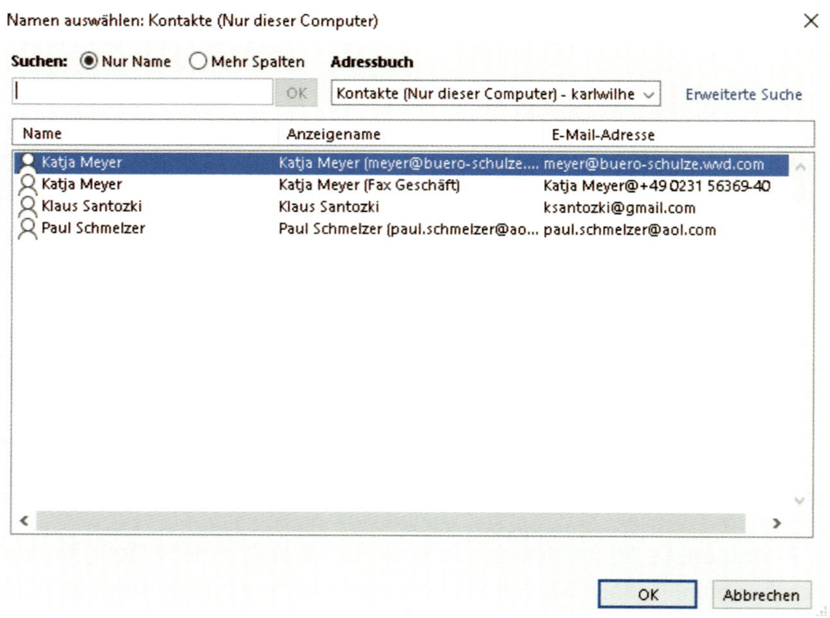

Arbeitsablauf

Register Start – Neue Elemente – Weitere Elemente – Kontaktgruppe – Namen der Kontaktgruppe eingeben – Mitglieder hinzufügen – Aus Adressbuch – E-Mail-Adresse anklicken – Mitglieder – OK – Speichern und schließen

Löschen von E-Mails

Um eine E-Mail zu löschen, markieren Sie die E-Mail und bedienen die Taste **Entf**. Zum dauerhaften Löschen rufen Sie die Funktion **Gelöschte Elemente** auf, markieren die E-Mails und bedienen die Taste **Entf**. Wollen Sie mehrere E-Mails löschen, bedienen Sie die **Strg-**Taste, halten sie fest, und klicken die E-Mails an, um sie zu markieren. Mit der Taste **Entf** löschen Sie die E-Mails.

5.7 Kalender

Termin in den Kalender eintragen

Um Termine einzutragen, klicken Sie im Register **Start** in der Gruppe **Neu** die Funktion **Neue Elemente** an. Klicken Sie **Termin** an, wird automatisch das Register **Termin** eingefügt.

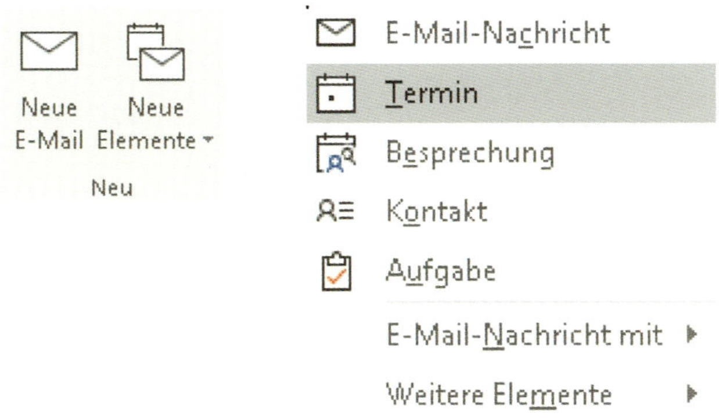

Sie tragen nun Ihren Termin ein und schließen die Aktion mit **Speichern & Schließen** ab.

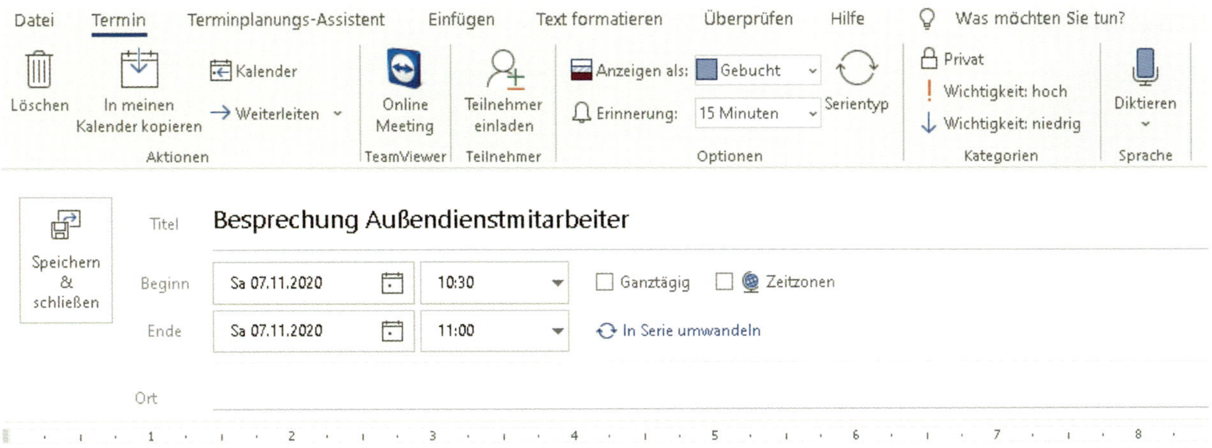

Arbeitsablauf

Register Start – Neue Elemente – Termin – Termin eintragen – Speichern & Schließen

Besprechung

Um die Termineintragung auch gleichzeitig als E-Mail versenden zu können, klicken Sie im Register **Start – Neue Elemente** den Punkt **Besprechung** an.

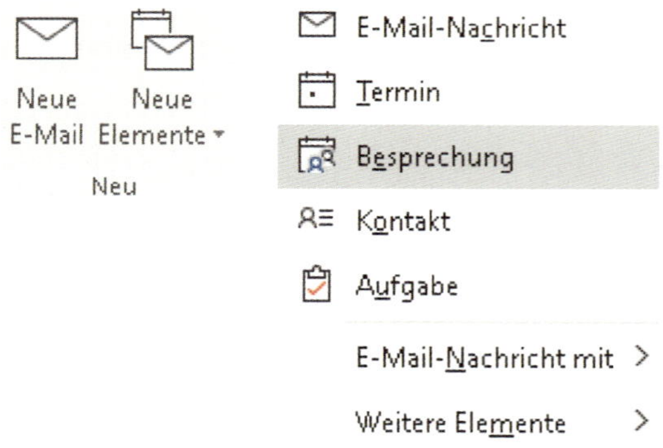

Es erscheint nun das Register **Besprechung.** In das Fenster setzen Sie diese Angaben ein:

- E-Mail-Adressen
- Betreff
- Datum, Uhrzeit
- Ort der Besprechung
- Text der E-Mail

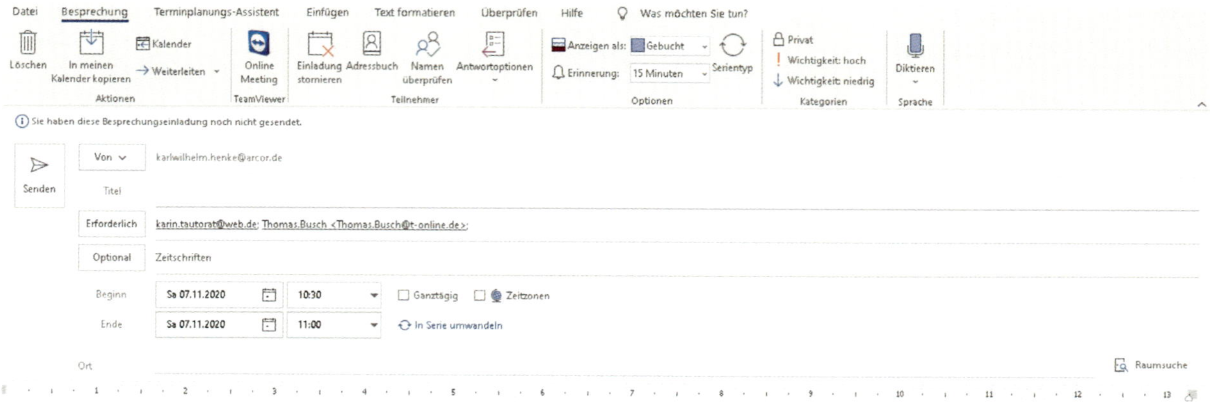

Nachdem Sie alle Angaben eingesetzt haben, speichern Sie den Termin. Sie können einstellen, wann Sie an den Termin erinnert werden wollen. Um die E-Mail zu versenden, klicken Sie auf **Senden.**

Arbeitsablauf

Register Start – Neue Elemente – Besprechung – Angaben eintragen – Kalender – Termin speichern – Senden

Sachwortverzeichnis

Bildquellenverzeichnis

|alamy images, Abingdon/Oxfordshire: Martin Tompkins 56.2. |Google Maps: 56.3. |Henke, Karl Wilhelm, Soest: 46.1, 51.2, 104.4, 105.1, 105.2, 105.3. |Hild, Claudia, Angelburg: 8.1, 9.1, 15.1, 15.2, 15.3, 16.1, 16.2, 16.3, 16.4, 16.5, 18.1, 18.2, 19.1, 19.2, 19.3, 19.4, 19.5, 20.1, 20.2, 20.3, 20.4, 20.5, 20.6, 21.1, 21.2, 21.3, 21.4, 21.5, 21.6, 23.1, 23.2, 23.3, 23.4, 24.1, 24.2, 26.1, 26.2, 26.3, 26.4, 26.5, 29.1, 29.2, 29.3, 29.4, 29.5, 32.1, 32.2, 32.3, 32.4, 34.1, 35.1, 35.2, 37.1, 37.2, 37.3, 40.1, 40.2, 40.3, 40.4, 40.5, 81.1. |Kuhn, Claus Dieter, Witten-Stockum: 132.5, 134.1. |Microsoft Deutschland GmbH, München: 10.1, 10.2, 11.1, 11.2, 12.1, 12.2, 13.1, 13.2, 14.1, 14.2, 14.3, 14.4, 17.1, 17.2, 18.3, 24.3, 25.1, 27.1, 27.2, 27.3, 30.1, 30.2, 31.1, 36.1, 36.2, 41.1, 42.1, 42.2, 42.3, 42.4, 42.5, 43.2, 43.2, 43.3, 43.4, 43.5, 44.1, 44.2, 44.3, 45.1, 45.2, 45.3, 45.4, 45.5, 45.6, 47.1, 47.2, 47.3, 47.4, 47.5, 50.1, 50.2, 50.3, 50.4, 50.5, 51.1, 55.1, 55.2, 55.3, 55.4, 56.1, 58.1, 58.2, 58.3, 89.1, 89.2, 89.3, 89.4, 89.5, 89.6, 90.1, 90.2, 90.3, 90.4, 93.1, 93.2, 96.1, 96.2, 97.1, 97.2, 97.3, 97.4, 97.5, 97.6, 97.7, 97.8, 98.1, 98.2, 98.3, 98.4, 98.5, 98.6, 100.1, 100.2, 101.2, 101.2, 101.3, 101.4, 101.5, 101.6, 101.7, 102.1, 102.2, 102.3, 102.4, 102.5, 102.6, 102.7, 102.8, 102.9, 102.10, 102.11, 102.12, 102.13, 102.14, 102.15, 103.1, 103.2, 103.3, 103.4, 103.5, 103.6, 103.7, 104.1, 104.2, 104.3, 108.1, 108.2, 108.3, 108.4, 108.5, 108.6, 108.7, 109.1, 109.2, 109.3, 109.4, 112.1, 113.1, 113.2, 114.1, 114.2, 115.1, 115.2, 115.3, 115.4, 115.5, 115.6, 115.7, 115.8, 115.9, 115.10, 115.11, 116.1, 116.2, 116.3, 116.4, 117.1, 117.2, 117.3, 117.4, 118.1, 118.2, 118.3, 119.1, 119.2, 119.3, 120.1, 120.2, 120.3, 120.4, 120.5, 120.6, 120.7, 120.8, 120.9, 120.10, 120.11, 120.12, 121.1, 121.2, 121.3, 121.4, 122.1, 122.2, 122.3, 122.4, 123.1, 123.2, 123.3, 123.4, 123.5, 124.1, 124.2, 124.3, 124.4, 124.5, 124.6, 124.7, 124.8, 124.9, 125.1, 125.2, 125.3, 127.1, 127.2, 127.3, 127.4, 127.5, 127.6, 127.7, 127.8, 127.9, 127.10, 128.1, 128.2, 128.3, 128.4, 128.5, 128.6, 128.7, 128.8, 128.9, 128.10, 128.11, 128.12, 129.1, 129.2, 129.3, 129.4, 129.5, 129.6, 129.7, 129.8, 129.9, 130.1, 130.2, 130.3, 130.4, 130.5, 130.6, 130.7, 130.8, 130.9, 131.1, 131.2, 131.3, 131.4, 131.5, 131.6, 132.1, 132.2, 132.3, 132.4, 132.6, 133.1, 133.2, 133.3, 136.1, 136.2, 136.3, 136.4, 144.1, 144.2, 144.3, 145.1, 162.1, 162.2, 162.3, 162.4, 162.5, 162.6, 162.7, 163.1, 163.2, 163.3, 163.4, 163.5, 163.6, 164.1, 164.2, 164.3, 164.4, 165.1, 165.2, 165.3, 165.4, 167.1, 167.2, 168.1, 169.1, 169.2, 169.3, 169.4, 170.1, 170.2, 170.3, 171.1, 171.2, 171.3, 171.4, 171.5, 171.6, 172.1, 172.2, 172.3, 172.4, 172.5, 173.1, 173.2, 173.3, 174.1, 174.2, 174.3, 174.4, 174.5, 174.6, 175.1, 175.2, 175.3, 176.1, 176.2, 176.3, 176.4, 176.5, 177.1, 177.2, 177.3, 177.4, 177.5, 178.1, 178.2, 178.3, 178.4, 178.5, 178.6, 178.7, 178.8, 180.1, 180.2, 181.1, 182.1, 182.2, 182.3, 182.4, 183.1, 184.1, 184.2, 184.3, 184.4, 185.1, 185.2, 185.3, 186.1, 186.2, 186.3. |Ringhut, Daniela, Dreieich: 59.1, 68.1, 69.1, 70.1, 72.1, 73.1, 74.1, 75.1, 76.1, 79.1, 82.1, 83.1, 84.1, 85.1, 86.1, 87.1, 99.1. |stock.adobe.com, Dublin: Antonioguillem Titel.

Wir arbeiten sehr sorgfältig daran, für alle verwendeten Abbildungen die Rechteinhaberinnen und Rechteinhaber zu ermitteln. Sollte uns dies im Einzelfall nicht vollständig gelungen sein, werden berechtigte Ansprüche selbstverständlich im Rahmen der üblichen Vereinbarungen abgegolten.